理解公共关系

扫描与透视

刘晶 编著

中国传媒大学出版社
·北京·

前　言

不论我们是否愿意承认或是否意识到，人类已经日益深度浸润于公共关系的生态网络中，在百年未有之大变局中，人类命运共同体已经不再是一道选择题，而是必须直面的现实。历史上，组织与公众间的交往常常是单一或少数因素起到关键作用，或是宗教，或是世俗权力，或是资本，或是技术……然而如今，各国政党、教会、军队、城市、大学、非政府组织等所有利益集团，都被卷入了利益相关者的庞大关系网络，国家形象塑造与传播、非营利组织传播管理、基层治理沟通、社区公共关系管理、公共议题管理、健康传播管理等任何一项重要议题的实现几乎都变成了全面覆盖多领域的、需要协作完成的系统行为。"复杂关系的管理"已然成为各行各业无法回避的话题。构建对话性的关系传播、建立社会信任关系，成为大到国家政府，中到组织机构，小到个人都在不懈追求的目标。

值此际遇，公共关系作为一门"显学"获得了新的发展契机。在美国，有近300所院校开设了公共关系本科专业，其中包括伊利诺伊大学香槟分校、得克萨斯大学奥斯汀分校、南加州大学、纽约大学、密歇根州立大学、宾夕法尼亚州立大学、佛罗里达大学等名校。[①]在业界，公共关系同样是炙手可热且发展快速的行业。根据福布斯2017年的估算，在美国，公共关系公司总数量超过12,000家，从业人员超过100,000人，每年总营收超过130亿美元，而且还在不断增长。[②]在英国、加拿大、澳大利亚、德国等国家，开设公共关系学专业的高校也非常普遍。

近年来，国内公关行业呈现出了良好的发展态势，目前仍处于快速发展阶段。而与此形成鲜明对比的是，中国的公共关系人才，特别是优秀的专业人员严重匮乏。然而，令人

[①] RAVENELLE A. The list of all US colleges with a public relations major [EB/OL].(2019-04-23)[2024-01-11]. https://blog.collegevine.com/the-list-of-all-us-colleges-with-a-public-relations-major/.
[②] GRAY G. Why public relations agencies are evolving [EB/OL].(2017-07-21)[2024-02-05]. https://www.forbes.com/sites/forbescommunicationscouncil/2017/07/21/why-public-relations-agencies-are-evolving/?sh=56f6c4c017f4.

扼腕的是，国内公共关系学科发展举步维艰。由于学科归属模糊、学科体系不健全以及早期引入中国时陷入污名化的泥淖等诸多原因，截至2023年，国内开设公共关系学本科的高校约15所，每年毕业生约700人。其中，招收公共关系本科或硕博的一本院校仅10所，与业界持续井喷式的高层次用人需求形成巨大反差。令人唏嘘的是，人们一方面乐此不疲地运用公共关系的理念与方法解决问题，另一方面迫不及待地运用"战略传播""公众沟通""公共外交"等概念"去公关化"。

基于此，作为中部地区唯一一所开设公共关系学本科的院校，南昌大学公共关系专业在"2024软科中国大学专业排名——公共关系学"榜单上名列第一。面对全国日益萎缩的公关教育，南昌大学公共关系专业的师生深感使命在肩，期望通过自营的公众号"闻道PR"，联合国内外学界、业界向社会发声，为公关正名，让更多的国人从多个角度更为全面地了解什么是真正的公共关系。于是，2021年开始我们陆续邀请了26位国内外学界、业界顶尖的公关传播专家或新锐，围绕"何谓公关""公关为何被污名化""国内外公关教育""公关的社会功能""企业公关""非营利组织公关""国家品牌与公关""政府公关""危机公关""公关与广告、营销的差异""乡村振兴与公关""数字公关""公关的道与术"等数十个议题展开深度访谈。

为了让读者形成较为完整的关于公关的图景，访谈涉及的议题较多，且不乏较为宏大的议题。我们不奢望，也不可能提供一个万全的标准答案，那便失去了可持续性开放对话的可能，也丧失了形成批判性解读的价值意义。如果说公关是一头大象，外行的公众对它有各种想象，我们希望透过受访者们不同的人生经历逐渐显现出公共关系丰富细腻的样貌，类似于在暗房洗照片的慢慢"显像"过程。这幅图景的像素可能不是那么清晰，甚至有不少盲点，我们希望这些"未完成内容"和"不完美"可以引发更多同道中人的继续追寻和冒险，所谓"星星之火，可以燎原"。作为老师，我们更愿意将此看作一场教学的实验，从策划、选题、联络、访谈、改稿、排版到发布等各个环节让公关学子深度浸润其中，感受思想的激荡与行动派的欢喜。

执笔正值ChatGPT大热之时，有人问，你们提的这么多问题ChatGPT都可以回答，还有访谈的必要吗？我想借用罗振宇先生在2023年跨年演讲时给我的启发作为回答：人们身上最有价值的东西，不是证书和技能，而是过去一切经历的总和。你受过的教育，经历过的职业背景，甚至犯过的错误，它们给你留下的遗产，都可以成为你当下价值的支撑点。这26位访谈者来自国外和中国港澳台地区的知名高校，有甲方也有乙方，有科技企业从业者也有汽车行业从业者，有创业者也有打工人，有顶尖者也有新锐，有民企也有外企，每位访谈者都具有独特的人生经历，所以与其说我们看到的是对问题的回答，不如说是访谈者多重身份折射、多维经历碰撞与多样视野交汇的熔炉中自然流淌出来对同一个问题的个性化、差异化和丰富性的阐释。ChatGPT作为"文献帝"可能当之无愧，但它缺乏的恰恰是最为宝贵的"人的内核"，它的回答只有"机器人味",因为通用模型并没有提出任何原创的东西,永远缺乏复杂性与人类写作的美好品质。

最后,我们要向所有访谈嘉宾致以最深切的感谢和最虔诚的敬意,他们分别是(排名不分先后):

蒂莫西·库姆斯(Timothy Coombs),美国得克萨斯农工大学传播学系教授;

迈克尔·肯特(Michael Kent),澳大利亚新南威尔士大学公共关系学教授,公共关系对话理论的首创者之一;

史蒂文·维奈特(Steven Venette),美国南密西西比大学传播学院终身教授;

卡尔·博坦(Carl Botan),国际著名公共关系、战略传播专家,美国乔治梅森大学传播系终身教授;

罗伯特·L.希斯(Robert L. Heath),美国休斯顿大学传播学教授;

朱春阳,复旦大学新闻学院教授、博士生导师;

姚正宇,美国伊利诺伊大学厄巴纳-香槟分校媒体学院查尔斯·H.桑德奇(Charles H. Sandage)广告系主任;

门林娟,佛罗里达大学公共关系学系教授;

张依依,中国台湾世新大学公共关系暨广告系教授;

陈怡如,中国香港浸会大学传理与影视学院传播系公共关系学教授;

洪君如,澳大利亚悉尼科技大学传播学院副教授;

纪盈如,浙江大学传媒与国际文化学院百人计划研究员、博士生导师;

董初晴,密歇根州立大学公共关系与广告学助理教授;

俞竹平,奥美公关中国区总裁、奥美北京集团董事总经理;

陈阳,北京蓝色光标数字营销机构副总裁兼蓝标研究院院长;

杨伯宁,爱德曼公关(中国)公司原执行副总裁;

米晓春,空客中国公司原企业资讯副总裁;

商容,微软亚太研发集团运营、传播及公共事务副总裁;

李曦,京东集团原副总裁和索尼(中国)有限公司原副总裁;

于爱廷,伟达(中国)原高级副总裁;

杜凌,Wehour创始人兼首席执行官;

黄玲忆,朋百沟通公司创始人;

谢景芬,广东方圆公关管理顾问有限公司董事总经理;

李国威,闻远达诚管理咨询创始人;

王兵,独立智库品牌"首席赋能官"创始人;

陈特军,骏丰健康首席市场官。

由衷地感谢你们没有因为声名显赫或事务缠身而谢绝我们作为普通师生的采访,没有你们的真知灼见与鼎力相助，这一切美好的遇见便不能成行。特别感谢我的博士生导师——中国新闻史学会副会长、中国新闻史学会公共关系专业委员会创会会长、中国故事创意传播研究院院长、华中科技大学新闻与信息传播学院陈先红教授，数十年来作为中国公关真正的守望者，一直强调公关要以积极的行动推动社会进步。在您的感召与鼓励下，我才有胆识成为该系列访谈的策划人、召集人和主要访谈人，与我的最佳搭档——香港浸会大学的博士黄琼瑶女士和可爱的同学们对话全球的公关传播大咖，历数公关的过去、共话公关的现在、谋求公关的未来。[①] 最后的最后，我想感谢这本书的读者，正如接受美学理论的代表人物伊瑟尔所言，意义是观者通过与某个现象的互动体验所获知和创造的，文本预设了读者的实践活动，而读者能动的活动促使了文本的完成。期待你们为这系列访谈画上省略号，正是你们的阅读与反馈使公关的对话循环发酵，令公关的价值不断沉淀。期盼共同见证公关网络人心的力量。

刘晶

2024 年 2 月于南昌大学

[①] 此书为江西省教学改革课题"创新创业教育中大学生政治视觉素养培育策略研究"（JXJG-22-1-40）的阶段性研究成果之一。

目 录
CONTENTS

上篇　理论扫描

蒂莫西·库姆斯：公共关系是公共外交和国家品牌塑造的根基……………………… 2

卡尔·博坦：公共关系是所有经济体都应该大力发展的行业……………………… 5

罗伯特·L. 希斯：卓越的公共关系能够以新的、独特的方式解决问题 …………… 10

迈克尔·肯特：公共关系着眼于大局，着眼于组织或国家未来的健康发展………… 14

史蒂文·维奈特：有效的沟通应被视为危机应对措施的一部分，而不是独立的活动…… 17

朱春阳：公共关系的底色是对话、沟通、多赢与信任………………………………… 21

门林娟：有效的公共关系需要道术结合………………………………………………… 25

姚正宇：公关的传播策略和融媒体的生态天然契合，发展空间极大………………… 30

陈怡如：公共关系帮助组织定位核心价值，并提供创造性解决方案………………… 36

张依依：公关是以公益和双赢为基底的战略与战术…………………………………… 43

洪君如：组织的"会思考的心"，以同理心去倾听、对话，建立共享价值及
　　　　双赢的社会…………………………………………………………………… 49

董初晴：公共关系具有独立的理论体系和历史传承…………………………………… 59

纪盈如：我们需要职业素养高，有社会责任感，有人文情怀，又有战略眼光的公关人…… 64

下篇　业界透视

俞竹平：公关思维不是达成短期的业务指标，而是保证基业长青 …… 74

陈阳：影响人心，释放善意，回归公共关系的本质 …… 81

商容：公关如水，流动，无处不在，润物无声 …… 87

杨伯宁：公关人要言之有物、以内容为王 …… 100

米晓春：公关应该是战略决策的参与者、制定者和持续调整者 …… 110

李曦：战略型公关能够为组织带来卓越价值 …… 117

于爱廷：回归本质，从企业的核心使命来正视和发展公共关系 …… 127

杜凌：通过传播，让品牌更有深度，有灵魂，有力量 …… 136

李国威：做有"道"且接地的公关人 …… 144

谢景芬：只有提升公共关系核心能力才能创造卓越 …… 150

陈特军：四个维度、六大职能，建构组织的"大公关"体系 …… 161

王兵：公关思维下沉和前置的最佳状态是效能直达一线 …… 172

黄玲忆：破圈而出，公共关系新蓝海 …… 179

上篇　理论扫描

扫描与透视
理解公共关系

蒂莫西·库姆斯：
公共关系是公共外交和国家品牌塑造的根基

专家简介

图1 蒂莫西·库姆斯照片

蒂莫西·库姆斯（Timothy Coombs），美国得克萨斯农工大学传播学系教授、丹麦奥胡斯大学荣誉教授。研究领域包括危机传播、促使组织变革的网络维权运用、议题管理等。他曾获得美国公共关系协会（the Public Relations Society of America）颁发的"杰克逊、杰克逊和华格纳行为研究奖"（Jackson, Jackson and Wagner Behavioral Research Prize）和美国公共关系研究所（Institute of Public Relations）颁发的2013年"探路者奖"。这些奖项体现了情景危机传播理论（SCCT）的应用实质和对公共关系的实践推广。2014年，库姆斯博士获得由商业传播协会（Association for Business Communication）和美国南加州大学马歇尔商学院管理传播中心颁发的"商业影响奖"（Business Impact Award），该奖项用于表彰过去5年在商务传播领域被引用次数最多的文章的作者。此外，他与其他学者合著的多本危机公关类书籍和研究文章也屡次获得美国国家传播协会（National Communication Association）公共关系分会颁发的PRIDE奖。

摘要：不同国家对公共关系的研究有不同的侧重点，因此导致了公共关系学教育出现不同的发展路径。

访谈正文

闻道PR：您认为世界上公共关系学教育蓬勃发展的原因是什么？

蒂莫西·库姆斯：有两个原因，在美国，是经济方面的原因。美国大学将公共关系学教育视为吸引生源和获得资金的利器。在大多数其他国家，以印度尼西亚为例，发展公共关系学科是为了提高公共关系行业的发展水平。公共关系学教育被视为改善公共关系实践的绝佳方法。我认为这是促进全球公共关系学教育蓬勃发展的终极原因。

闻道 PR：您能谈谈中国当前公共关系学教育的发展状况，尤其是与世界公共关系学教育的差异吗？您认为造成这些差异的原因是什么？

蒂莫西·库姆斯：中国公共关系学教育聚焦于政治与政府，因为政府是最重要的主体。企业公共关系发展欠发达，因为它相对较新（与政治/政府公共关系相比）。不同国家对公共关系的研究有不同的侧重点，因此导致了公共关系学教育出现不同的发展路径。

闻道 PR：据我所知，大多数公共关系学专业在大学的新闻与传播学院系，也有一些是在管理学院系。中华人民共和国教育部将公共关系学科划为公共管理学的一个子领域。您认为公共关系学的学科归属是什么？

蒂莫西·库姆斯：没有一个绝对的、完美的归属。如果你关注的是政治/政府公共关系，那么从公共管理学角度来理解公共关系学比较好，从商学和传播学角度来理解也可以。随着新闻学与公共关系学的关联度逐渐降低，未来的公共关系学可能会更偏向于商学，且商学为公共关系传播技巧的应用提供了坚实的基础。

闻道 PR：您认为，在跨学科教育趋势愈加明显的中国，公共关系学教育所面临的机遇和挑战有哪些？

蒂莫西·库姆斯：这是一个将公共管理学、传播学和商学完美融合的绝佳机会。国家品牌就是一个很好的例子。若要有效地塑造一个国家或地区的品牌，你需要了解政治、商业和传播。仅知晓其中一两个话题，会大大降低品牌推广的效果。我们所面临的挑战就是如何设计出一个能够整合这三者的公关项目。

闻道 PR：有数据显示，中国国内对公共关系学专业人才的需求较大，然而，国内很少有高校开设公共关系学课程，许多学校正在裁撤公共关系学专业。您如何看待这种现象呢？

蒂莫西·库姆斯：这是一个糟糕的趋势。中国公共关系的未来发展趋势取决于公共关系学专业人才教育，裁撤公共关系学专业将对公共关系实践产生负面影响。随着国际化程度的不断加深，中国的"弄潮儿"需要对企业公共关系有更深入的理解才能助推中国商业的繁荣发展。

闻道 PR：您认为发展公共关系学教育的实际意义是什么？

蒂莫西·库姆斯：归根结底，公共关系对社会发展大有裨益。它推动政府与公众建立良好的关系，同时让公众获益。此外，它还帮助企业建构有利于企业良性发展的积极关系。例如，提高利益相关者的交互度从而更好地理解和满足他们的需求，缺乏交互与对话将会导致冲突，利益相关者也会运用公共关系来吸引政府和企业家的关注。

闻道 PR：有些人认为公共关系学专业是一门实用性较强的学科，只适合职业教育。您如何看待这种观点？

蒂莫西·库姆斯：公共关系本身具有实用性特点，我认为这是优点。实用性是公共关系的初级价值。然而，公共关系不仅仅是一种实践，它还可以为管理者和政客提供战略咨询与建议。公共关系的核心功能是了解利益相关者，同时将信息传达给经理与管理者。

闻道 PR： 您如何评价政府公共关系的未来发展？政府公共关系与企业公共关系有什么异同？

蒂莫西·库姆斯： 政府公共关系的未来欧洲联盟发展势必日益强劲。我曾与欧洲联盟合作，帮助培训政府公共关系的从业人员。政府公共关系对公众有非常重要的价值。

两者的主要区别往往是政府公共关系更关注公共利益。然而，政府公共关系和企业公共关系有时也都需要销售（想法、产品或服务）。问题在于，当公共关系仅仅被视为销售时，其倾听和帮助他人的价值就会被削弱。

闻道 PR： 您认为公共关系在国际传播（或国家品牌塑造、公共外交等）中有何作用？

蒂莫西·库姆斯： 公共关系是公共外交和国家品牌塑造的根基。当引入公共关系学理念时，公共外交和国家品牌塑造会变得更加有效。于我而言，公共关系已经在我对这两个领域的研究和实践中发挥了巨大作用。

文字整理校对 | 邓伊琳 张伟红

卡尔·博坦：
公共关系是所有经济体都应该大力发展的行业

专家简介

图1 卡尔·博坦照片

卡尔·博坦（Carl Botan），国际著名公共关系、战略传播专家，美国乔治梅森大学传播系终身教授，2012年担任该系的博士点负责人。

卡尔·博坦是公共关系科学研究与理论建设的奠基人之一，主要研究方向为公共关系与战略传播，其撰写的《公共关系理论》在美国公关教材销售榜中排名第二位。

卡尔·博坦博士是最早提出战略传播专业方向的学者之一，他撰写了第一部战略传播领域的理论著作。卡尔·博坦博士在美国普渡大学传播系、天普大学战略与组织传播系任教期间，为这两所大学的博士点建设作出了重要贡献。

摘要：中国公共关系学界面临的真正挑战是发展自己的公关历史和文化视角，考察公共关系如何适应中国社会。

访谈正文

闻道PR：您可以介绍一下乔治梅森大学本科公共关系方向的课程设置吗？

卡尔·博坦：课程包括公共关系导论（Introduction to Public Relations）、公共关系写作（Writing for Public Relations）、公共关系活动（Public Relations Campaigns）、新闻学概论（Introduction to Journalism）、媒体制作导论（Introduction to Media Production）、媒介理论（Media Theory）、商务与专业传播（Business and Professional Communication）、组织传播（Organizational Communication）、数字广告与促销（Digital Advertising and Promotions）、公共关系与社交媒体（Public Relations and Social Media）、公共关系专题（Special Topics in Public Relations）等。

闻道 PR：乔治梅森大学的传播学硕士专业设置了战略传播与公共关系方向，您能否介绍一下这个方向的课程设置？

卡尔·博坦：我们设置了不同种类的课程，包括核心课程、方法课程、理论课程和专业选修课程。

核心课程包括研究生学习导论（Introduction to Graduate Studies）、传播学研究（Communication Studies Project）。

同学们需要修两门方法课程，其中一门为传播学研究方法（Research Methodologies in Communication），另外一门同学们可以从以下课程中选择：定性方法（Qualitative Methods）、研究方法2（Research Methods Ⅱ）、媒体内容分析（Media Content Analysis）。还需要修两门理论课程，可以从以下课程中选择：大众传播理论与研究（Theories and Research of Mass Communication）、跨文化传播（Intercultural Communication）、政治传播（Political Communication）、公共关系理论（Theories of Public Relations）、说服理论（Persuasion Theory）、组织传播（Organizational Communication）、风险传播（Risk Communication）等。最后同学们选择两门专业选修课程，可以从以下课程中选择：传播学研讨会（Seminar in Communication）、大众传播理论与研究（Theories and Research of Mass Communication）、政治传播（Political Communication）、公共关系理论（Theories of Public Relations）、传播咨询（Communication Consulting）及风险传播（Risk Communication）。选修不同的课程有不同的学分要求。

闻道 PR：数据显示，中国对公共关系学专业人才有强烈的需求，然而，国内很少有院校开设公共关系学专业课程，同时许多学校正在裁撤公共关系学专业。您如何看待这种现象？

卡尔·博坦：很多国家面临着发展、国际环境等诸多问题，中国也不例外，这需要有一个适应的过程。很多人不理解公共关系和战略传播的作用（战略传播包括公共关系、健康传播、营销传播等类似专业），很大程度上是因为对传播和公共关系的理解过于简单。

传播是人类用来构建所有社会和技术结构的工具，也是我们用来维持所有社会结构和关系运作的工具，这些社会结构或者社会关系包括企业、政府、政党和家庭，这是我们所谓的传播建构论。我在2018年的专著《战略传播理论与实践：共同创造模式》（*Strategic Communication Theory And Practice: The Cocreational Model*）中全面地解释了这一观点。

因此，对于大传播和公共关系（组织和公众如何处理相互之间的关系），我们需要更高层次的学习、思考和研究。这就是为什么传播学和公共关系学必须有最高学位，即博士。

闻道 PR：美国的公共关系教育非常先进，您认为公共关系教育如何在保持理论化发展的同时满足就业市场的需求呢？

卡尔·博坦：公共关系是所有经济体都应该大力发展的行业，尤其是像中国这样的国际经济体，更应该建立自己的公共关系教育体系。美国的公共关系实践和教育对中国的公共关系教育有一定的参考价值，但我认为中国公共关系学界面临的真正挑战是发展中国自己的公关历史和文化视角，考察公共关系如何适应中国社会。

中国的学者们应该多进行以中国为中心的公关研究，在此基础上建立自己的本科和硕士教育体系。可以参考美国与欧洲的公关学术研究与实践经验，但中国的公关博士需要研究西方的经验在多大程度上能为中国所用，也需要提供基于中国文化、历史和政治的公关课程。

公共关系学本科教育主要是为就业做准备。学习公共关系理论，可以帮助学生更好地理解公关知识和技能如何在中国的组织和社会环境中发挥作用。因此，中国尤其需要本土的博士与研究人员建立自己的公共关系理论体系，并以此为依据设计课程内容。

闻道PR："公共关系本质上是不道德的"这一说法仍然得到少数人的支持。您觉得应该如何改善公共关系中的道德问题呢？

卡尔·博坦：这是因为他们对公共关系的看法是简单化的，认为公共关系只是组织用来"欺骗"或"影响"公众的工具。但实际上，公关实践过程不仅仅是组织影响公众的过程，还是公众或政府组织开展宣传活动，以影响企业或其他政府的过程。

如果我没有记错的话，即使是长征期间，在条件极其艰苦的情况下，中国共产党仍然坚持出版报纸，这可以被视为当时党和政府一项重要的公关活动。

中国政府为乡村振兴开展了很多宣传活动，积极与其他国家的政府和企业展开合作，这些都是在实践公共关系。例如，"一带一路"建设不仅仅是一项经济和政治活动，更是一项大规模的公共关系倡议活动，目的是建立与周边国家公众、政府和企业的贸易合作伙伴关系。

闻道PR：公共关系伦理在学术界有着广泛的讨论。您认为关于伦理的学术讨论如何影响到实践呢？

卡尔·博坦：在不同的经济、政治和信息环境下，社会对信息的需求会有所不同，战略传播从业者也应该据此调整自己向社会提供的特定信息。但不管在什么环境下，为社会提供信息的基础一定是遵守伦理道德规范。

因此，要想制定公共关系的伦理道德规范，一定要以强调战略传播的道德和社会责任为前提，以社会所需的必要信息为中心。

各领域之间的差异，甚至各国家和文化之间的差异，都与共同创造的战略传播道德规范相关。因此，此类规范必须具有足够的通用性，以涵盖所有或大部分的情境。

此外，从业者与其客户或雇主之间的关系非常重要。战略传播中现有的道德规范更侧重个体从业者对客户和信息负有责任，而不是对公众本身负有责任，这是有问题的。

许多从业者，尤其是雇员，可能只看到他们与雇主的共同利益，而看不到在战略、战术层面或道德问题上与雇主存在的分歧，更不用说在大战略层面了，这些都可能导致一系列道德问题的出现。

道德是一个重大的战略问题，客户或雇主及从业人员必须共同努力，以改善战略传播中的道德问题。道德的重心是为公众负责，而不是对客户或雇主的义务。我们有义务为公众提供必要的信息，以便他们做出自己的决定，也方便我们更好地进行战略传播及双向交流。

闻道PR：您能分享一些关于战略传播和公共关系之间关系的见解吗？

卡尔·博坦：数据显示，战略传播大的子领域包括公共关系、营销—广告—促销和公共健康教育（有时也被称为社会营销）。比如，美国独立的联邦就业统计数据非常适合这三个核心子领域，因为每个子领域的主要目的都是开展传播运动。

战略传播的主要内容至少由其子领域的三个特征决定。

第一，公众在组织与其公众关系中的中心作用；

第二，作为该关系信息来源的研究；

第三，使用从研究中得出的策略进行传播活动。

战略传播不单是关于外部传播的活动，它还包括组织战略性实施的所有对内、对外的传播。从这个意义上来说，除了公关、营销和健康传播，各种组织传播都是战略传播的子领域。

当然，战略传播的每个子领域都有自己的历史，很多子领域也包括不属于战略传播的部分。公共关系在不同国家有完全不同的历史。例如，在美国和加拿大，公共关系在很大程度上是从新闻业演变而来的。

因此，该领域的观点往往侧重于新闻写作和公共关系写作之间的表层联系，以及媒体关系实践在新闻业和公共关系中的重要经济作用。

然而，这些联系主要存在于战术层面，公共关系人员和新闻媒体实施的其实是根本不同的战略，扮演的也是不同的社会角色。许多公关人员对自身的认知局限在战术层面，他们认为自己的责任就是实施战术性的公关实践，例如提供新闻稿。这种自我认知反过来又降低了从业人员的薪酬水平，限制了他们的就业机会。

大学开设的公关课程有不同的重点，最重要的是，以信息和发送者为中心的关注点与书中的共同创造观截然相反。（注：此处"书中"指的是卡尔·博坦教授于2018年出版的专著《战略传播理论与实践：共同创造模式》，下文同。）

这些差异表明，一些公关人员以更具战术性的视角自我认同，他们可能会因为将自己的领域视为战略传播的一个分支而感到不安甚至愤怒。其实在其他战略传播子领域中也有许多类似的历史值得分析，但这样做就需要每个子领域的专家更了解自己的子领域及其历史。

闻道PR：您提出了战略传播的协作模式，我们应该如何理解协同模式呢？

卡尔·博坦：这部分在书中都有体现。然而，我还要说，协同模式背后的整个理念是，在接受或拒绝公关/战略传播（PR/SC）信息方面，公众是决定性的力量。我们所说的可能会对他们的决策产生 10% 的影响,但公众在评估我们的倡议活动时已经掌握的信息可能会对他们的决策产生 90% 左右的影响。

因此,在协同模式下,决定活动成败的不是客户想要什么,也不是我们制作信息的好坏,而是公众的作用。这就是好的公关首先需要研究公众的原因,这也是中国的公关教育和实践必须以中国从业者和学者的知识与实践为基础,而不是照搬美国或欧洲的做法和模式的原因。

访谈者 | 黄琼瑶　文字整理校对 | 李作屏 林轩羽 钟曦辉

罗伯特·L. 希斯：
卓越的公共关系能够以新的、独特的方式解决问题

专家简介

图1 罗伯特·L. 希斯照片

罗伯特·L. 希斯（Robert L. Heath），美国休斯顿大学传播学教授，是国际公认的公共关系、危机传播、议题管理、风险沟通和企业对企业沟通方面的权威专家。获奖书籍有《SAGE公共关系手册》（2010年）、《风险和危机传播手册》（2009年）、《战略问题管理》（第二版）（2009年）、《公共关系修辞和关键方法Ⅱ》（2009年）和《恐怖主义：沟通和修辞视角》（2008年）。

罗伯特·L. 希斯教授从事企业沟通与定位研究长达30年，他研究了与各种危害相关的风险传播，例如化学产品制造风险的社区知情权研究，他指出这是社区关系的核心要素。此外，他还发表了100多篇文章，并任职于多家顶级学术期刊的编辑和评论员小组。同时，他还获得多项来自公共关系专业人士和学术协会颁发的荣誉，并在国内外开展了多场不同主题的演讲。

摘要：组织在依赖社会资源的同时，也应将充分的收益回馈给社会，从而获得经营权。

访谈正文

闻道PR：据我了解，休斯顿大学开设了公共关系学专业。您能介绍一下该专业的招生情况和毕业生的就业前景吗？

罗伯特·L. 希斯：休斯顿大学传播学院2021年秋季学期入学人数：健康传播53人，媒体制作368人，新闻学222人，传播学96人，战略传播552人。战略传播聚集了公共关系学、战略传播和广告学专业的学生。

在传播学院，申请战略传播的本科生最多，因其侧重技能与情境的结合，所以深受学

生们喜爱。课程以理论和研究为指导，以培养学生使用语言和符号（图形、图片、视频等）来表达信息的能力为最终目标。课程设计围绕学生如何在各种情境下代表营利组织、非营利组织和政府等进行有效沟通。而所有这些都将服务于公共利益。

闻道PR：数据显示，中国国内对公关专业人才的需求量很大。然而，中国国内只有少数学校开设了公共关系学课程，甚至许多学校将要取消公共关系学专业。请问您如何看待这一现象？

罗伯特·L.希斯：我认为，这些公关专业人士大多在政府部门工作，而不是在更强调市场竞争的公司工作。他们如果在公司工作，可能会更重视与政府的关系，并且充当政府与海外公司之间的联络者。很可能是学校的传播课程体系更强调传播的宣传功能。如果仅仅将公共关系看作与记者或者媒介机构合作，就是窄化了公共关系学，将本属于公共关系的职能误归于其他学科。此外，在政府中以对称的关系发展以达到相互依存的模式并不流行。社会权益运动与公关的职能紧密相连，在我看来，社会权益运动的本质就是公关修辞。它也是公共关系的一部分，但是这种模式在中国并不占主流。

闻道PR：公共关系教育在美国非常先进。您认为公共关系教育可以在满足就业市场需求的同时作为一门理论化的学科吗？

罗伯特·L.希斯：我认为这个问题的答案取决于这门学科的理论是什么。公共关系从业者在工作中总是牢记某种理论。在20世纪初，美国盛行一种宣传范式，伯奈斯在某种程度上继续这种范式，认为公关实践实质上是在制造同意。相比之下，约翰·W.希尔（John W.Hill）拒绝接受传统的宣传模式，主张采用民主新闻范式。我认为，在美国，一些理论掩盖了真正能指导实践的理论基础，媒体关系发生了巨大变化。随着传统媒体发挥的作用越来越小，实践已经发生了变化，变成使用理论来证明实践偏好的合理性。例如，组织宣称自己使用社交媒体是为了与公众对话，但其实很多都只是看起来像在对话，实际还是以单向、线性的方式在使用社交媒体。在美国，最了解理论和公关研究的学生并不一定最容易找到工作。入门级技能主要是基本的公共战略传播技能。

闻道PR：现在仍有少数人认为"公共关系天生不道德"。您认为如何改善公共关系中的道德问题呢？

罗伯特·L.希斯：与这一问题类似的是，公司和政府是否有灵魂。公司和政府的道德本质上是务实的，人们通过批判理论、批判公共关系，试图在实践中转移道德的焦点。道德、伦理，最终取决于组织在社区、社会中扮演的角色。美国是非常个人主义的，这削弱了公共关系的道德合理性。中国比美国更为社群化，社群的规范性削弱了个人特质。相反，在美国，对个人主义的强调削弱了社群的存在感。在个人特质和社群主义中取得平衡，并增加社会资本，这个问题的解决非常重要且艰难，可谓任重而道远。

闻道PR：在学术界有很多关于公共关系伦理的讨论。您认为关于伦理的学术讨论如何影响实践呢？

罗伯特·L.希斯： 我参加了一个小规模的研究团队，这个团队试图了解公关从业者如何思考道德伦理问题，以及如何在自己的道德标准与公司的道德标准中寻求平衡。一些公司试图在组织管理规划和运营中建立道德规范，因此他们会设立"首席道德官"这个职位。一些人认为，与他人合作要比与他人对抗好。也有一些公司认为公共关系的主管即首席道德官。但是，组织的道德常常取决于会计和法律顾问这两个学科的视域，这两者的道德观都有务实性。会计师通过削减成本来实现利润最大化，这是一种基于减少投入和最大化产出的生产率模式。法律团队认为，他们必须反对其他人以捍卫组织的利益。一位学者引用康德的观点："最高的道德是通过服务他人来赢得赞扬。"

闻道 PR： 您认为公共关系如何为社会发展作出贡献呢？

罗伯特·L.希斯： 我目前正在研究一种理论，即组织进行社会服务的原因是让社会授予它们"经营许可"。然而，假定公司或其他组织已经有了经营权，它们就会利用这些成就（这些成就通常是自利的）来证明它们对社会的价值。在美国，有一个至少有 60 年历史的企业社会责任活动，它经常因对企业社会责任的过度宣传而脱离正确的轨道。它的主题是"行善得福"，即"通过做好事来获得更好的自身发展"。我一直致力于扭转这一主题："得福即行善"，即你可以寻求自身发展，只要自身发展能让你所在的社区和社会受益，那就已经是在做善事了。

正如接下来的问题所指出的那样，我认为帮助社会充分运转是十分重要的。这表明组织在依赖社会资源的同时，还应将充分的收益回馈给社会，从而获得经营权。在这个过程中，沟通部分往往比管理部分更需要使用议题管理的范式。这种范式假定全社会都致力于解决问题，并在公共利益中获得收益。

有一种理论认为，卓越公共关系的固有特征就是能够以一种新的、独特的方式解决问题。只要人类参与了交往，社会就一直专注于解决问题。美国传播研究的核心修辞理论可以追溯到古希腊，当时人们普遍认为社会的本质是自治（即辨析问题从而解决问题）。商业组织、政府和个人在社会中进行"拔河比赛"。社会、社区的高标准取决于集体管理风险和按照集体利益分配收益的能力大小。要做到这一点，社区必须能够分清事实、价值、政策、身份和地位等问题，以实现哲学中所说的共享行动和共同创建的社区叙事。

因此，问题是，"谁做出这样的决定？谁能影响这样的决定？"在自由市场环境中，企业扮演着利己的角色；在一个被治理的社会中，政客扮演着利己的角色。其中，最大的问题是这些社区中的个体行动意识。

闻道 PR： 您认为什么样的社会才是一个"完全功能社会"呢？

罗伯特·L.希斯： 根据一位欧洲学者的观察，完全功能社会是"一个充分运作的社会"，不论其意味着什么。我相信，完全功能社会的标准取决于社会/社区中人们的看法。没有充分运作的普遍标准，但每个社会的性质都是由该社会中的人们构成的。服务机构和社会资本是衡量人们相信他们的社会充分运转的重要内容。因此，即使这个社会的权力结构可能不对称，但只要这个社会的人们认为社会是充分运作的，它就可以被称为"完全功能社会"。

闻道PR： 当我们尝试将公共关系理论和策略应用于不同的国家（如中国）时，您认为应该考虑哪些因素呢？

罗伯特·L. 希斯： 在我看来，中国是一个拥有非常强大的政府和源远流长的历史文化的国家，它的政治与文化可能会超出一般人的理解与讨论范围。我认为，对就业和市场最有帮助的理论是有助于解释"大政府"如何在市场中发挥领导作用的理论。并且，每个国家的公共关系问题有所不同。在决定与其他国家的关系时，仍然需要领导层来帮助国家进行转型，为这个国家成为一个完全功能社会提供必要的支持。在国家内部，构成组织沟通的逻辑很重要。不是为了交流才组织起来，而是先有组织才能展开交流。

闻道PR： 中国在全球传播和公共关系方面面临巨大挑战。您认为中国如何克服这些挑战，与世界各地的公众建立高质量的关系呢？

罗伯特·L. 希斯： 从外部看，各国都致力于拥有更大的影响力，而中国拥有很大优势，这些优势是其他国家和公司为换取自身利益而授予中国的。尽管关系至关重要，但认识到大多数关系都是不对称的这一事实也很重要。当然，任何国家在外部的行动都是为了国家利益，这无可厚非。这种关系很复杂，很难用公共关系理论来解释，只有伯奈斯的理论"公共关系的实践是在制造同意"最符合这一情境。

访谈者 | 黄琼瑶　文字整理校对 | 柴博琳 彭思琳 刘帅英

迈克尔·肯特：
公共关系着眼于大局，着眼于组织或国家未来的健康发展

专家简介

图1 迈克尔·肯特照片

迈克尔·肯特（Michael Kent），澳大利亚新南威尔士大学公共关系学教授，公共关系对话理论的首创者之一。肯特教授开启的对话范式是近年来国际公共关系学界主流研究范式之一，是社交媒体时代既具有高度实用价值，又符合公关伦理道德的理论范式。肯特教授的研究领域包括对话理论、新技术、媒介传播、社会媒体、国际传播和网络传播，并在研究方法、信息设计、媒介传播、新闻和公共关系方面提供咨询服务。肯特教授已经发表了数十篇文章，出版的书籍包括公关写作教科书和两本公共演讲教科书。他执教超过25年，教授了40多种不同的课程，包括公共关系概论，公共关系写作、案例、活动和管理，公共演讲和高级公共演讲，说服学，传播理论，媒体和大众文化等。2006年，他在拉脱维亚的里加度过了秋季学期，并获得富布莱特奖学金。肯特教授在普渡大学获得博士学位，在俄勒冈大学获得硕士学位，在阿拉斯加费尔班克斯大学获得学士学位。

摘要：公共关系能指导组织如何遵循道德与良知，并将利益相关者和公众置于首位。

访谈正文

闻道PR：您能介绍一下世界公共关系学教育的现状吗？

迈克尔·肯特：总体而言，传播学和公共关系学近几十年来持续发展。事实上，公关是最受欢迎和最有趣的专业之一。在高校，公关院系通常是拥有更多资金来源的院系。

在大传播的领域内，公关专业的本科生很容易就业。世界各地对公关的需求非常旺盛：不仅高校为公关博士提供教师职位，私有企业也源源不断地提供了很多聚焦于公关研究的职位。

闻道PR：您认为全球公共关系学教育蓬勃发展的原因是什么？

迈克尔·肯特：无交流，不世界。公共关系学是关于对话、参与和关系建立，以及人际、组织和跨文化交流的学科。从小型企业、家族企业到大型企业，各级组织都通过沟通与利益相关者、公众和员工保持着紧密联系。沟通对企业和政府有着至关重要的作用。

闻道PR：您能否谈谈目前中国国内公共关系学教育的发展，尤其是与世界公共关系学教育的差异？您认为产生差异的原因是什么？

迈克尔·肯特：与各国之间高度相似的广告学和营销学不同，每个公关专业人士都必须在沟通技能方面高度熟练与敏锐，并且能够灵活应对迥异的情境和语境。世界上每个国家和组织的公共关系都是不同的，没有任何两个组织可以采用完全相同的公共关系实践。

公共关系的历史被错误地描述为一种不道德的传播实践史，例如雇佣记者做任何组织要求他们做的事。事实上，公共关系学的专业人员是组织中最有道德的人。公共关系学在中国每年都在发展，致力于成为一门伦理和实用并重的专业，致力于保护政府、组织和人民的利益。

闻道PR：据我所知，大多数公共关系学专业都是在大学的新闻与传播学院，也有一些是在管理学院。中国教育部将公共关系学划为公共管理学的一个子领域。您认为公共关系学的学科归属是什么呢？

迈克尔·肯特：在美国和加拿大，公共关系学专业在传播系、新闻和大众传播系（JMC）开设，而非商学院或管理学院。在澳大利亚和新西兰，公共关系学专业属于传播和媒体学院，但也可以在商业和管理学院中找到。在欧洲，公共关系有不同的名字，如战略传播，在以管理为导向的学院。

我认为公共关系学应属于大学的新闻与传播学院，以获得各种传播领域的技能，如公共演讲和沟通、组织、跨文化和人际沟通、演讲写作、问题管理等技能。

闻道PR：您认为中国国内公共关系学教育的机遇和挑战是什么？跨学科教育的趋势体现在哪里？

迈克尔·肯特：公共关系能指导组织如何遵循道德与良知，并将利益相关者和公众置于首位。然而，作为一名每年教数百名国际学生（其中大部分来自中国）的教育工作者，最大的挑战有两个。第一，让学生明白他们不是记者或市场营销人员——公共关系学中的技能比这些领域人员要掌握的技能广泛得多。第二，让学生意识到他们的工作不是按照他们的组织或政府告诉他们的去做，而是应对此持批判性思考的态度，并"建议"组织去做正确的事。

事实上，管理者、营销人员和广告商接受的培训是"利润最大化"和推广品牌，而非遵守道德规范、关心利益相关者和公众或者着眼于未来。在公共关系学专业之外，没有一个组织中的员工受过这样的训练，即像传播与公共关系的专业人士那样，着眼于大局，着眼于组织或国家未来的健康发展。

闻道PR：数据显示，中国国内对公共关系学专业人才的需求十分旺盛；然而，中国国内很少有高校开设公共关系学课程，甚至许多学校正在裁撤公共关系学专业。您如何看待这种现象呢？

迈克尔·肯特：我认为裁撤公共关系学专业的做法是短视的。我觉得中国的高校经常面临公共关系学专业的压力，但实际上公共关系学专业能够培养学生的批判性思维，从而使他们立体化思考战略决策可能带来的诸多后果。但是如果没有人了解决策可能产生的后果，一旦糟糕的决策被执行，往往会给社会造成不可弥补的危害。

传播学专业的人像其他公民一样热爱他们的国家和雇主，我们公关人有一套独特的技能，可以帮助推动企业和国家前进。取消公共关系学专业就像要求工程师只能使用20世纪的知识，而不学习新材料以及它们的价值和特性。企业、组织和政府需要具有批判力、道德感和前瞻力的人才。世界瞬息万变，中国需要为获取更大的成就做好充分准备。

闻道PR：您认为在中国国内开展公关教育的现实意义是什么呢？

迈克尔·肯特：就中国国内公关教育的现实意义而言，主要有两点：第一，随着中国在国际舞台上展现自己，中国需要公关专业人士来提议如何有效地建立关系，培养信任与尊重。第二，随着世界各国越来越紧密的内嵌，理解文化和身份如何影响公关就变得至关重要。

闻道PR：您如何看待"公关无学"这一观点呢？

迈克尔·肯特：只有对公共关系学一无所知的人才会认为公共关系没有理论。公共关系理论是强有力的，并且被所有的传播领域学科所借鉴。事实上，当谈及商业、管理、营销、广告或其他大多数学术领域时，你会看到这些领域处于孤立的状态，大多数领域从不超越自己的假设。而公共关系学则是借鉴了所有这些领域，以及文化、心理、危机、决策和其他几十个领域的理论。在对战略传播和新技术的理解方面，公共关系学也领先了十多年，自20世纪90年代末以来，广告、新闻、管理和营销都是如此。

闻道PR：有些人认为公共关系学专业是实用性较强的学科，只适合职业教育。您如何看待这个观点呢？

迈克尔·肯特：看看商学与管理学研究，你会发现雇主们已经寻觅了30年的技能，至少从20世纪80年代中期开始，沟通就排在了首位。雇主需要批判性思考者和问题解决者，而不是唯唯诺诺、唯命是从的人。公共关系专业人员接受过危机管理、问题管理、跨文化交流和许多其他领域的培训。

闻道PR：您认为公共关系在国际传播（或国家品牌塑造、公共外交等）中有何作用呢？

迈克尔·肯特：对问题管理、风险和危机给予比品牌更多的关注，对组织更有裨益。营销人员、广告商和其他人员已经对组织和国家品牌投入了相当多的注意力。就公共外交而言，传播和公共关系专业人员都对这一领域感兴趣，并已掌握相关技能。

文字整理校对 | 苗雨玮

史蒂文·维奈特：
有效的沟通应被视为危机应对措施的一部分，而不是独立的活动

专家简介

史蒂文·维奈特（Steven Venette），美国南密西西比大学传播学院终身教授，北达科他州立大学博士，是国际公认的危机传播、风险传播、组织传播、公共关系、战略沟通和企业声誉风险管理方面的权威专家。

维奈特教授负责美国国家食品保护和国防中心的风险和危机传播团队的转化研究工作，并为美国农业部、国土安全部、疾病控制与预防中心以及许多公共或私人组织提供风险和危机传播咨询。

图1 史蒂文·维奈特照片

摘要：当组织明白传播很大程度上会影响组织自身经济和政治上的成功时，它们支持公关教育的呼声就会响亮而明确。

访谈正文

闻道PR：据我了解，公共关系学在美国是一个呈上升趋势的学科，并且这个行业有着充足的就业机会，而中国的大学在裁撤公共关系专业。您能够分享一下对这些现象的看法吗？

史蒂文·维奈特：尽管公共关系学科发展的历史较短，但取得了很大进展。我认为当前的学科发展趋势是学者们把公共关系纳入了战略传播的范畴。换句话说，传播被战略性地用来协助组织和个人达成目标。传播专家们能够利用他们的专业知识来帮助组织和个人实现一些重要目标。公共关系学科的实用性对许多学生极具吸引力。

根据我对中国文化的了解，学生对专业的选择往往以就业为导向。为了创造这些就业岗位，政府机关、企业和其他组织必须看到有效传播促进成功和一些令人遗憾的因为沟通不善导致严重问题的案例。当组织明白传播很大程度上会影响组织自身经济和政治上的成功时，它们支持公关教育的呼声就会响亮而明确。因此，关键在于展示有效的公共关系能带来的价值。

闻道 PR：您是危机传播学界的顶尖学者之一。中国有一句俗话："预防胜于补救。"您认为预防风险和危机的关键是什么呢？

史蒂文·维奈特：根据我的经验，风险与危机预防中最重要的是准备与计划。正如美国前总统艾森豪威尔所说："计划毫无价值，但计划就是一切。"危机和紧急情况总是在某些方面出乎预料，危机不可能完全按照你的计划去发展。

然而，有效的计划却能让我们从多个角度看待潜在的问题。计划就像是对真实事件的演练。通过计划，我们的专业技能会得到提升，工作更加得心应手，同时效率也会大大提高。计划帮助我们确定资源和关系，如果灾难发生，这些资源和关系将是无价的。因为危机期间可不是交换名片、拓展资源和关系的好时机。

传播专家可以通过计划为组织提供指导，组织可以实践如何传播信息。这种准备不仅缓解了组织在高压期间的紧张，同时还降低了组织犯致命错误的可能性。

闻道 PR：您如何看待在危机沟通中关系管理的作用呢？

史蒂文·维奈特：培养积极的关系是风险和危机传播的十大最佳实践之一〔详见：《风险和危机沟通的最佳实践：给食品科学家和技术专家的建议》（Steven Venette: Best practices in risk and crisis communication: Advice for food scientists and technologists）〕。在困难时期，组织将依赖利益相关者。与各种公众的积极关系为组织创造了良好的声誉。当危机发生时，人们会基于这些积极的想法来评估组织应该受到多少责备。如果不存在积极的关系，意味着"好感池"空了，公众就不会那么宽容了。事实上，这个组织的合法性可能本身就受到公众的挑战。在某种程度上，声誉管理对一个组织的生存至关重要。

闻道 PR：您认为将危机传播理论和策略应用于不同国家时，应该考虑哪些因素呢？

史蒂文·维奈特：风险传播和危机传播研究的一个主要局限是它一直以西方为中心。幸运的是，一些中国学生出国学习了风险传播和危机传播后已经开始将所学知识在中国进行实践，从而测试其适用性。事实上，中国需要传播系或传播学院，以便从东方视角发展相关理论和实践。中国如果减少对公共关系教育的支持，可借鉴的就只有西方思想了。当危机发生时，中国的组织可能会非常被动，因为它们的传播策略不适合它们自身所处的环境。

闻道 PR：您曾受中国国家药品监督管理局邀请，为他们做关于食品安全风险传播、信息发布及媒体关系的培训。食品安全在中国一直是一个被广泛关注的话题。您认为传播在食品安全风险管理中的作用是什么呢？

史蒂文·维奈特：食品安全是一个重要问题，俗话说"民以食为天"，这不是一个我们能够回避的问题。传播活动帮助人们了解食品安全及相关操作内容。例如，人们在准备食物时对交叉污染的风险认知程度更高了。传播已成为教育普通公众和食品行业从业人员的手段。

此外，当问题发生，例如食品污染，应对措施的核心就是传播。公众必须被告知这种威胁，并且必须知道如何应对。他们的健康和安全取决于有效的沟通。

很长一段时间，中国的组织认为与公众的沟通会干扰有效的应对措施。现在，中国的组织似乎看到了在应对危机时进行强有力沟通的价值。我更希望人们将有效的沟通视为危机应对措施的一部分，而不是一项独立的活动。

闻道 PR：于组织而言，在食品安全问题发生之后，重建公众对组织的信任是至关重要但又非常艰难的。您认为在这种情况下，组织如何重新获得公众信任呢？

史蒂文·维奈特：获得信任需要很长时间，失去信任却只需一瞬间。信任能够让一段良好的关系持续很久。公共关系从业者应知晓如何持续经营与公众之间的关系，从而确保信任的建立与维持。

当信任受损时，公关专家可采取相应的措施，将损失降至最低，并重新建立起公众对组织的好感。信任和公信力是企业生存的重要资源。

闻道 PR：您认为中国如何在必要时将风险传播和危机传播管理纳入其治理常态呢？

史蒂文·维奈特：在美国，我们会对一座拥有百年历史的建筑印象深刻，但对历史悠久的中国来说，有一百年历史并不算特别。然而，中国的政治架构相对较新，中国的公众或组织在传播上难免经验不足，问题在于公众或组织能否从中吸取教训。如果个人或组织是为了避免将来不幸事件的发生，承认错误并不可耻，开放和坦诚有助于防止问题发生，也能在问题发生后有更多机会获得谅解。

闻道 PR：中国在全球传播和公共关系方面正面临巨大挑战，您认为中国如何才能克服困难，与世界各地的公众建立起优质关系呢？

史蒂文·维奈特：中国在国际经济和政治领域是一个强有力的合作伙伴，因此中国需要与其他国家保持良好的关系。冲突不利于国与国之间的商业交流和友好合作。有时，一个国家对另一个国家举措的错误解读，就会导致国际上出现紧张局势，这就是沟通、传播的问题。

正因为如此，跨文化沟通和国际传播是非常重要的领域。误解时常会产生，毋庸置疑，官方沟通渠道至关重要，而非官方沟通渠道也同样重要。通常，坐下来喝一杯好茶，分享观点和交换意见，即使不能达成一致，也会对促进理解大有裨益。

中国的机构和企业需要利用官方及非官方的网络在全球建立和保持健康关系。术业有专攻，商业领袖和政界人士不一定是这一领域的专家，因此他们需要那些受过良好培训和教育的传播学和公共关系学专业人才的助力。

访谈者｜黄琼瑶　文字整理校对｜王景琦 黄俊婷 赖诗雨

朱春阳：
公共关系的底色是对话、沟通、多赢与信任

专家简介

朱春阳（Zhu Chunyang），复旦大学新闻学院教授、博士生导师，复旦大学媒介管理研究所所长，先后入选中宣部文化名家暨"四个一批"人才等，目前担任国家社科基金重大项目首席专家、中国新闻史学会传媒经济与管理专委会副理事长、公共关系专委会副理事长等职。主要研究方向为媒介管理学、政府公共传播。

图1 朱春阳照片

摘要：公共关系学专业的存在，对于大学生如何理解企业与社会、政府与社会等面向当代文明的关系结构至关重要。

访谈正文

闻道 PR：您认为企业危机公关和政府危机公关最本质的区别是什么呢？

朱春阳：从组织和社会公众的关系维度来考量，两者没有本质区别。危机公关是组织和公众之间信任的重建机制，从这个层面来讲，两者的本质是一样的。但从政府层面看，两者又有一定区别。由于政府和公众的关系比较全面、立体，政府危机公关涉及政治、民主、法治等层面的内容，因此公众对政府危机公关的要求更高。

闻道 PR：您认为舆情管理的关键是什么？面对线上、线下经常撕裂对立的舆论场，政府应当怎么办？

朱春阳：舆情引导和舆情管理都是中国化的东西。舆情爆发的主要原因在于官方和民间沟通出现"不一致"。从这个层面上来讲，舆情包括群体性事件，在我看来，群体性事件是一种体制外的、非常规的社会沟通机制，也就是说它的本质还是沟通，要体现出一个倾听的基本态度，使双方议程保持一致性。

线上、线下撕裂对立的舆论场实际上也正是当前政府公共关系比较复杂的地方。按照习近平总书记的说法，解决这一问题的基本思路就是打造"网上网下同心圆"。因为网上舆论监督是增量改革改出来的，所以它没有历史负担，大致能做到与时俱进。而线下危机应对的基本策略就是"不闻"。这样，线上采取的是与时俱进的策略，而线下采取的是老经验，两个不同的传播体系所对应的传播策略与沟通策略出现了"不一致"。

因此，政府还是要回到现代传播体系中。就像习近平总书记提到的，互联网对我党来说是机遇也是挑战，要站在我们党"过不了互联网这一关，就过不了长期执政这一关"的政治高度，准确把握互联网时代的机遇和挑战。

闻道PR：面对政府公关培训时，政府官员时常认为授课专家是"书生气"的，您认为如何才能让政府公关深入人心呢？

朱春阳：我认为授课专家书生气是两个方面的问题，一个是我们的专家的确有很多是书生气的，但是他们的基本逻辑是什么？他们会想：你们政府官员就不看书吗？稍微看一下书，不就啥都知道了吗？不过，如果中国的问题解决起来就靠几本书就可以，让我们感觉到这些问题都不成问题了。这种想法是夸大了知识在社会变迁当中的功效。知识只有转化为解决问题的能力的时候，才是有意义的，才会被称为智慧的源泉。从书本上弄清了几个原则、概念就认为掌握了真理，这个肯定是有问题的。

因此，我认为政府官员的批评有一定的道理，但是反过来想也不是完全有道理。为什么？因为一些政府官员对知识是缺乏足够敬畏的。这就等于说你治不了他的病，然后你又认为他的态度是不对的，所以双方就谈不拢了。

要想知道如何让政府公关深入人心，首先一定要找到它的问题在哪里，找到问题的痛点，然后告诉它这个问题既有的解决方案都有哪些。作为一个研究者，要尽可能掌握中外政府公共关系既有经验。这样可以降低实践方案选择时的试错成本。这样的好处在于：不是告诉你理论怎么样，而是让你知道实践怎么样。但是我们对实践当中案例的选择实际上是有理论做支撑的，要注意怎么样能够把我们讲的案例、理论和政策、趋势结合起来。如果对政策不了解，对行动经验也不了解，只对书本上的几个理论熟悉，那是没有用的。

我最早讲政府公共关系的时候，就有人举手提出反对意见，怎么办？这个时候要有一种心态，也就是当我们做讲座或做报告的时候，实际上也是我们实地调研学习的一个机会。如果你不让他问，你永远不知道中国的问题是什么。还有就是说他们为什么在解决问题的过程当中或解决这些问题之后又出现那么多的问题，他们怎么想这个东西。你如果不知道，就没有办法有针对性地给他们提供建议。

因此，我通常建议，讲座要突出问题导向，也就是倾听他们观点当中不一致的地方。最怕的就是讲的时候只知理论，只知书本，而不知问题，这也是我们现在的问题。

我认为有点"书生气"不见得是个坏事，因为"书生气"本身是一种理想化的东西，是对知识的一种敬畏，对理想的一种敬畏。如果我们都很世俗，连这点"书生气"都没有了，可能我们这个角色的价值也就不是很大了。

闻道PR：除了政府、企业和明星，不少学校、公益组织也频频发生舆情危机，"堵"而不是"疏"的思维比比皆是。您如何看待全社会常态化的危机现象？您认为造成这种现象的根源是什么？提升全员的危机公关素养是否应当被提上日程呢？

朱春阳：因为政府、企业作为公关的主导性群体，其既有的一种示范效应造成了全社会的经验趋同现象。其实，很多组织在遇到这种情况时，也不知道该怎么办，看到了既有的危机处置情况之后，就会依葫芦画瓢，采取"堵"而不是"疏"的方式来试图解决问题，从而导致了这种现象的规模化发生。危机公关从整合营销传播的角度而言，可被称为组织行为。从一个组织层面来讲，保持对内对外一致的原则是组织纪律要求的必要基础。组织内部每个人理解不一样就会出现问题。这种不一样本身就是导致问题产生的很重要的导火索。

闻道PR：习近平总书记强调要加强和改进国际传播工作，展示真实、立体、全面的中国。这与以前的外宣强调单向宣传有重大区别，之前单维度强调"美"，现在多维度强调"真"，您对此怎么看？

朱春阳：我认为真、美都是需要的。目前中国作为政治、经济大国是没有问题的，但是作为文化大国我们可能还是底气不足。要做一个有文化的大国，就必须为人类解决当代共同面临的问题提供智慧，这种智慧实际上就是对人类问题的一个回应。我们在国际传播当中需要实现的目标就是提出更多为人所接受的解决方案。

闻道PR：在中国对外传播中，如何应对屡屡被妖魔化的怪象呢？

朱春阳：我们对于这些问题的研究与回应需要有更强的自信，这种自信来自更高程度上的开放。市场经济对应的就是社会关系的碎片化、多元化，多元化本身就是社会的表征。中共十八届三中全会提出了国家治理体系和治理能力现代化，这具有里程碑式的意义和价值。所谓治理体系和治理能力现代化，就是多元利益主体之间，如何通过沟通、协商形成共识，在尽可能高的共识基础上制定政策，推动社会问题解决。我们在和世界沟通的时候，不能只接受相互夸赞，还要接受更多层面的交流。

闻道PR：您认为我国政府公共关系发展趋势如何？国内、国际的公共关系学界和业界如何才能共同介入或与我国政府合作进行公共关系的维护和国家品牌的建设呢？

朱春阳：中共十八大以来，我国政府公共关系的发展对时代环境的挑战作出了回应。在中国，媒介融合有着政治性的因素，主要体现在让官方媒体与民间平台进行融合，目的在于以沟通来寻求更高程度的共识，从而实现多元利益主体之间关系结构的优化。

没有沟通就没有共识，共识艰难才使得共识更加有意义。例如中美之间达成共识非常艰难，但如果没有共识的话，中美两国会更好吗？也许只会更糟糕。达成共识虽然艰难，但这也是共识价值越来越大的一个表现而已。我们需要充满建设性地看待目前的问题，不要悲观。

闻道PR： 您认为在高校的公共关系教育中，应当如何培育大学生的危机公关意识和技能呢？

朱春阳： 我们在公关的框架内讨论，通常会强调对话、沟通、多赢和信任。如果通过专业教育让这些理念成为我们和学生之间达成共识的纽带，那么我们的教育就成功了。如果我们把危机公关理解成封堵的方式，低级红高级黑的方式，并把这样的方式教给学生，就会对他们的认知产生误导。

真正的公关是人们解决危机的共同知识基础，这需要学生在大学期间接受真正的专业教育。整个公共关系学专业的存在，对于大学生如何理解企业与社会、政府与社会等面向当代文明的关系结构至关重要。

闻道PR： 如何才能让实战的政府公共关系案例成为高校公关课堂上新鲜的素材呢？类似于哈佛经典案例？

朱春阳： 凡是属于在公共讨论中，且是能够接触的案例和公共材料都是能够成为素材的。我们需要做的基础性工作是先知道中国问题的清单，从而让大家能够有意识地去把握和探寻它，否则我们讲的知识就无的放矢。

研究政府公共关系、政府公共关系案例以及研究什么样的问题有价值，这些都是一剑封喉的问题。在回应这些清单上的问题时，既有探索经验如何作为有益的参考也是需要特别考虑的。我们讨论案例是希望知道探索者、先行者提供了哪些有意义的经验。

哈佛经典案例经典的原因在于它回答了发达国家社会、企业发展过程中遇到的核心问题。这些走在前面的人的经验被总结出来，那些在黑暗中摸索的群体看到了学习的榜样，因此这些案例才能成为经典。如果人们看到的案例都是一团糟的、让人绝望的，很可能是这样的案例研究还没有找到最关键的问题所在。

文字整理校对 | 苏祺 赖诗雨 林轩羽

门林娟：
有效的公共关系需要道术结合

专家简介

图1　门林娟照片

门林娟（Rita Men），美国佛罗里达大学公共关系学系教授，发表了100多篇期刊论文，撰写了5本专著，是《传播管理期刊》的副主编和7本期刊的编委成员。她在各大国际传播学协会和会议上获得了30项最佳论文或研究奖项，是2010年公共关系研究所（IPR）凯旋卓越公共关系研究奖的获得者，三次获阿瑟·佩奇（Arthur W.Page Legacy）学者称号，是2017—2022年普兰克公共关系领导力中心普兰克学者，获2016年美国国家传播协会（NCA）公共关系杰出创新、发展和教育成就的杰出期刊文章奖，获得美国新闻与传播教育学会（AEJMC）授予的40岁以下杰出学者奖（the prestigious Hillier Krieghbaum Under-40 Award）。她曾两次获佛罗里达大学新闻与传播学院的教师研究奖，还被授予2021年佛罗里达大学任期教授奖。据《公关评论》统计，她是内部传播（1970—2019年、2012—2022年）和社交媒体公关（2006—2020年）两个领域发表论文最多的学者。截至2024年5月，她的研究已被引用10,000多次。

作为阿瑟·佩奇协会会员，门林娟曾为多家跨国企业和非营利性组织提供管理沟通咨询。她是国际公共关系研究会议（IPRRC）和国际传播测量与评估协会（AMEC）的顾问委员会成员，曾任公共关系研究所组织传播研究中心（2016—2020年）的首席研究主编，以及阿瑟·佩奇协会的Page Up（2020—2021年）运营委员会成员。门林娟应邀在亚洲、欧洲和美洲的多个国家演讲，在荷兰伊拉斯谟大学鹿特丹管理学院担任员工传播课程的主讲人。门林娟本科毕业于浙江大学传媒与国际文化学院及竺可桢学院创业与创新管理强化班，后取得香港浸会大学传播学研究型硕士以及迈阿密大学传播学博士。

摘要：公关只弄"术"而不重"道"？门博士告诉你误区如何破。

访谈正文

闻道PR：您能否介绍一下美国开设公关专业高校的情况，特别是您所在的佛罗里达大学的公关专业人才培养课程设置的情况？

门林娟：公共关系学专业设置在美国高校当中还是较为普遍的，而且数量呈上升趋势。佛罗里达大学公共关系系建系于1972年，全职教师15人，目前在读本科生约700名，硕士研究生17名以及博士生14名。

本科课程设置包含必修类如公共关系基本理论（PR Principles）、研究方法（PR research）、写作（PR Writing）、活动（PR Campaigns），以及选修类如社交媒体管理（Social Media Management）、公关道德（PR Ethics）、公关策略（PR Strategy）、危机传播（Crisis Communication）、国际公关（International PR）、募款（Fundraising）、员工传播（Internal Communication）、公益传播（Public Interest Communication）、社会变化传播（Social Change Communication）、运动传播（Sports Communication）等。

在人才培养方面，我们非常注重理论与实践的结合，比如要求学生毕业之前至少完成一项实习，像研究方法和活动策划这些基础课程，学生需要为一个实际客户服务并解决他的实际问题。我们学院有院设的战略传播咨询公司，帮公关、广告专业的学生积累业界经验。另外，我们系有15—20人的业界顾问委员会，通常由知名企业的传媒高管组成，每学期进行一次为期两天的驻校访问，跟师生探讨课程建设、就业计划、交流合作的相关问题。

闻道PR：佛罗里达大学公共关系学专业本科毕业生近年来的就业情况如何？就业市场对公关人才的需求是否旺盛？

门林娟：佛大公共关系本科生的就业一直都不错，这也是我们本科生数量不断增长的原因之一。毕业学生的就业渠道通常是去公关公司，或企业、政府、非营利组织的相关传讯部门，也有一部分选择申请硕士研究生继续深造。在美国，公关的就业需求近20年来一直都是在增长的，越来越多的美国高校开始设立本科公关专业或方向。也正因为如此，选择公关方向进行学术研究的博士生也越来越多，因为相对于较为传统的相关领域，公关教职的市场需求越来越大。

闻道PR：数据显示，中国公共关系业界对人才的需求是非常旺盛的，但国内开设公共关系学专业的高校却很少，还有很多学校在裁撤公共关系学专业。您怎么看待这个现象呢？

门林娟：这个或许跟大众对公共关系学专业的长期误解和偏见有关，认为公关是纯实务性学科，不需要理论，或者片面地认为公关就是媒体关系或政府关系，让学新闻或中文的人去做就好。但其实作为交叉学科，公关的实践领域非常广泛，包含跟企业不同利益相关者（包括消费者、员工、媒体、政府、社区、投资者等）的关系管理和信任度建设，职能上也不只限于媒体投放、宣传、危机沟通，像内部沟通、领导力沟通、企业社会责任、营销传播、募捐沟通、公益传播等都属于公关实践和研究的范畴。这些都是需要专业培养的人才才能进行有效的"道术结合"的实操。公共关系学是一门科学，也是一门艺术。

有了理论支撑和系统培训，公关人在实操方面可以少走很多弯路，也会改变一些影响大众认知的不道德、不健康或不专业的操作，比如黑公关。实操逐渐规范也会慢慢改变大众对公关的误解，即所谓的为公共关系"正名"。

闻道 PR：有人认为公共关系学专业实务性强，只适合大中专院校开设；公共关系人才也仅适合组织的初级岗位，不适合高级管理层。对此，您怎么看？

门林娟：公共关系学的确实务性强，但并不代表它没有自己的理论体系，对此国内的很多优秀前辈学者也已经有很多论述了。在美国，公共关系学作为一个独立的研究领域也有了几十年的发展。其实越是管理高层，越需要专业知识的深度和整合度，越需要了解公关的"道"而不仅仅是"术"。当然，作为公关的高管，仅仅了解业内的专业知识是不够的，还需要有商业管理知识，要了解组织的基本运作、行业常识等，但拥有过硬的公关专业素养和系统知识是最基本的。

闻道 PR：您认为公共关系专业人士在组织中应该扮演什么样的角色呢？

门林娟：公共关系专业人士可以作为组织软实力的建设者，帮助企业建立并维护重要的无形资产，如利益相关者关系、信誉、公众信任度、组织形象、文化等；还可以作为组织高层的智囊团，参与战略规划，协助管理层从公众视角看或聆听利益相关者的声音，帮助企业在寻求商业利益和履行社会责任之间获得平衡。

闻道 PR：有一种观点认为只有大企业、跨国公司才需要公共关系人才，中小企业、初创公司不需要。您怎么看待这个观点呢？

门林娟：任何公司无论大小、行业都有公关需求，但根据企业的发展阶段和属性，在公共关系的职能上可以有不同侧重。比如初创公司可能会更注重员工关系、品牌认知标识度建设、消费者及社区关系，成熟的大型企业则有更多的人力、财力去进行全面的公关行为，比如社会责任管理、信誉维护、企业文化传播等。

我跟两位华人学者波士顿大学的季泡（Grace Ji）以及旧金山大学的陈子霏（Fay Chen）合作写过一本书，叫《中国创业企业和创业者的战略传播》，由劳特利奇出版社（Routledge）在2020年出版。书里面的内容是我们基于之前对国内28位高科技创业者的访谈以及近2000名创业公司员工和消费者的调研结果，进一步探讨创业公司如何进行有效的公共关系管理和战略传播。

闻道 PR：您认为政府公共关系在中国有哪些发展空间？在国内，公共关系学界和业界能够以什么样的方式帮助政府进行对内、对外的传播和关系维护呢？

门林娟：跟其他组织一样，政府组织无论是中央政府还是地方政府，都需要进行公众沟通。政府的职能是服务民众，自然更需要有效的公共关系来传播信息、聆听公众意见并建立公众信任。我觉得中国的很多政府机构在这方面比以前做得好了，尤其是在社交媒体时代，政府有了更多的与公众沟通、聆听民声的渠道，公众也有了更多发声和了解政府的机会。沟通多了，理解多了，信任自然也就多了。

教育界不仅限于为企业服务，还需要为政府部门输送专业人才，进行合作。比如，公共关系学专业的学生可以到政府部门实习，做一些跟政府传播相关的实践项目或课题，高校公关学者可以跟当地政府合作，为一些项目比如城市品牌建设、公共危机处理提供咨询培训等。当然，这也需要政府逐渐意识到公共关系和公众传播的重要性。我个人觉得一个组织越优秀，往往越重视软实力的建设。而一个社会越发展，对软学科的需求、重视程度和投入也会越多。

闻道PR： 您能否介绍一下美国公关公司与政府是如何合作的？公关专业机构能否在政府的对外传播工作中发挥作用呢？

门林娟： 一般的公关公司都可以服务政府客户，同时美国也有更专业、更细分的专门针对政府传播需求的咨询公司，而且不少政府机构也有设置内部（in-house）传讯部门或职能。应该说，公关职能在政府的对内、对外传播中都发挥了重要作用，这个前面也提到了，但是否与公关公司合作或是设立专职，这个可以根据政府机构的具体需求和经费资源来决定。

闻道PR： 习近平总书记强调要加强和改进国际传播工作，展示真实、立体、全面的中国。您认为在推进国际传播的过程中，公共关系人士可以有何作为呢？

门林娟： 我觉得任何一种传播，人际、组织、公共传播或是国际传播都有它的共通之处，归根结底都是"沟通"两个字。这对于中国新一代领导人所倡导的"讲好中国故事，传播好中国声音"，向国际社会推介中国文化、特色、精神、智慧等，建立立体的新时代中国形象，让世界更好地了解中国等，我觉得都是非常重要和必要的。在这个过程当中，公共关系的理论框架可以起到一些重要作用，国际传播和国家品牌建设并不只是单向的叙事过程，也需要了解和把握国际受众对中国的认知、了解，在国际重要议题上发声并展示中国的影响力。公关的一些基本理论比如公众情境理论（如果进行国际受众细分）、双向对等沟通模式都可以给中国的国际传播提供一些启示。

对外传播的载体可以有很多，其实每一个中国人、每一个出海企业都可以成为中国文化和声音的载体。有时候民间的个体声音对于海外受众而言反而更真诚、更具有可信度。我觉得中国的对外（国际）传播和对内的政府品牌与国家文化建设不应该割离开来。新生代的年轻人更应该多了解中国文化的精髓和智慧，并身体力行。文化传播和国家形象建设应该是一个由内而外的多维度、多层次、系统性、全方位的过程，真实、真诚、全面。

闻道PR： 您认为，在中国对外传播中，例如在"一带一路"等重大议题上，如何应对国际舆论中的负面声音，更好地进行国家形象建设呢？

门林娟： 我的回答可能并没有新意，我觉得还是以事实和数据为基准，积极透明地传播中国在这些重大议题上所做的贡献，以理性开放的态度来应对质疑，通过真诚的沟通合作来逐步消除误解。国际社会上负面声音总是会有的,对任何国家都一样,但它不应该成为我们塑造国际形象的阻碍。相反,我们是不是可以尝试理性地聆听和了解这些声音,寻找误解和批评的根源,并有针对性地设计我们的传播内容,改变一些认知?归根结底,还是加强理解,求同存异。基于共同点(如共同利益、共同目标、共同价值)的对话和讨论更容易引起共鸣和建立信任。

访谈者 | 黄琼瑶　文字整理校对 | 邹玲

姚正宇：
公关的传播策略和融媒体的生态天然契合，发展空间极大

专家简介

姚正宇（Mike Yao），美国加利福尼亚大学圣塔芭芭拉分校（University of California, Santa Barbara）传播学博士，心理学、电影学双学士。现任美国伊利诺伊大学厄巴纳－香槟分校媒体学院查尔斯·H.桑德奇（Charles H. Sandage）广告系主任、品牌创新及广告科技中心主任、数字媒体教授，及吉斯（Gies）商学院市场营销学教授。

他同时兼任传播研究所（Institute for Communications Research）和 Cline 尖端社会科学研究中心研究员。他的学术研究跨社会心理、网络传播、信息科技、市场营销等多个领域，具体课题包括人机互动、线上行为、计算广告及网络营销等。他现任知名 SSCI 国际学术期刊《计算机中介传播期刊》（Journal of Computer-mediated Communication）副主编，以及另外两本 SSCI 期刊《传播学研究方法与措施》（Communication and Research Methods）和《媒体心理学杂志》（Journal of Media Psychology）的编委会成员。姚正宇在加入伊利诺伊大学之前，在香港城市大学任教9年，并负责线上行为及眼动研究实验室，曾为施乐公司的帕罗阿尔托研究中心（PARC）及谷歌（Google）等多个国际性企业及机构做教育科技、网络管制、大数据挖掘等项目的研究顾问。

图1 姚正宇照片

摘要：公关教育是跨学科的，以新闻素养为基础，以传播理论为支撑，以广告和营销为平台。

访谈正文

闻道 PR：请您介绍一下伊利诺伊大学厄巴纳－香槟分校的公关专业人才培养和课程

设置的情况。

姚正宇：伊利诺伊大学厄巴纳-香槟分校是高等教育广告专业的发源地，在1959年，广告教育之父查尔斯·H.桑德奇创立了美国第一个广告系。其中，我们的校友不乏广告行业的领军人物。相对来说，我们的公关科目起步较晚，目前只设有一个辅科专业（minor）。我们计划在未来更积极地发展公关课程，特别是在公共卫生传播以及体育媒体领域。我们认为在融媒体时代，公共关系和公共传播是高校传播教育不可缺少的专业科目。这个领域融合了新闻、广告、大众传播及市场营销的理论与实践经验，同时也填补了这些学科之间的空缺。

以下是我们公关辅修课程的要求。

学生必须完成三门关于公共关系和新闻的基础课程。

- JOUR 200 新闻导论（Introduction to Journalism）
- ADV 310 公共关系导论（Introduction to Public Relations）
- ADV 410 公共关系策略（Public Relations Strategies）

学生必须完成以下公共关系或媒体写作课程中的一门。

- ADV 350 公共关系写作（Writing for Public Relations）
- JOUR 210 跨平台新闻采集（News Gathering Across Platforms）
- CMN 220 传播公共政策（Communicating Public Policy）

学生必须完成以下两门额外的公共关系或劝服方面的高级主题课程。

- ADV 290 专题研究（Special Topics）
- ADV 393 广告与社会（Advertising and Society）
- ADV 476 全球广告（Global Advertising）
- ADV 494 消费者说服响应研究（Persuasion Consumer Response）
- JOUR 360 媒体合作（Working with the Press）
- JOUR 453 危机传播（Crisis Communication）
- JOUR 460 专题讲座（Special Topics）
- CMN 321 劝服策略（Strategies of Persuasion）
- CMN 377 宣传与现代社会（Propaganda and Modern Society）
- CMN 464 健康传播（Health Communication Campaigns）

ADV 290是我们最近开设的一门公共关系专题课程，重点在体育公关上。

2021年秋季提供的公关辅修课程如下。

- ADV 290 SPR 体育公关（Sports PR）
- ADV 290 INF 成为影响者（Becoming an Influencer）
- ADV 290 DL1 大数据思维及素养（Data Literacy）
- ADV 393 A 广告与社会（Advertising and Society）

- ADV 490 SMA 社交媒体分析（Social Media Analytics）
- CMN 396 1 数字人道主义（Digital Humanitarians）
- CMN 396 4 应用组织沟通（Applied Organizational Communication）
- CMN 396 2 传播和舆论（Communication and Public Opinion）
- CMN 396 6 风险传播（Risk Communication）
- CMN 396 5 社交媒体与政治（Social Media Politics）
- JOUR 453 A 危机传播（Crisis Communication）

闻道 PR：请问拿到了辅修公关的证书会对学生的就业有帮助吗？

姚正宇：我们的公关学辅修起初是为广告、新闻以及传播专业的学生拓宽就业领域而设的，让学生在就业的时候可以在学历证明和履历上列出公关方面的训练内容。我们觉得这些专业领域中公关专业的前景是广阔的，它是新闻、广告、市场营销之间的桥梁。公关学的理论和相关技能非常有柔性，应用的范围极为广泛。因为好的公关人员必须巧妙地利用不同的传播和沟通渠道来引导消费者群体的舆论导向，这种战略性思维和应对复杂多变问题的能力是融媒体时代下稀缺和急需的。

闻道 PR：那么您所在的系广告、新闻和公关专业之间有交叉性的学科设置吗？

姚正宇：有，因为我们公关专业的课程是广告、传播、新闻、市场营销专业的辅修课程。一开始就是交叉设置的。

闻道 PR：您刚才说新闻专业精神，我第一次听到有学院在课程设置的时候强调，做 PR（公关）的人首先要具有新闻专业精神，但是我之前看过一本美国的知名教材《大众传播媒介》，里面介绍公关的从业人员是从新闻从业人员中分离出来的。但很有意思的是，新闻人对公关人的职业评价很低，公关人对新闻人的职业评价很高，您怎么看待这一现象呢？

姚正宇：公关和新闻媒体是不可分离的。公共关系建立在与公共群体的沟通基础上，而新闻媒体建立在市民社会的基础上。虽然在自媒体时代，企业与品牌可以直接与消费者建立关系，但与媒体打交道是公关的基础。好的公关人必须深刻了解媒体机构的运作和新闻内容生产的流程与规则。因此，很多记者在职业道路上会转行到公关领域，因为他们了解媒体行业的操作规则，有内容生产的能力，并有广泛的人脉。

闻道 PR：如您所言，如果做新闻的跳出来做公关，那新闻的专业精神如何才能在公关从业者身上得到一个切实的体现，而不仅仅就是一种顶层的理想呢？

姚正宇：新闻从业人员知道自身的底线在哪里，如果你从来没有做过新闻，那么你没有办法知道底线在哪。比如在美国，靠关系或花钱请一个记者朋友或媒体发公关稿，不仅会触及道德和法律底线，而且会破坏整个行业的规则。美国的公共关系行业的自我监管是非常严格的。这套规则并不只是政府的单方面法律约束，也不只是某一个机构的内部政策，而是整个行业为了自身的生存而与公众之间的约定俗成。一旦出格，垮掉的是整个行业的发展空间。一个公关人必须有新闻专业的精神与操守。如果不用做新闻的道德底线和专业精神来自我约束，公关行业很容易走上"为达目的不择手段"的歧路。

从某一个角度来讲，公关行业和新闻媒体其实是一体两面的"灰色地带"，一个为甲方服务，一个为公众服务，但它们用的是同一个媒体的平台。那么在媒体上怎么共同承建，这其实是一个内部协调的问题。大家都是媒体人并且做过记者，今天为企业服务，明天还在报业里面做事情。大家要知道一个底线和游戏规则，因此，新闻专业方面的训练非常重要，就是所谓的媒介关系很重要。

闻道PR：请问你们系比如说广告、新闻和公关专业都有设置交叉性的互选课程吗？

姚正宇：对，在新媒体时代，我刚才讲的公关行业的边界其实是被打破了。一篇公关稿可以在自媒体上面发也可以通过新闻媒体发。我认为这是一个危机。公共关系在大众媒体时代是一个成熟的行业，有其规范。但是在自媒体平台上，这些规范的约束没有了。这也是公共关系行业的市场需求愈来愈大，但行业的口碑越来越差的原因。我认为，公关教育是跨学科的，以新闻素养为基础，以传播理论为支撑，以广告和营销为平台。因此，我们认为公关人才必须在综合性高校环境下系统性地接受培养，而不能只注重技能训练。

闻道PR：您之前说当公关的最后一条底线消失的时候，它就会变得完全实用主义，很多公关公司就会为达目的不择手段，美国是这样的吗？

姚正宇：经过多年的磨合、碰撞，传统的公关行业在美国政府的监管下，自我约束感很强。但在自媒体刚开始快速发展的时代，固有的边界被打破，新的规则还未建立，处于混沌状态。比如我是一名记者，但我以自己的名义写博客，我需要遵守新闻行规吗？我可以收广告费或为品牌代言吗？近几年，美国在这方面的监管和法治建设开始趋于完善，市场的自我调节也开始生效。在市场监督、自我监督和政府监督三方面的约束下，一套新的规则已经开始成形。

闻道PR：您觉得国际、中国港澳台地区的公共关系教育发展势头旺盛的原因主要是市场需求吗？

姚正宇：现在媒体传播的空间越来越复杂，传统意义上的广告局限性强、成本高、灵活性低。在这种情况下，广告和市场营销行业都需要把公关的元素引进来。有公关经验的人，在这个媒介环境里会感觉如鱼得水。公关的传播策略和融媒体的生态天然契合，发展空间极大。

闻道PR：数据显示，中国公共关系业界对人才的需求是非常旺盛的，但国内开设公共关系学专业的高校很少，还有很多学校在裁撤公共关系学专业。您怎么看待这个现象呢？

姚正宇：从一个学者的角度来讲的话，其实"堵"不如去"疏"。公共关系学是需要门槛的，因为没有门槛的话，什么人都可以去做这件事情，缺少了专业精神、道德底线和专业知识，这个行业就会越来越乱。在行业越来越乱的情况下，门槛也会越来越低，最终对社会的影响会更坏。与其让它在自然的野生态环境中发展，还不如由一两个好的学校去作为领头羊，起到一个正面作用。从社会科学理论的角度来看，现在有很多传播学的问题、新闻学的问题、社会学的问题和心理学的问题，都和公共关系息息相关。如果在这个高度上去研究公关，培养公关人才，会有更大的贡献。

闻道 PR： 教育部《新文科建设宣言》中提出"交叉融合"趋势和"大文科"视野，您觉得这对中国公共关系教育来说有什么契机与挑战呢？

姚正宇： 只从字面上看，不管是政府还是企业，与公关建立关系在现代社会是不可缺少的。作为一个有着自己研究体系、理论框架的学科，公共关系学本身是没有任何问题的。只是这个行业在大众心中有着负面的刻板印象，这与这个学科对自身的认知有着很大的差距。这是一个挑战，我觉得应该把它跟一些企业和品牌切割，从战略传播的角度重新定义"公共关系"。

闻道 PR： 有的人认为公共关系学专业实务性强，只适合大中专院校开设，对此，您怎么看？您觉得如果要在中国高等教育发展公共关系学的话，清华、北大是否应该起到表率作用呢？

姚正宇： 我换一个角度讲，我觉得中国的一流大学应该有公共关系学的学者来研究更多的社会现象，从一个有高度的理论层面来做研究。公共关系学应该是跨学科的，它可以填补传播学、心理学、社会学、新闻学、市场管理学之间的缝隙。

闻道 PR： 您觉得在推进国际传播的过程中，公共关系可以有何作为呢？

姚正宇： 最近这几年，我一直在做这方面的研究。我认为跨国企业在海外消费者群体中可以说是一个国家的代言人。它们对公共外交可以起到积极的作用，是一个国家软实力的体现。跨国企业品牌形象管理的问题可以从公共外交的角度去看。和国与国之间的"硬"外交不同，这种"软"外交中可以通过本国与外国民众之间的直接沟通来提升形象。

闻道 PR： 能否谈谈您刚谈及的国际公共关系的项目？

姚正宇： 我们做了一些关于中国知名品牌在美国消费者心中的形象的实证研究。我们发现，一些已经被海外民间消费者熟知并接受的中国企业和品牌，比如阿里和抖音（TikTok），会给中国的形象加分。而一些经常在海外政治新闻中出现，但消费者群体并不熟悉的中国品牌则更会受他国国人对中国国家形象的影响。

闻道 PR： 您长期在美国生活，请问美国人怎么看待中国的呢？

姚正宇： 其实美国普通民众并不关注中国的事，美国人的媒介使用也非常碎片化。美国人对中国的认知和关注与中国人对美国的认知和关注不成正比，差距很大。比如，美国看《纽约时报》的人其实并不多，刻意关注中国问题的人则更少。

美国媒体的政见立场不同，市场覆盖率不同，受众也不同。对中国关注的人，看到中国的新闻就越来越多；对中国不关注的人永远看不到关于中国的新闻。一些媒体，可能为了博眼球或者为某一政客助选，散布谣言。这些信息如果不被扩散，一般只会在茧房里流传。从公关的角度来讲，有些危机需要以静制动，有些危机可以四两拨千斤，而有些危机则需要警惕预防。至于如何应对，需要联系西方媒体大环境以及对美国普通人群社会心理的深度认知，这些都是公关学领域的研究方向。

闻道 PR： 您觉得在我们国家的体制和文化背景下，公共关系的学界、业界怎样才能更深入有效地介入政府公关，包括国家品牌的建设，还有可为的空间吗？

姚正宇： 在别国的媒体生态空间里去建立并维护国家品牌，需要用别人能够接受的语言，用别人能够接受的方式，利用别人的平台去讲你的故事。这是品牌传播和公共关系理论与实践经验最大的价值，空间很大！

闻道 PR： 您认为怎么样才能和美国展开这种民间的交流，比如说李子柒这种方式？

姚正宇： 民间交流和公共外交应该建立在有机和真实的对话上。比如，中国的崛起、强大和繁荣并不一定要以高楼大厦和飞机大炮的形式来体现。硬实力有硬实力的战场，软实力是要靠滴水穿石、潜移默化的力量。在软实力方面的交流，我觉得李子柒是一个成功的案例和典型。但我个人觉得这个典型在成功以后做得太精致了，一旦宣传的痕迹太强，就适得其反了。

闻道 PR： 在不着痕迹地影响他国民众方面，TikTok［抖音（海外版）］算不算典范呢？

姚正宇： TikTok 在美国很成功，几乎所有的美国小孩子和大多数的商家品牌都在用 TikTok，都想在 TikTok 上成名。

闻道 PR： 请问您现在做的国家品牌是不是也像您刚才说的用企业的品牌来映射国家的品牌呢？

姚正宇： 我现在感兴趣的是对品牌声誉的研究，我觉得声誉要比形象更有机一些。因为声誉是不受自己控制的，是别人怎么看你；而形象是可以建立的，它是有主动性在里面的。我觉得用"国家形象"这个词带来了一些局限性，可能"国家品牌"更能完整地包含一些传播层面的问题。

闻道 PR： 像您刚才说的声誉管理，声誉如何管理呢？像您刚才所言，别人怎么看，你可能没有办法控制，那么为什么要管理它或者说如何展开有效的声誉管理呢？

姚正宇： 如果我们把一个品牌当作一个人来看，就比较容易理解声誉管理。比如我现在跟你对话，你会下意识地通过我的言行举止来推断我的性格。如果我经常和你一起吃饭聊天，我的行为对我的声誉会影响更大。而在媒介化的网络世界里你看不到我的举止，你就会更依赖我与别人的沟通来推断我的人品。因此，网络上的品牌声誉管理本质上就是沟通管理的问题。声誉管理并不只是规划说什么的问题，还是一个时刻调整在什么场合下说什么的问题。难处在于在旧媒体的时代，品牌可以"见人说人话，见鬼说鬼话"，因为每个媒体的受众群体是被切割的，然而在融媒体的情境下，我见人说了人话，鬼也是看得到的。保证真实就成了最好的策略。

文字整理校对 | 张伟红 殷家辉

陈怡如：
公共关系帮助组织定位核心价值，并提供创造性解决方案

专家简介

图1　陈怡如照片

陈怡如（Yi-Ru Regina Chen），马里兰大学帕克分校传播学博士，香港浸会大学传理与影视学院传播系公共关系学教授、传播系主任、媒体与传播管理中心公共关系讲座系列负责人，亚瑟·佩奇中心佩奇传承学者（Author W Page Center's Page Legacy Scholar）；曾任美国公共关系研究所行为洞察研究中心的研究员。她的研究领域包括政府关系和公共传播、新媒体传播和公众参与，以及企业社会责任和创造共享价值，研究重点是公共关系如何通过战略传播为不同的组织（企业、非营利组织、政府）和利益相关者带来共享价值，尤其关注中国组织的公共关系与战略传播管理。

她是2006年国际传播学会（ICA）公共关系学分会罗伯特·希斯（Robert Heath）最佳论文获得者（共获五项ICA最佳论文奖），她曾两次获得香港浸会大学传理与影视学院的杰出研究奖。她的作品发表在《公共关系研究期刊》（Journal of Public Relations Research）、《公共关系评论》（Public Relations Review）、《人类行为中的计算机》（Computers in Human Behavior）、《远程信息技术与信息学》（Telematics and Informatics）、《新闻与大众传播季刊》（Journalism and Mass Communication Quarterly）、《信息、传播与社会》（Information Communication & society）、《医学互联网研究杂志》（Journal of Medical Internet Research）、《国际通讯杂志》（International Journal of Business Communication）、《国际战略传播杂志》（International Journal of strategic Communication）、《传播管理杂志》（Mass Communication Quarterly）和《美国行为科学家》（American Behavioral Scientist）等国际期刊上。

摘要：公关学科处理的是不断变化的元素，需要与时俱进、不断更新。

访谈正文

闻道 PR：我们知道香港浸会大学有公关与广告（PRA）本科专业，能否请您介绍一下专业招生和就业的情况？谢谢。

陈怡如：好的，香港浸会大学 PRA 的全名是 Public Relations and Advertising Major。在这个主修科目下，有公共关系学（简称公关）、广告与品牌管理、组织传播三个专业。浸会大学的公关专业建立于 1968 年，是香港第一个公关专业，也是浸会大学的一个招牌专业。

当一个社会开始有一些先进的大学，就会产生一些比较先进的想法，开创一些社会所需的前沿专业。我觉得公关与广告是被需要的，因为它们与社会的发展进程相辅相成。浸会大学虽然不是香港排名第一的高校，但因公关是契合社会脉动的前沿专业，所以我们的招生情况很好，生源在全香港数一数二。我们非常开心可以与这些有能力、有想法的学生一起合作。公关专业就业也良好，我们的毕业生不仅在业界形成很大的网络，许多人还已经担当高阶职位，进一步在教学及研究上提供给我们许多业界资源。

闻道 PR：浸会大学的公关与广告专业在多年前是合并状态的，现在把它们分成两个独立的专业。很多受访对象都提到了公关和广告的边界问题，那么公关与广告分开是否更符合现在的潮流呢？

陈怡如：公关与广告其实是两个非常成熟的专业，有各自完整的理论与实务体系。我们把它们分开，让学生全面地学习各自专业领域的知识和技能。当然，两者有共通的部分。因此，公关与广告专业有一些共同的必修课，基本是公关与广告专业学生都应该掌握的基础科目，如：传播学理论（The Theory of Communication）、AI 与数码传播（AI and Digital Communication）、消费者洞察（Consumer Insights in Public Relations and Advertising）、活动策划管理（Campaign Planning and Management）和研究方法（Research Methods）。进阶公关课程包括危机管理（Issues and Crisis Management）、企业社会责任与利益相关者参与（CSR and Stakeholder Engagement）、财经公关（Financial Public Relations）、进阶公关写作（Advanced PR Writing）。通常，跨国企业、头部企业比小微企业、家族企业更需要上述进阶课程。因此，我们培养的公关人才能够掌握完整的知识和技能，不管他们毕业后是在企业、非营利性组织，还是在政府机构，只要负责的是公关业务，都可以直接操作。

闻道 PR：好的，也就是说公关这个专业的课程体系非常成熟，已经足够支撑一个专业人才的培养了。

陈怡如：是的，浸会大学在还是一个学院的时候就已经开办了公关专业。其实公关一直都被广泛地运用在人类社会当中，只是在亚洲，我们没有一个统一的名称，没有形成一套系统的理论框架和实务操作框架，导致它看上去像一个行业，但又没有那么专业化。可是在国外是有系统理论框架和实务操作框架的。香港是中西文化交融之地，经济起步也比较早，所以很早就已经看到了社会对这个专业的需求。从那个时候开始我们就不断发展我们的专业课程，直到现在。浸会大学的公关专业跟欧美对接，课程获得了国际广告协会（International Advertising Association）的认证，并与澳大利亚昆士兰大学和美国密苏里大学合作开办双学位本科课程。

这就又说到另外一个情况，就是传播学变化快速，我们要同时应对的是人、组织、社会以及媒体。这四者都各自不断变化，互动之后还会再变化。结果就是公关专业需要有系统、有理论地解决问题，这样才能有效指导公关实务。单纯依赖经验的公关操作不仅面临很大风险，而且也会造成低资源利用率和低投资回报率。因处理的是不断变化的元素，公关学科需要与时俱进、不断更新。

闻道 PR：公关是一个非常前沿的专业。很多人认为公关是一个务实性非常强的专业，有的人会说公关无学、没有理论，也有人会认为本科院校应该更多地开设一些科研型的专业，如哲学、社会学等，他们觉得公关只适合由专科院校或者职业院校开设，请问您怎么看这个问题？

陈怡如：举一个例子好了，现今大家使用多款手机 App，手机 App 没有实用性就会被淘汰。但它们不需要理论的支撑吗？首先，知晓程序的运算逻辑才可以写出程序驱动 App。此外，还得知道一个 App 该怎么设计才能满足用户的需求。那么用户有哪些需求？怎么满足呢？这些与用户的认知、态度、情感和行为习惯密切相关，而理论提供了寻找答案的路径。一个务实性强的 App 是建立在许多知识和理论框架上的，而非建立在技术层面的反复试错或个人经验之上。

公关学科也一样，它有非常大的实务需求，也有非常大的理论需求。简单来讲，理论指导实务，实务优化理论。掌握理论可以让你清楚地分析面对的情境，建立达成目标的路径。没有理论，就只能靠经验。可是经验有局限，需要时间去累积，且每个人的经验不同，对经验的解释也因人而异。但如果有理论指导，很大程度上我们就能够对自己面对的情境有一个正确的预判，进而制定战略。

从另一方面来说，因人、组织、社会和媒体的不断变化，很可能我们之前掌握的理论解决不了最新的问题，所以我们要在实务中优化理论。换句话说，理论与实务不能分离，公关专业更是要求理论和实务的紧密结合。再者，组织和社会时刻面对不同的问题，每一个公关操作都会对组织和社会造成影响。我们的专业尤其需要不停地用理论来指导实务，在实务中优化理论，并将其应用在组织上，这样才可以让人类社会变得更好。

闻道 PR：我觉得这个误解可能跟目前中国公关科研发展相对不足有关。您认为呢？

陈怡如：其实人们在讨论这些问题的时候，看到的只是问题的显现点，而非问题的根基。问题的本质是很多人不了解公共到底是什么，这直接造成公关专业推进的困难。我认为公关是用沟通培养一个组织的核心价值以及提出创造性解决方案的一个专业。

社会是由不同的组织构成的。任何一个组织，小到一个社区的妇联，大到一个国家的中央政府，都要应对自己的利益相关者。组织的行为对利益相关者造成影响，组织的能力越大，影响越大。且任何组织都想要达成自己的目标，然后永存在社会中。在这个过程中，公关首先使用沟通与组织的不同利益相关者建立关系并将他们的反馈传递给管理层，让组织明确自己的核心价值到底是什么；在这之后，公关可以协助组织实现它的核心价值。

比如品牌多芬（Dove）的核心价值是"让美成为自信，而非焦虑的来源"，那它就不该去销售让女性"改变"自己面容和身体的产品；而应该致力于提供给女性"适合"自己面容和身体的产品，提升她们自身的状态，使她们呈现自信美。换言之，当组织有了核心价值以后，它就知道了自己的目标和自己为什么可以存在于社会中，也就有了决策（要做什么）、沟通（要怎么说）的基准。

公关不会创造产品，但公关会帮助组织用产品建立它的核心价值，并向它的员工、消费者或利益相关者传达生产这个产品的意义，从而增强员工的使命感或消费者的消费意愿。如果一个组织没有核心价值的话，那它想要做出好的决策，或与不同利益相关者做好沟通，将是有困难的。

为什么好的沟通重要呢？因为好的沟通才可能产生我刚才说的第二个部分：创造性地解决问题。当组织清楚自己的目标，并了解不同利益相关者的目标之后，才可以求同存异，展开合作，甚至是共创价值，共创意义，这样才能创造性地解决问题，推动社会进步，而且这种进步是能使大多数人满意的。如果大家不沟通，或者仅凭"谁力量大谁决定"的方式沟通，合作最终还是会被否决，组织将难以实现长久发展。如果社会上所有的组织都能明白自己在做什么、为什么要这样做，并以沟通对话的方式去理解其他组织及利益相关者的行为，那么就会降低很多风险，社会也有更多进步的可能。虽然仍会有少数极端的人不愿意改变和理解，但我们相信大部分人还是愿意生活在一个相互理解、积极向上、共同进步的社会的。

闻道PR： 这就是我们所谓的完全功能社会（fully functioning society）吗？

陈怡如： 可以这么说。浸会大学传播系的口号就是"We use communication to make the world a better place"（我们用沟通让世界变得更美好）。我们相信传播有这样的力量，而公关就是利用传播，通过我刚才所说的实现组织核心价值的路径，让世界变好。

闻道PR： 您刚刚提到了公共关系具体是什么这个问题。我最近也看到了很多业界讨论，尤其是关于公共关系和战略传播/沟通之间到底有什么区别和联系的讨论，想知道您对这个讨论的看法。

陈怡如： 简单来说，公关就是做战略沟通。战略沟通其实就是有目标的沟通，并用最有效的战略和方式去达到这个目标；而沟通目标必须建立在对导致沟通需求产生的问题或机遇的洞察上。因此，在有些国家或组织中公关被叫作战略沟通或传播管理。

话又说回来，我认为中国很需要公关。第一个原因是中国政治、经济的快速转变。政治上，公众对现代政治的理解发生改变。再加上新媒体的辅助，公众很容易获取各地的新闻资讯，因此提高了对政治相关议题的了解和参与度。经济快速发展，商业活动繁荣，中产阶级增加。社会结构的转变会带来许多变化，这些变化会制造出很多危机。如果一个组织没有核心价值，那大家可能会为了眼前名利而剑走偏锋，这就可能伤害到其他人，不仅不能长久发展，还会带来社会危机。

第二个原因是中国快速发展虽带来机遇，但也会产生很多新的问题。这些问题通常错综复杂，是一个组织难以独立解决的，这就需要政府、企业等不同的组织合作来解决。因此，在这种情形下，沟通和公关就变得非常重要。

第三个原因是本土公关已在发展轨道上。为什么大家会觉得公关业界很强，而学术界偏弱呢？我们知道其实公关专业的需求是中国经济改革的副产品。在跨国企业进入中国之后，很多跨国公关公司和广告公司为了其商业目的活动也来了。因此，许多国外的业界专家进入中国工作，但国外公关学者并没有来。经过几十年的时间，现在公关公司里面的高管也渐渐换成国内的专家。知识转化是需要时间的，中国的公关学术界也一样。我认为现在中国学术发展已经加快了，因为有大量的学生到国外求学，他们会带来比较系统化的理论体系，会更全面地研究公关。如果中国停止公关学科的教研，公关专业就无法健全发展。

闻道PR：您刚刚提到业界和学界之间存在巨大的差距，我觉得公关人才断层现象也很明显。1994年，中山大学开设了国内第一个公共关系学本科专业，因此，科班的公关人才培养历史也才不到30年。在这个过程中，虽然我们一直强调公关应该在组织中扮演非常重要的角色，但真正能在组织里面担当管理层的公关人才还是很稀缺的，这也是最近业界讨论的一个比较现实的问题。请问您怎么看这个问题呢？

陈怡如：人才或产业的培养需要一定的时间。比如说IT（Information Technology，信息技术）人才或产业的发展就是如此，只不过因为政府投入大量的资源，才使它迅速发展起来。

那有没有一些加快公关发展速度的方法呢？也有。比如在教学时，可以纳入更多实践元素。业界专家在参与教学时，不但使用业界的语言且结合实例分析，让学生能很快了解理论如何有效运用于实务。在浸会大学，低年级的公关课程会安排业界专家演讲或带学生去机构参观，让学生与业界专家直接对话。在高年级的课程中，公关代理商以及业界专家会和学生们一起开展实战项目合作。因此，我要强调的第一点是，公关教育一定要跟业界有产学研合作，这样才能让学生更深入地理解和掌握公关。第二，在产学研合作的过程中，老师也会学到讲课时把公关概念与实务融合的技巧。第三，老师也能在此过程中找到对提升公关专业起关键作用的科研方向，甚至邀请业界专家一起合作研究。

例如，我们邀请了美国爱德曼（Edelman）的高阶研发主管加入我与澳洲悉尼科技大学洪君如副教授的"创造共享价值"与"社会企业责任传播"这两个科研团队。其实许多企业愿意高价雇佣高端人才。唯一的解决办法就是培养更多的高端人才，而这需要时间，需要一个教育过程。如果中国不重视这个的话，那未来公关的发展可能会比较困难。

闻道PR：是会错过一个发展机会吗？

陈怡如： 不只是错过机会，是公关可能会变成一个风险很大的商务活动。企业可能会做出一些不道德的事情，只想博人眼球、创造声量或提升销售额。结果人们也不再愿意相信企业，这就导致很多问题无法解决。然后，因为没有专业人才系统地学习或者分析这些问题，所谓"公关专家"就片面引用外面的一些理论来解决表象问题，或者单靠经验来处理问题。

闻道 PR： 是的，这样公关可能也会被进一步误解，公众可能会更加认为公关就是删帖或者雇"水军"的行业。

陈怡如： 对。最终导致公众不相信公关，不愿意选择从事公关工作，这将对社会造成很大的伤害，因为社会需要公关这个功能。

闻道 PR： 是的。我认为政府是非常需要跟公众建立好关系的，公共关系对政府工作也会有很大贡献，您是否有关于我国政府公关的一些经验或者看法呢？

陈怡如： 其实政府除了面向所有的公民，还面向其他利益相关者，例如企业及非营利组织，这些组织可以帮助政府解决问题。中国各级政府已实行了电子政务，并取得了良好成效。我认为政府还可以和民间团体、企业达成更深层、更具战略性的合作，以解决社会问题。

例如，政府与企业在合作 CSR（企业社会责任）时，不少企业为了宣传其 CSR 项目而做 CSR，本末倒置，效果不彰。做 CSR 旨在解决实际问题，或产生能解决问题的社会影响。因此，CSR 往往需要创造性的问题解决方案。政府与企业平时有良好沟通，建立了良好关系，双方有信任基础，清楚对方的底线和目的，双方才可能提出创造性的合作方案，有效解决某一个社会问题。因此，我认为公关对政府的作用着重于建立与不同组织之间的有效沟通机制和信任关系。这不是市场营销人员或者管理者的专长，而公关可以在这上面起到关键性作用。

闻道 PR： 对，甚至可能是一个更系统化的改变。因为像企业管理、公共管理或行政管理领域的人，他们可能都更关注自己专业的部分，而公关人员可以看到这些专业之间的关联。

陈怡如： 对，他们关注自己专业的问题，而公关人员关注的是整体。比如说大家都想合作，可是为什么合作达不到我们预想的成效呢？其他专业的人可能不会看到这个问题，可是我们专业的人可以很快看到，然后提出解决方案。

闻道 PR： 是的，我觉得公关对社会也能做出很大的贡献。现在我们国家强调推进国际传播，讲好中国故事，您认为在推进国际传播和讲好中国故事的过程中，公共关系要怎样更有效地发挥作用呢？

陈怡如： 回到我刚才说的，不管对任何组织，公关最核心的作用就是帮组织确定它的核心价值，并使组织的行为符合它的核心价值。现今每个国家都致力于增强国家软实力、做好国家形象建设，因为每个国家都对自己国家的组织感到骄傲。

与人际交往类似，一个国家要做好国际传播首先就是要真诚，讲真实可信的故事，要能够让外界信服，这些都与核心价值有关。因此，公关首先要做的就是确定国家的核心价值并使其得到外界的认同，一个好的核心价值是会让大家发自内心赞同的。而故事只是一种媒介、一个工具，公关协助国际传播的重点在于确保国家的行为和传播符合它阐述的核心价值，即所谓言行合一。当然，公关最后要确定合适的故事符号和传播方式，把故事说出去，令听众自然地将故事与说故事的国家联系起来。

闻道PR：我们在讲国家公共关系，或者讲国际传播的时候，会提到国家品牌这个概念。对于品牌传播到底是否属于公共关系的范畴，学界也存在很多争论，有的专家认为公共关系实际上包括品牌传播的功能，但是也有专家认为公共关系跟品牌传播不是一回事，您对这个事情是怎么看的呢？

陈怡如：我认为在传播学科里，很难将某一概念局限于某一个专业。公关与品牌传播当然不是一回事，但公关人才完全有能力从公关的战略与技术角度进行品牌传播。学界不会划定一个学科的研究范围，因为创新才能推进知识发展。通常哪一个领域的学者、专家先把某一概念系统、理论化，它就会属于哪一个领域。因此，我鼓励公关学者们多元化地研究他们感兴趣的东西，尤其是推进产业和国家发展所需之物。

我最后想总结几点，首先，公关是无法单一定义的专业，因为它是新兴学科且范围广泛，学者、专家对公关研究的侧重点也不一样。其次，中国应该更加重视公关的发展，因为公关能够促进以价值为准的组织降低行为风险，提出创造性的解决方案，这对未来的经济发展有很大裨益。但这需要一个过程，不可能一蹴而就。最后，公关学者要致力于产学研相结合，让大众看到公关理论可以指导实务，有效应对组织或社会的问题。

访谈者 | 黄琼瑶　文字整理校对 | 钟玉　袁锦娟

张依依：
公关是以公益和双赢为基底的战略与战术

专家简介

图1 张依依照片

张依依（Change EE），美国俄亥俄大学传播学院博士，现任中国台湾世新大学公共关系暨广告系教授。

张依依博士的实务经验丰富，曾担任美国宽讯时代AboveCable.com总公司公关总监、中国台湾公共关系基金会执行长、《公关》杂志社社长及总编辑，并担任多家学术机构研究员/委员，如中国国际公共关系协会学术委员会委员、中国国际公共关系协会学术工作委员会委员、复旦大学国际公共关系研究中心高级研究员、中国台湾公共关系协会学术委员会召集人等，并获得学界业界的诸多荣誉，如公关教育廿年杰出贡献个人奖、首届中国公关十位杰出人物奖，获中国国际公共关系协会颁赠"一等论文奖"，获17PR.COM、北京大学公共关系协会、人民大学公共关系协会颁发的"2009中国公共关系百人奖"。

张依依博士广泛受邀至各大学做专题讲座、访问学者、兼职教授，如中国的北京大学新闻与传播学院、香港中文大学新闻与传播学院、中山大学政治与公共事务管理学院、复旦大学新闻学院、华中科技大学新闻与信息学院、南昌大学公共管理学院、中山大学南方学院，芬兰的韦斯屈莱（Jyväskylä）大学传播系/所，印度尼西亚的特里萨克蒂（Trisakti）大学等。

摘要：企业社会责任和非营利性事业公关，正是公关在营销管理之余一个主要的功能与目的，也因此公关才为举世所艳称一门追求双赢的学问与职业。

访谈正文

闻道 PR：您在台湾写过四个专栏，请您谈谈公关在台湾的发展如何？您认为台湾的公关发展和大陆相比，有什么相似点和不同点？

张依依：台湾在 20 世纪 80—90 年代，一切都很令人振奋，所有东西都起飞了，公共关系（简称公关）也蓬勃发展。

公关的发展与政治、经济、社会的发展有关。当整个社会发展得很好的时候，公关就发展得很好；相反，当所有东西都下坠的时候，公关也就下坠。

一个时代有一个时代的精神气韵。例如，初唐的诗和诗人，大都朝气蓬勃、气魄宏大；到了晚唐，就流于香艳了。公关也是如此。

台湾经济起飞在 20 世纪 70 年代，经济发展最蓬勃时期是 20 世纪 80—90 年代，外商很多，公关业也在那几年飞速发展。大陆比台湾大概晚 15 年，大陆公关发展最好的年代约在 1996—2015 年。当然，我隔海观望，不见得准确，还有可讨论的空间。

我觉得这几年自从新科技出来，社交媒体和自媒体流行以后，虽然它们对公关的操作有帮助，但也有杀伤力。

譬如自从大数据盛行，台湾的公关业就开始落后于大陆，因为台湾在这方面发展较慢。但是大数据使得公关本来的看家本领受到很大的威胁，因为现在一切思考都以数据、流量、圈粉为主，仿佛写作、策略都不重要了。

公关本是文科专业，现在公关人也要学习 Python 或了解算法，这对公关人固有的专业能力可能是一种伤害。因为公关人很重要的一项素养——人文素养与写作能力，很可能就因此受到忽视。

不管时代怎么变迁，该具备的本领依然一样。当然，公关人虽然不会写程序，但是对数据分析的思考应驾轻就熟，而且有公关概念的人，才会有洞见。

闻道 PR：您曾经在美国留学多年，美国的总统和议员在聘请公关公司塑造个人形象、助推政策的发布和执行等方面具有较为悠久的历史，请您详细谈谈。

张依依：老实说，美国公关之所以到现在还很蓬勃，是因为美国的代议民主制度，基本上是建立在公关运作上的。所以，政治公关在美国永远有饭吃，因为年年都要选举，有时选总统，有时选众议员，有时选州议员，而且国会常有公听会，又一天到晚有企业游说，工会或公会又常有草根游说。因此，美国这种政治制度天生就需要很多公关运作。

公关辅助民主。好的方面，例如实行双向沟通，可以做到政通人和；坏的方面，就是公关这个利器，到了坏人手里起到负面作用，例如美国来复枪公会在国会山庄强大的游说能力，就使得美国枪支横行。

公关源自美国，也盛行于美国。只要有选举，就有公关，一切就都简化成争取票数，而这是可以操作的。

我深深觉得所谓民主制度，就是一种可以上下其手的制度。这中间各显神通，各种力量抗衡，有时需要噱头，有时需要形象，因此公关在美国生生不息。美国那些大企业需要和政府打交道，也需要博取消费者的好感，因而永远不乏公关性质的运作。

闻道 PR：您曾是《公关》杂志社社长和总编辑，能否谈谈您当时是如何策划《公关》杂志的选题的？杂志可以给社会带来哪些影响？您对公关类学术期刊有什么看法？

张依依：我做《公关》杂志总编辑长达两年，那时还有教学、基金会、行政等好几个职务在身，当时非常忙。每两个月出一期《公关》双月刊，我一方面需要去招募广告，一方面需要构思封面故事，约稿，写稿，写访问稿，主持座谈会（还要编辑手下整理的座谈会逐字稿）、翻译国外公关类刊物的好文章，找人设计封面，举办海峡两岸大型公关研讨会等，忙得不亦乐乎。

当时所写的文章，以介绍公关的功能为主，那时候台湾还很少人知道公关，因此，常刊登一些介绍性或实务性的文章。

当时的台湾学术期刊也不太知道公关是什么，刊登的公关论文，并没有与实务脱节。但是后来公关学术蓬勃发展，许多论文就探讨得越来越深入，越来越架高、抽象，美国也是如此。有老外学者说：公关是学术与实务鸿沟最大的学科。对此，我觉得要深以为戒。

闻道 PR：您作为财团法人"公共关系基金会"创办人、三任执行长，请您谈谈在台湾基金会的公信力如何？效果如何？

张依依：非营利组织（NGO/NPO），例如基金会、协会等，是社会未来发展的中坚力量，因为它们是社会发展所衍生的许多政府力有未逮的问题（如环境破坏、教育缺失、贫富不均、老年照护、乡村衰败等）最好的辅助解决机构，可以从旁协助政府施政，解决各类问题，使政务更趋完善。

世界上许多社会公益都是通过非营利事业实现的，这也是企业履行社会责任的一环。而企业社会责任和非营利性事业公关，正是公关在营销管理之余一个主要的功能与目的，也因此公关才为举世艳称一门追求双赢的学问与职业。

在美国，要成立 NGO 相当容易，门槛也低。美国有着世界上数量最多的非营利组织，从事着各种公益事业。任何人只要到美国内政部的网站下载并填写申请表格，审核通过之后，就可以成立基金会。有了这个资格，就可以去募款，并开具捐款证明给捐款的企业或个人，以帮助捐赠者抵税。而慈善事业，也就有了运作的基金。

中国台湾的基金会也很发达，各种文教事业都可以这样通过民间的力量来完成。可是一项好的制度发展久了就很容易被滥用，例如变成企业逃税的管道，后来台湾对于成立基金会，门槛就设得很高，要新台币上千万才能成立。

因此，台湾现在基金会少了，但是各种学会、协会很多，它们既如基金会般不必付税，也可以募款节税，不仅申请容易，还貌似更清高，但它们很多其实是营利性的，与民间公司并无二致。就因为政府监管不力，所以成了被忽视、滥用的一角。

在国际上，许多NGO，如今反而成了罪恶的产生地，为世界制造了不少动乱。例如美国现在是全球最善于通过非营利组织挹注资金、吸收网民、制造言论、制造暴乱的国家。

若想在今天这样纷乱的世界秩序中抢占话语权或有所作为，有时政府并不方便出面，这时基金会、协会、智库等NGO，就成了最好的帮手与掩护。这也是为什么美国这么多NGO在世界各地从事颠覆活动的原因，因为NGO太好用了。

例如绿色和平组织，就是一个世界性的NGO，美国各大企业都捐款给它，然后它在前线打前锋。例如捐款者是美国纸尿裤公司，那么绿色和平组织就在世界各地宣扬印尼纸浆厂滥砍森林，害得老虎无处生存。这样先用一个莫须有的罪名，破坏了印尼纸浆的形象，然后再在生意上较劲。这就是为什么我多次在台北街头碰到义工要签名抵制印尼杀老虎时不愿签名，我知道这背后水太深。

在这方面，中国深受其害，怎会不需要公关呢？在国际公关方面，例如"一带一路"等，都很适合非营利组织出面。还有孔子学院和各种策展，都是非营利组织在运作，进可攻，退可守，可以说是最好的政府公关"助手"。

闻道PR：教育部《新文科建设宣言》中提出的"交叉融合"趋势和"大文科"视野，您觉得这对中国公共关系教育有什么契机与挑战？有的人建议公关专业无须作为独立的专业，只需开设一些公关课程作为高校的通识课，也有专家认为应该合并广告、公关和营销等专业形成一个新的品牌专业，对此，您怎么看？

张依依：这几年很多国家，如日本，都在讨论文科减招的问题。也有人说中国强，是因为重实干。

在我看来，文科绝对不可偏废，文史是一切的根基。台湾下一代文史薄弱，文创方面难以为继。而文化力即国力，因此，我不认为公关不适合作为独立的专业，反而各学科学生都该加强文史训练才对。

如果理工科学生缺乏文史训练，则易流于不够爱国；如果社会学科学生缺乏文史训练，则文字必然艰涩无味。因为社会学科学生每天都在"概念化""抽象"的范畴里打转，如果文字缺乏温度，叫人如何理解里面的意思？

刚才谈到逻辑，其实训练逻辑最好的方法莫过于写作，既理顺了头脑里的东西，又训练了文笔。尤其现在流行说故事做营销，我不能想象如果没有文史的底蕴如何说故事。

至于公关是否应结合广告与营销形成一个品牌专业，我敢说如果如此，它必打不过纯营销专业，甚至打不过管理专业。

现在世界上越来越多大规模的公关广告公司被企业管理咨询公司收购了，公关许多手法，从前被营销拿去，被广告拿去，现在企管也来抢。

公关唯一比这些专业多的，就是它以公益和双赢为基底的策略性眼光与手法，及倚此开创新闻的能力，还有就是它强大的写作和策划能力，能为组织带来美誉。

诚如前面所说，公关还有很多事可做，如果只把它窄化为品牌营销，那么它一定会被商学院吃掉。

公关天然就是交叉融合的专业，因此它有时被放在传播学院，有时被放在管理学院，有时被放在商学院。如果再要交叉融合，那么我高度建议公关专业的学生，培养一些第二专长，如广播、拍片、剪片、动漫、艺术、文创、软件等方面能力，因为这些能力能为你打开另一扇窗。

闻道PR：尽管中国公关业界发展得欣欣向荣，但是高校公关教育的发展举步维艰，您认为公关教育的式微，会对业界的发展产生什么样的冲击呢？

张依依：这两者之间的落差，可能与我前面所说的公关学术与实务的鸿沟有关。

如果过于理论化，可能学生会觉得太过枯燥，与想象中有落差；也有可能是因为现在大家都把公关做小了，公关本来是战略性的学问，眼光高远，思虑宏大，但是在执行时，却常常必须落实到办个新闻发布会，或办个活动之类，但懂得公关的人都知道，那只是公关实务的一小部分，而不是全部。把公关作为办活动、制造事件营销的代名词，假如是这样，就会让人觉得读不读这个专业都无所谓，实务方面反正三两下就可以上手。

如果缺乏公关专业教育，公关的不入流活动会更多，更会造成这个专业的恶性循环。

闻道PR：您对于如何对外"讲好中国故事，传播好中国形象"，提高中国的国际传播能力有怎样的公关建议？

张依依：这是中国今天最大的课题，但急不得。中国只需尽好自己的本分，把自己建设成安和乐利、青山绿水、知足常乐的国家，自然就会有人注意，有人向往，有人在网上代为宣传。

仅仅在几年前，讲好中国故事是真的要去宣讲，展示中国的瓷器、工艺、戏剧、书法、绘画、家庭、价值观等，但现在是世界主要国家对中国误会甚深的时候，此时刻意去讲什么都没有用，反而有反效果。

此刻全体中国人活出个好样子，自然就"说"好了中国故事。所谓"酒香不怕巷子深"，就是这个道理。

我很喜欢《论语》中孔子谈到自己的志向时说的话："老者安之，朋友信之，少者怀之。"试问如果有这样的社会，谁不会抢着转述中国故事？抢做中国人？我此刻真心认为，只要稳步向前，方向明确，就是在讲好中国故事。

有时我看到许多视频竞相呈现上海等地的高楼大厦，其实若论心动，不如呈现中国北有野生东北虎，南有野生亚洲象，而且它们都族群增长，自在生活。这足以说明中国是一个地大物博、欣欣向荣的国家，这些动物的说服力远超那些物质建设。

高楼大厦很多国家都有,但是谁又有冰川,又有热带原始森林呢?论土地广袤,中国名列前茅;论历史纵深,谁又比得上中国呢?所以不急。

文字整理校对 | 袁锦娟 张伟红 钟曦辉

洪君如：
组织的"会思考的心"，以同理心去倾听、对话，建立共享价值及双赢的社会

专家简介

图1 洪君如照片

洪君如（Chun-Ju Flora Hung-Baesecke），澳大利亚悉尼科技大学传播学院副教授，中国国际公共关系协会学术委员会委员，中国新闻史学会公共关系学会海外秘书长和国际公共关系研究会议（IPRRC）顾问委员会成员。2009年获"中国公关100人"称号。

她是第一位担任国际传播学会（ICA）公共关系分会会长（2019—2021年）及副会长（2017—2019年）的华人，并担任全球公关教育委员会委员（2017—2021年）。她也是第一位获得由美国公共关系研究所（Institute for Public Relations）颁发的凯彻姆2001年度沃尔特·K.林登曼奖学金（Ketchum 2001 Walter K. Lindenmann Scholarship）的华人。目前她是阿瑟·佩奇协会（Arthur W. Page）的会员，连续三年（2015年至2018年）获得宾夕法尼亚州立大学阿瑟·佩奇协会授予的阿瑟·佩奇奖学金。

她担任5个公共关系及传播学的学术期刊的编委。根据2019年发表于《公共关系研究杂志》上的论文《公共关系研究网络的发展：文献计量分析》（Growth of Public Relations Research Networks: A Bibliometric Analysis）的统计，在主要6本公关期刊中，洪君如发表的论文被引用数在华人作者中排名第四。她还曾在国际传播学会公共关系分会和国际公共关系研究会议等国际会议上获得多个奖项。

她2014年被美国普兰克公共关系领导中心（Plank Center for Leadership in Public Relations）授予教育研究员身份，并由全球最大公关公司爱德曼公关赞助担任艾德曼公关该年的教育学者。她在各种国际公关和传播期刊上发表论文，如《公共关系评论》（Public Relations Review）、《公共关系研究杂志》（Journal of Public Relations

Research）、《国际战略传播杂志》（International Journal of Strategic Communication）、《新闻与大众传播杂志》（Journalism and Mass Communication Quarterly）、《美国行为科学家》（American Behavioral Scientist）、《社会科学计算机评论》（Social Science Computer Review）等。

她毕业于美国波士顿大学传播系（硕士学位，主修公共关系）及马里兰大学传播系（博士学位，主修公共关系）。研究兴趣包括组织－公共关系、企业社会责任、利益相关者参与、社交媒体、公共关系战略管理以及议题和危机管理。对公共关系理论的贡献：（1）发现两种主要类型的组织——共有关系（communal relationship）和交易关系（exchange relationship），这些关系如今已广泛用于公众关系研究；（2）将哈佛大学管理学院波特（Porter）和克莱默（Kramer）的创造共享价值（CSV）概念纳入企业社会责任研究；（3）将中国思想融入公共关系理论、关系管理及企业社会责任的研究范畴。

她与国际公关公司有多次教学及研究合作，包括与爱德曼公关公司合作——与负责爱德曼信任度调查的部门主管共同发表论文及发起关于企业社会责任的国际研究项目。她也是国际研究项目"亚太传播监测"（Asia Pacific Communication Monitor）的成员。

摘要：公共关系是拥有丰富理论基础的行为科学，为企业与公众建立真实、互信的桥梁，以及帮助企业在全球化时代成为有声誉的企业公民。

访谈正文

闻道PR：据我所知，贵校的公共传播专业包括公共关系和广告方向。您能否介绍一下贵校的公共传播专业招生和就业的情况？有什么样的产学研结合的方式吗？

洪君如：我很高兴可以加入悉尼科技大学，我相信这个学校在南半球在公共项目研究方面会是数一数二的。我们有两位大师，一位是吉姆·麦克纳马拉（Jim Macnamara），另外一位是莫林·泰勒·吉姆（Maureen Taylor Jim），他自己本身是澳洲人，以前有很多的实务经验，后来在学界也做了很多研究。他自己发展出来的一个理论叫作组织倾听（Organizational Listening）。英国政府邀请他去做英国脱欧的咨询。莫林·泰勒以及她的对话理论也是国内学者非常熟悉的，她也是著名公关SSCI期刊《公共关系评论》的主编以及国际传播学会会士（Fellow）。

如果要上悉尼科技大学的话，其实现在是个好时机。以前的专业叫Public Communication（公共传播），包含公共关系学和广告。为了适应校友和市场的需求，学校近一年把课程改成了Strategic Communication（战略传播），可以凸显传播对组织战略的重要性。另外，我们的课程内容也结合了学者的研究重点：组织倾听、对话、关系管理，帮助学生了解如何执行有效的战略传播。

这个课程还有一个特色是可以有第二个主修专业。如果学生希望毕业后能从事政治传播领域工作，可以政治学为第二主修专业，学习不同的政治体制及其运作，这样学生在就业时比较具有竞争力，容易找到一些比较好的工作。

必修课方面当然少不了像公关原理、公关写作、大型活动策划等课程。其实澳洲的这种方向可能受欧洲的影响较多，课程设计跟美国、中国的都不太一样，专业课程上面没有细分这么多。我认为纽澳（指澳大利亚和新西兰）希望学生能够比较全面地了解社会发展及其脉动，特别是公共关系的运作常常是跟组织的不同利益相关者和社会上的不同公众有紧密联系的。因此，你一定要知道社会经济的走向、政府的政策等，这样才有助于你有效地策划公关项目。悉尼科技大学的战略传播课程中有一门必修课叫作 Citizenship and Communication（公民与传播），该课程是要帮学生了解社会的时事及趋势，然后学生才知道在这样的环境下如何操作公共关系，帮组织做好沟通，这是我在课程设计上蛮喜欢的一个地方。

至于本校产学研结合的方式，其实有两种。第一种是学生的学习，这里有一门高阶的课程叫 the Agency（公关与广告公司实训项目）。课程中，学生需要利用他们在战略传播课程上学到的知识及技能，根据一些企业、非营利组织或者是一些政府单位在传播上的需求或问题，帮客户设计一个大型的传播项目。老师的角色就相当于顾问，指导学生；而当有些企业把学生当作廉价劳工时，老师就是学生的保护者。

另外一种方式，就是学者与政府单位或是企业一起合作，我们通过学理及研究成果提供咨询服务，让企业或者政府单位知道它们如何准确有效地做好与公众的沟通。比方说，现在大家都说要保持社交距离。吉姆·麦克纳马拉建议，我们要做的不是保持社交距离。社交距离意味着不与人互动，我们真正要保持的是身体上的距离，世界卫生组织也接受了他的建议。这是一种很好的现象，展现了学者对于时事或社会的贡献。

闻道 PR：您刚才说美国的公关教育课程设置比纽澳更加细分化，能否再详细阐述一下纽澳和美国在公关教育培养方面的差异？

洪君如：美国的方向跟纽澳的方向都有各自的特点。纽澳的话，当然该开的课也是会开的，比如公关理论、导论、研究方法或者战略传播的一些原理。

纽澳就如之前所述，必修课没有美国那么多，他们会鼓励学生多修专业以外的课程，帮助学生有比较多的一些思维。

其实在某方面我也是比较赞同这样的方式的。我曾多次听到业界的资深人士表示，像公关写作或者大型活动这些课程，他们都可以教学生，因为他们经验比我们多，可是一些批判性的思考，以及其他不同的知识领域，他们希望学校可以提供，希望我们做公关教育的人可以传授给学生比较多的公关以外的知识。像你们在社会学系，这其实是一个优势，学生可以了解一些社会议题，这有助于他们培养批判性的思考能力。而美国是比较不一样的方向：专业课程细分比较多，要培养学生成为专才。

闻道PR：您作为中国新闻史学会公共关系分会海外秘书长、中国国际公共关系协会学术委员会委员、国际传播学会应用研究委员会亚太传播监测主持、国际传播学会公共关系分会前任会长和副会长，请谈谈中外公共关系学会研究议题的异同点。

洪君如：美国的实证研究会比较多，一般在做研究时，会很讲究研究方法的严谨性；在写论文的时候，做完文献参考才会发展比较具体的研究问题。现在国内学者也有很多实证的论文了。国内学者的思维是非常奔放的，他们可以想得很深很广阔，可以做很丰富的论证。这样也是很好的，因为我们在做完这些论证之后，可以做一些实证去验证，以此来看研究命题是否成立。

公共关系学分会是国际传播学会中最大的分会之一。过去在国际传播学会会议所投的论文，由于以美国学者居多，那个时候要求多半是要做一个完整的研究，包含文献参考、研究方法、结果及结论。后来越来越多的欧洲学者参加国际传播学会，他们跟中国的学者比较像，很强调批判性思考以及论证，所以他们投的论文也会理论性比较强。

我也希望有越来越多的国内学者加入这些国际学会。学术的交流并不是单方向的，很多国内学者对公共关系的论点，其实也可以丰富公共关系的理论建构。我们公关分会有三个主要大奖：罗伯特·希斯奖（The Robert Heath Award），（颁予近5年在公关期刊发表最有影响的论著者）、詹姆斯和拉里萨·格鲁尼格优秀博士论文奖（The James and Larissa Grunig Outstanding Thesis and Dissertation Awards）及国际公共关系学分会图书奖（The ICA PR Division Book Award），鼓励教授及研究生发展优质的研究。

闻道PR：您认为我们应该如何在中国文化的情境下理解公共关系里面的"关系"呢？因为中国文化跟美国很不一样，在国内经常会说"拉关系"，它是一个贬义词，或者至少不是褒义词。"搞关系""拉关系"通常是指一些上不了台面的，包括权钱交易、权色交易。

只要是不太了解公关的人，他们很可能会把这些负面的影响和关系联系在一起。公共关系简称公关，所以男公关、女公关可能就成为大众对公共关系的大部分想象。

在美国公共关系的声誉也并不是很好，但美国只是说公关作为甲方的游说者并不像服务于公众利益的无冕之王那般受人景仰。我们也不可能不要公共关系的名字，有学者建议尽量用它的全名不用它的简称，但是这样做的效果也是微乎其微的。

洪君如：首先，我们来看公共关系负评的问题。这也是公关的"业障"，中外皆是。在国内大家在讨论"拉关系"或在现今数字时代以网络、社交媒体搞黑公关对公共关系专业及声誉的影响。詹姆斯·E.格鲁尼格（James E.Grunig）的公关四模式中，在美国刚开始的公关模式就是新闻代理人模式，是一个不是很遵守道德甚至有时不诚实的操作模式，因此，美国公共关系从业者也会面对一些操守方面的问题。公关专业因组织传播的需求而诞生，也因此该专业人士在执行上常会为了组织的利益而做出违反道德的行为，这也是很多人对我们诟病的原因。因此，要让社会尊重我们的专业，我们必须走正道，帮组织在多元社会中尽到社会公民的义务。

再来看"关系"。关系这个东西在中国人看来，它是一种社会资本，但是我们要去思考如何将它用于正道。也就是说，我们在操作上，关系可以拉近距离，在某些程度上也增加了合作意愿及信任感，但在关系的实践跟一般普遍性的伦理相冲突的时候，我们还是必须坚持走正道、遵守法规，在这个原则及共识上以公关的力量来建立及加强组织和公众或是其他组织的健全、双赢关系。因此，我们必须把关系中性化，不要认为有了这个关系就没关系了。

在执行上，我觉得中国有一个很好的特色，就是关怀社会，可以让我们去建立有正能量的关系。我们一直都说取之于社会，用之于社会，我想说，今天，一个企业，它在跟不同的公众、群体互动的时候，公共关系就是一个桥梁，我们不是说只做单方面的这种信息的传播，我们其实还要想到怎么样可以在这个社会当中把其他不同的工作做好，我们必须有对话，愿意去倾听，在这个过程当中让对方知道我们在真诚地关心他们，我们做决定的过程当中，也会考虑他们的利益。就是做到双赢，做好互信，这样的关系才是长久的。

闻道 PR： 非常棒，我很赞同您说的"把关系中性化"的观点。进入下一个问题，我看您还在国际传播学会中的应用研究委员会任职？

洪君如： 这个应用研究委员会（Applied Research Award Committee），它是属于整个学会的委员会。任何一个国际传播学会会员做的研究，只要是有应用性质的都可以提报。这其实是鼓励我们实践理论及走出自己的领域。因此，如果大家觉得自己的研究有这方面贡献的话，我们非常鼓励大家提报。

闻道 PR： 您作为卓越公共关系理论的首创者、格鲁尼格的博士，请谈谈您对于卓越公共关系理论在当今发展的体会，卓越公共关系理论发生了哪些变化？

洪君如： 其实这套《卓越公共关系》是有三本，第一本（1992 年出版）主要是在做深入的文献综述。然后 1995 年他们出版了一本，内容主要是卓越公关方面做出来的调研结果，提供给业界使用。之后他们重新做了一次完整的文献综述，加入他们那时做卓越公关的完整数据，在 2002 年出版了第三本。他们在那本书的最后一章提到卓越公关接下来的发展方向，如关系管理、声誉管理、公关道德伦理、变化管理等。

2019 年，国际传播学会年会是在华盛顿州办的，我组织了一个座谈会，参加者中有格鲁尼格、蒂莫西·库姆斯（Timothy Coombs）、莫林·泰勒、姚振宇，还有另一个组织传播的大师泰德·左恩（Ted Zorn）。在那个座谈会上，格鲁尼格就提到一些近年公关发展的新方向，包括组织倾听和对话理论。其实我个人认为这两个方向补足了双向对等传播要素。双向对等传播及取向强调组织在做决策时，要考虑公众的想法、要求及期待；而与公众对话过程中，组织除了能了解公众的意见之外，组织如果愿意把部分的决策权让给公众，会得到公众更大的支持。

至于你问的目前卓越公关研究取得了哪些进展，我们一直认为，当公共关系具有管理性、战略性、对等性、多元性、社会责任感、道德和全球性时，它才是最有价值的。以下阐述的内容，包含了我与格鲁尼格和其他一些马里兰州校友、我以前的学生一起发表的文章中的一些观点。

（1）公众情境理论的进一步发展。金正男（Jeong-Nam Kim）由格鲁尼格的情境理论发展了情境问题解决理论（STOPS），以解释细分公众的过程以及人们如何处理信息和之后所产生的行为。该理论有助于解释组织与公众发展关系的优先顺序，也可以用于分析为什么在某些议题上，一些公众会因想解决问题而比较积极且活跃。

（2）将对等/不对等传播理论纳入数字和社交媒体的研究课题。在数字和社交媒体发展之后，有许多关于卓越理论是否可以应用于数字时代的讨论。虽然有些海外公关学者对格鲁尼格的双向对等及不对等传播理论持不同观点，但仍有许多研究证实，数字和社交媒体的特点确实可以增强组织与公众的对等交流，从而建立关系。

（3）关系管理理论。关系管理的课题始于1997年，一直是公共关系研究的主要范式之一。公共关系的价值在于它可以帮助组织与公众建立高质量的关系。该理论还被用于许多主题，例如企业社会责任、数字和社交媒体、公共事务、内部沟通等。其理论中的关系结果指标，信任度、相互控制性、承诺度、满意度，至今仍是关系管理理论中最常被沿用的部分。

（4）战略管理和公共关系。公共关系应该对组织的战略管理作出贡献，这是格鲁尼格在整个学术生涯中都提倡的。我曾向我以前指导的学生推荐这个题目作为她的论文主题。我们结合管理学领域的战略管理理论，探讨因公共关系所产生的良好关系如何为组织战略管理过程中的每一个步骤作出贡献。

（5）公共关系与全球跨文化传播。全球公关理论指出，最佳公共关系实践的普遍原则确实存在，并应根据当地基础设施（政治制度、经济系统等）来施行。跨文化传播侧重于促进具有不同文化身份和背景的人之间的互动和交流。这些文化群体的定义更广泛，这些文化群体可以存在于一个国家内，还可以跨越国界。更多的研究需要检验不同背景下深入的跨文化互动及其有效性。

（6）道德与企业社会责任。这是卓越公关的通用原则之一。公共关系对道德、责任有强烈的需求，这对公共关系的未来也具有重要意义。刚才我们在探讨公关专业不被尊重时也谈到了道德问题。

至于企业社会责任方面的研究，其实企业社会责任也有它的"业障"，很多企业做这一块是为了它们自己。所以为什么后来很多人都会认为企业社会责任（CSR）其实就是洗涤（greenwash），或者只是一个营销工具，那其实是没有把企业社会责任履行好。我们现在有一个新的概念叫作真实的企业社会责任（authentic CSR）。就是我们今天在履行企业社会责任的时候，是要真正承担起企业社会责任，我们如果做企业社会责任的工作纯粹是为了美化企业名声，而不是思考是否有实质贡献，民众的眼睛是雪亮的，是看得出来的。

虽然我们今天站在战略传播的角度上，希望通过传播帮组织达成它的使命，可是这样的使命是什么样的使命？是不是可以跟社会共享价值的使命？因为唯有能够与社会共享价值，组织才有办法永续生存。

我们现在在公共关系的研究上面，有一个议题就叫作真实的组织（authentic organization）。真实就是说组织言行要一致，要有同理心，要关怀公众，倾听公众，然后这样建立起来的关系才是比较实在、比较长远的。

闻道PR：我还想再追问一个问题，您刚才说的企业社会责任它不要成为一个营销的工具，但是可能只有极少数的纯公益行为，绝大部分的企业履行社会责任，都是希望对企业的声誉有正面的影响，这个是无可厚非的。但您刚才说的真实的企业社会责任真正指的是什么？是完全不计回报的吗？

洪君如：所谓真实的企业社会责任指的就是企业为履行社会责任而做这些公益活动时，目标就是改善社会，而不是达到组织的经济目标。你问到一个很好的问题，这种疑问很多人都会提出来，就是说企业为何会一直付出，难道不会想能够得到什么吗？哈佛大学商学院写《竞争优势》（competitive advantage）这本书的教授迈克尔·波特（Michael Porter）和他的一个同事克莱默（Kramer）也提到过这个问题。很多人都质疑企业做慈善，其实是在美化自己，没有真正为社会着想。可是企业也是要考虑生存的，所以它们就提出了创造共享价值的概念。

大家知道企业必须赚取利润，要生存，没有办法一直做不要求回报的公益。可是此时社会上有很多问题也是需要企业一起解决的，所以创造共享价值就是指企业可以针对一些社会上的问题，比如就业问题或者环保问题，把这些问题放到自己公司做决策的过程当中去思考，并且思考在企业运作的时候，如何解决这些问题可以为企业带来好的声誉，以及提升企业的竞争力。

我给你一个创造共享价值的例子。

几年前，到美国及欧洲的中东难民，他们因为没有工作，给社会造成了一些问题。星巴克咖啡表示站在企业社会责任的角度，希望可以做一些贡献。于是星巴克提出全球的75个市场都希望可以雇佣难民，帮他们培训，让他们有工作，付他们薪水。同时这些难民也相当于成为星巴克的员工，为星巴克工作，所以他们也可以为公司的营运有所贡献。这就等于企业同时解决了难民问题及就业问题，同时这一举措对企业的营运及声誉都有所帮助。

闻道PR：有的人认为本科院校应更多地开设科研型专业，公共关系学专业实务性强，只适合专科院校、职业学校开设。对此，您怎么看？

洪君如：我当然不这样认为，其实公共关系理论发展至少也有五六十年了，虽然说理论还是继续在发展，这五六十年来，除了卓越公关理论之外，我们也有对话理论、关系管理理论，在公共关系伦理方面，也发展了一套理论基础。公关专业并不只是学习技能，还是有深厚理论基础的。我非常不赞成公共关系只能开设在那些职业技术类院校的观点。

现在欧美的一些研究型的大学都是有公共关系这个学科的，通过研究及教学，让公关理论越来越完整及丰富。公关是跨学科的专业，在拥有不同学科的大学里，通过吸收管理学院的知识，我们可以了解公关如何帮助组织提升竞争力及领导力；通过融合心理学的研究，我们可以了解公众如何思考组织行为对他们造成的影响，从而了解如何与公众沟通。

闻道 PR：很多人不清楚公共关系与战略传播的区别与联系。您能否分享一下对这个问题的看法？

洪君如：我觉得公共关系跟战略传播当然不能等同视之。

战略传播的定义是组织有目的地利用沟通及传播来完成其任务。传播是有许多种的，比方说公共关系、营销传播、广告；还有，组织也必须与政府沟通，所以也有政治传播。这些传播能够帮组织达成它的使命，其实公共关系算是战略传播的一部分。有兴趣的学者朋友们可以详读发表在《国际战略传播杂志》第一期的第一篇文章。它已经被引用超过1200次，该论文探讨战略传播的定义。

闻道 PR：我很想知道您在新西兰或者在中国香港，包括现在在悉尼有没有给政府做公关咨询的经历？可否请您分享为政府做公关咨询的经验？

洪君如：我最难忘的是帮香港的警署做长达一年的咨询。他们想要了解如何整合警署内部沟通渠道跟对外传播渠道。我们阅读了他们内部沟通及对外传播的文件，访谈了警署副署长，其他警署各部门主管，各分局的局长及中级、初级警官，以及观察了各种不同的对内对外会议。这个经历让我了解到格鲁尼格的卓越传播理论是实用可行的。比方说，一个组织的文化，组织高层对于公共关系的看法，如何运用那些不同的沟通渠道传递信息，公关部门是否拥有双向对等沟通的知识及是否了解公共关系专业在组织中的位置等都会影响公共关系的有效性。

第二段经历是有关韩国政府在国际社会建立国家形象的咨询。当时韩国政府希望我谈谈中国香港新闻局项目的经验，并考虑将其作为参考，提升韩国在国际的形象。所以我提到了很多不同的层面，比方说像人民、文化、旅游、科技发展等。我当时强调的是与其用形象这个词，不如用声誉更有助益。因为形象是希望对外塑造的印象，或是通过媒体报道塑造出的形象。在国际社会上，根据著作《国家形象》的作者昆奇克（Kunczik）所言，人民对于一个国家的文化、经济、政治等活动的印象，很多时候受媒体报道的影响，并非根据自己本身的经验；而我们所说的声誉，是通过民众与国家重复地进行具有行为性及符号性的实质互动而产生的。所以，相比于形象建设，声誉是更重要的。

洪君如： 组织的"会思考的心"，以同理心去倾听、对话，建立共享价值及双赢的社会

闻道 PR：太棒了，正好我要问下一个问题，就是习近平总书记提到要提高中国的国际传播能力。也就是说我们在讲好自己故事的时候，中国的表现可圈可点，但是在国际上的声誉好像并没有想象中的好，似乎总是面临做了好事但并没有获得相应好声誉的困境。您觉得对于中国政府来说，在推进国际传播的过程中，公共关系从业者可以有何作为？

洪君如：其实这是和公共外交有关的。这是国际关系的新趋势，即国家组织、次国家行动者、非政府组织，甚至私营公司与外国公众有意义地合作，从而发展自己的公共外交政策。其实我觉得有一些公关的概念还是可以用到的，比方说之前在研究企业社会责任时我谈到的新概念——创造共同价值。

其实在做国际传播的时候，我们并不是单向的，还是做双向的，我们也可以去观察、倾听，进行对话，看在国际社会上，我们怎么样跟不同国家的公众或者组织推进我们可以共同受益的项目。现在在中国常听到的"命运共同体"，我们实际正在构建一个可以各国共同努力构建的理念，我们可以一起解决现在所面临的问题，比方说全球变暖。

我们文化的另一个特色就是对社会的关怀、对家庭的重视，这是我们的软实力。我们可以把这种文化软实力用在国际社会上，把国际社会的公众也当作家人一般关怀，这可以让中国更努力去进行沟通及对话。另外，也要了解到对方的文化，我们要走向全球，就要主动行动。主动拥抱、了解国际社会才有办法建立实质的交流、关系并达成共识，这是我的想法。

闻道 PR：最后一个问题，请您谈谈公共关系如何在多维层面对社会有所贡献呢？

洪君如：其实我觉得我运气蛮好的，我的硕士是在波士顿读的，然后博士是在马里兰，我觉得这两个学校其实都是同一个方向，它们认为公共关系在组织中是属于管理的功能。

格鲁尼格常常会提到一个词——外部效应。它其实是一个经济学名词，就是说一个组织或企业在追寻利益的时候，常常会制造一些社会问题，这些社会问题是组织必须正视并思考如何解决的。波士顿大学的公关大师奥托·勒宾格（Otto Lerbinger）的观点也是一样的。要怎么样处理所产生的这些问题，其实要靠公共关系。我后来在与格鲁尼格做关系管理的研究时，发现两个主要的关系类型，一个是共有关系，一个是交易关系。我们希望能做到的是多发展共有关系。这种关系是指组织在跟它的公众建立关系的时候，只是纯粹为了帮助对方，然后去提供一些帮助或者利益，不去想会有什么样的回报。

之前我提到"价值"，这其实要先问问我们自己的价值观：我们要独善其身还是兼济天下？我们帮组织达成目标时，是否也帮组织尽到企业公民的责任了？公共关系在组织当中必须做一个"会思考的心"，帮组织去想在这个社会上应该要怎么样立足。我们不得不说我们既然取之于社会，就必须有所回馈。我们有专业的知识，要做好沟通的桥梁，以同理心去了解公众的想法。公共关系的操作要务包含环境监测，那为什么要做环境监测呢？就是要了解到这个组织在运作时是不是产生了一些社会问题，是不是有一些群众对我们有

异议，我们要如何增进沟通，怎么样去化解这些问题。因此，我觉得如果公共关系可以帮组织在社会上做一些贡献的话，是要以同理心去倾听、了解公众的关注点，站在公众的立场去了解他们的想法及感受，和公众共建可以共享及永续的价值。

文字整理校对 | 柴博琳 邹玲 刘佳婷

董初晴：
公共关系具有独立的理论体系和历史传承

专家简介

图1 董初晴照片

董初晴（Dong Chuqing），密歇根州立大学公共关系与广告学助理教授，明尼苏达大学博士。主要研究领域为公共关系、企业社会责任、非营利组织与政府部门的战略传播及数字媒体管理。研究成果发表在多个传播学顶级期刊上，包括《公共关系评论》《国际商业传播期刊》《企业社会责任与环境管理》。在传播学顶级国际会议国际传播学会（ICA）、新闻与大众传播教育协会（AEJMC）以及国际公共关系研究会议（IPRRC）上获得多项论文奖。

摘要：当公关更多地走进大众视野，越来越多的人更加了解公关。当然，也存在不少对公关的偏见。

访谈正文

闻道PR：您能否介绍一下国际的公共关系学教育情况呢？尤其是在美国，因为您是在美国工作的。

董初晴：我是2020年入职的密歇根州立大学，博士读的新闻与大众传播专业。读书的时候，其实公共关系学还是一个比较新兴的学科。

但是我来到密歇根州立大学刚一年，他们就通过了一个全新的公共关系学本科课程以及一个全新的重组的本科专业。能够开设一个新的本科课程，说明我们有很多的学生有需求，不然这个本科专业也开不起来。所以看得出来最近几年，公共关系学的教育很火，需求量也很大，是在快速发展的。

比如说像我们学校的公共关系学本科专业，它的课程设置其实已经非常完善，公共关系学专业有专门的文学学士学位，开设了一些基础课，包括定性定量研究、统计、写作、公共关系学的理论和方法，还有一些社会性的议题，比如说多样、平等，还有像数字媒体创作、数字媒体分析，还有一些活动策划方面的研究。

这些不同的课程和方向，可以组成一个比较完备的公共关系学教学体系，同时我们还设立了公共关系专业的研究项目，这是在大众传播或广告学等专业的基础上，所以我觉得现在的学科发展不仅快速，还很完善和科学。

闻道PR：是既有公共关系学专业，也有公共关系方向，对吗？

董初晴：对，我们在本科阶段就既有公共关系学专业，也有公共关系方向。

闻道PR：因为我觉得密歇根州立大学的新闻与大众传播专业，在美国甚至在全球都属于顶级的，密歇根州立大学的传播艺术与科学学院（College of Communication Arts and Sciences），我觉得尤其具有意义。

董初晴：是的，我们学校比较传统强势的专业肯定是新闻与大众传播。我们有个系叫广告学与公共关系学系，然后在这个系下面，广告学和公共关系学是分开的，是各自独立的本科专业。

闻道PR：您觉得它发展势头比较好，现在建立这样一个新的公共关系学本科专业，肯定是有需求的，对吗？

董初晴：对，生源比较多，学生对这方面的需求也很大，大家也愿意学公共关系学。不光是我们学校，美国很多综合性公立大学，尤其是大众传播领域越来越多的学生会选择上与公共关系学相关的课程。

闻道PR：是因为在美国公共关系这个行业发展得比较好吗？

董初晴：因为我觉得在过去的10年里，公关产业是高速发展的，我跟你分享过的一些数据里面可以看出一些趋势，包括薪酬、对毕业生的需求和可以吸收毕业生的程度等。跟同类型的专业相比，公共关系还是一个朝阳产业。它比其他专业，比如新闻学或者广告学更普及的原因是各行各业不同类型的组织、机构，无论是政府、非营利组织，还是学校，任何组织都对公共关系有需求，所以它的整体工作市场会更加广一些，工作机会更多一些。

闻道PR：中国国内目前开设公共关系学专业的学校数量比较少，而且现在也有一些学校出现了裁撤公共关系学专业的趋势，请问您对这个现象是怎么看的？

董初晴：我觉得可能需要看一下这个学校外面的世界，就是整个工作市场的走向，或者看市场的需求。因为高校有一个很重要的责任是要向社会输出所需要的人才。如果公关的工作市场发展非常快速，人才缺口也很大的话，高校能够快速反应，能够去培养相应的人才，其实这对高校来说是一个机会，对学生来说也是一个机会。

闻道PR：是的，其实中国公关人才的缺口确实是非常大的，这个毋庸置疑。

董初晴：因为很多人对公关理解比较狭隘，或者说觉得它是不需要门槛的，只要是一个学过传播学相关专业的人，比如说学过新闻学的人，就可以直接做公关工作；或者学过一点设计的人，也可以直接转去做公关。

确实公关的工作包容性非常强，它发展得很快，然后人才缺口很大，它可以包容不同专业背景的人才。公共关系学本身就是个新兴学科，但是这并不是说没有接受过充分的公关训练，或者没有接受过一点公关教育的人就可以轻易地完成这样的工作。因为公关人才不仅要会写新闻稿，这只是一个非常技术层面的能力。公共关系包含的功能和它可以在组织当中扮演的角色、贡献的价值其实是非常多的，公关人才也需要拥有多方面能力。从你日常的传播沟通和写新闻稿，到与危机有关的那些管理、准备和回应，和不同的利益相关者之间的关系管理，与内部、外部员工之间的关系管理，跟外界的关系管理，跟媒体的关系管理，然后甚至是提升领导力，这都是很重要的公关人才要处理的内容。

很多时候，在组织做决策或者做战略规划时，如果有公关人才在，他们能够帮助管理层考虑得更远，能够预估到很多大众可能会有的反应。所以，公关人才发挥的是组织和外界之间的桥梁作用，他可以帮助组织更好地了解那些重要的利益相关者、重要公众的想法，可以帮助组织更好地向公众传达组织的重要决策。

闻道 PR： 其实对于国家也是一样的。

董初晴： 对，国家也是需要的，政府也非常需要公共关系。我们可以看到一些地方政府公关做得非常好，对一些事件反应很及时，与公众交流非常通畅，然后得到很多公众的信任，而有些地方政府可能就在交流沟通上欠缺技巧。

闻道 PR： 对，我觉得国家无论是对内还是对外，都对公关有很大需求，包括国际传播这一块，实际上公关也会起到非常大的作用。

董初晴： 对，像我们现在说要讲好中国故事，要让国外的公众更了解中国，而不能任西方媒体对中国进行刻板描画，其实这就是国家层面的一种国家品牌建设。

闻道 PR： 对，国家形象塑造和国家品牌建设是我们公共关系学者很重要的一个研究领域，或者说公共关系很重要的一个功能。

董初晴： 对，我同意。

闻道 PR： 是的，据我所知，美国的公共关系学专业一般都属于新闻与传播学院，或者跟新闻学、传播学相关的专业放在一起，但是在国内教育部的学科归属上，公共关系学是属于公共管理学的，您觉得公共关系学的学科归属应该是哪一块呢？

董初晴： 我觉得这确实是一个比较有挑战性的问题，因为在美国的话，公共关系学也有被放在商业传播类别下，或者在商学院下面，包括国内也有放在商学院下面的。这就看我们怎么去理解公关了，如果说只是把它当作企业会用到的一个功能或者职能，那么它可能会更加偏向于放在商学院下面，如果你觉得它是一个管理方面会用到的词，可能它就会被放到管理类下面。

这跟公共关系学本身交叉学科的属性是分不开的，因为它不是凭空跳出来的，一个石头缝里蹦出来的专业。它是在很多相关学科的积累上慢慢发展起来的专业，有关的学科其实非常多，不光是公共管理学，还有政治学、管理学、社会心理学等，传播学当然也是很重要的相关学科，还有你刚才说的企业营销。

如果要这样说的话，其实公共关系学和每一个学科都可以有一个连接点。但最终我还是希望，随着公共关系学专业发展不断成熟，在它的理论体系不断成熟和它不断地被社会接受，同时专业人才需求不断增加的过程当中，它能够拥有自己独立的学科属性。不管是放在哪一个大学科下，我都觉得公共关系学应该被看作正在发展的具有非常强独立属性的一个学科。

闻道PR：现在中国发展公共关系学教育时有一些不同观点，比如有的人会说"公关无学"，就是说它学术性不强，但是专业实务性强。所以很多人会说我们本科院校就不要开设公共关系学专业了，就在专科院校开设公共关系学专业。您对这个现象是怎么看的呢？

董初晴：我觉得，这种偏见不仅仅存在于国内，国外也会有不了解公共关系学的老师或者其他一些人，觉得这个东西就是一个工具而已。所以我觉得还是回到之前说过的，大家对公共关系的理解太局限了，存在非常工具性的一种认识，会把它工具化。

但其实公共关系学作为一个学科也是在快速发展的，尽管只有短短几十年的时间。如果要算历史的话，公共关系学从希腊时期就有了。因为公共关系学是一个有非常古老的历史传承的学科，所以它有非常多不同的理论体系或者是观点。我只是说近代公关，我们所熟知的公关，尽管在短短几十年的发展当中，也已经建立了属于自己的理论体系，但是还在不断地完善当中。

包括像关系管理这些理论，这是我们公共关系学自己的东西，哪怕是在非常短的时间内，学者们也在很积极地产出，或者向大学科贡献我们的视角和思考。在学科领域的话，公共关系学是有和别的学科不一样的学科特色和学科属性以及理论体系的。不应该说公共关系学没有自己的研究，说公共关系学没有自己的研究属性，或者说公共关系学不具有理论性，这个我是不同意的，只是我们学习公共关系学所使用的理论来自不同的领域。上公共关系课程时，可能我们第一节课就会告诉学生，这个领域是跨学科的，你要进入这个领域，首先就要具备能够包容或者是能够欣赏这种多样性的心态。

公共关系学本身就具有包容性，但是不代表公共关系学没有自己的属性，公共关系学基于这些包容性，在不断产出属于自己的观点和思考。

闻道PR：对，其实我觉得公共关系学的包容性，也是符合中国教育部提出的趋势的，教育部现在在做新文科建设，提出了交叉融合趋势和大文科视野，我觉得公共关系学，它是符合新文科发展的方向的。

董初晴：对，因为在社会科学底下有很多学科，尤其是新兴学科，它们之间是有很深的联系的。如果说去割裂这些学科，各自闭门造车，其实是不利于整个大学科的进步的。因此，我觉得公共关系学在新兴学科中发展势头非常猛，而且非常有潜力，应该更加主动地鼓励公共关系学研究者吸收相关学科的精华，然后更努力地将它们转化为公共关系学的特色的东西，再反哺到我们的大学科当中。

闻道 PR： 是的，我非常同意，咱们刚刚也提到了讲中国故事，习近平总书记强调加强和改进国际传播工作，去展示一个真实、立体、全面的中国。您觉得在推进国际传播和展示真实、立体、全面的中国的这样一个过程中，公共关系学科可以起到什么样的作用呢？

董初晴： 我觉得这是个比较大的问题，但是可以从不同的层面去思考。

从国家层面的话，它可以吸取一些公关的原则和战略，用于我们国际层面的对话；可用国际的一些社交平台，研究怎么样更好地展示自己的正面形象，如何用好一些"讲故事"的技巧；还可根据每个国家不同的公众，去制定不一样的公共关系战略。

从企业层面的话，我们现在有越来越多的中国公司是要"走出去"的，不管是公司，还是一些其他组织，它们本身也是传播者，它们跟全球消费者的交流互动，展现的不光是自己的企业文化，更是中国企业的文化。比如说像企业社会责任，这种是国际已经普遍接受的企业行为规范。中国的企业应该运用自身的优势，或者说结合自己的特征，根据自己的文化定位去更好地传播带有中国特色的企业社会责任。

从个人层面来说，我们每个人其实都是传播者，在互联网上我们可以很容易地去跟全世界各地的人交流，我们在网上参与的很多讨论，产生的一些思想碰撞，其实都会或多或少地影响中国形象。所以，我觉得当我们这一代人在互联网上冲浪，通过互联网和外面建立连接的时候，应当运用自身的影响力去帮助讲好中国故事，最后惠及的也是我们每一个中国人，包括海内外的中国人。

闻道 PR： 是的，您刚刚提到的在国际传播中的对话，这是非常有趣的，可能也是我们公共关系学比较独特的一个视角。因为关于公共关系的对话，我们研究了很多，对它的传播效果也研究得比较透彻，相对于新闻与传播或者对外宣传这些比较侧重于单向国际传播的视角，我们公关关系学科强调的对话，能够帮助我们更好地了解在进行国际传播的时候，公众到底在想什么，他们是怎么看待这个现象的，这就是所谓的知己知彼。

访谈者 ｜ 黄琼瑶　文字整理校对 ｜ 余思颖 苏祺

纪盈如：
我们需要职业素养高，有社会责任感，有人文情怀，又有战略眼光的公关人

专家简介

纪盈如（Ji Yingru），浙江大学传媒与国际文化学院百人计划研究员、博士生导师，主要研究方向为危机传播、社交媒体研究、企业社会责任传播。研究成果已在《新媒体与社会》（New Media & Society）等传播学和《企业社会责任与环境管理》（Corporate Social Responsibility and Environment Management）等管理学SSCI期刊上发表。她还多次获得传播学顶级国际会议最佳论文奖。

图1 纪盈如照片

摘要：公共关系对社会的贡献，主要是协调多元主体之间的沟通，帮助他们建立一种互惠的关系。

访谈正文

闻道PR：今年全国高校开始进行专业裁撤，公共关系专业面临沦为"冷门绝学"的境地，但是在国际和中国港澳台地区，公共关系教育发展得如火如荼，您能否具体谈谈此类反常现象出现的原因？

纪盈如：教育部通知表示，裁撤专业是为了引导高校专业布局，对于就业率过低，或者是不适应市场需求的专业需要调整。在今天的媒介化社会，公共关系专业学生的就业率不低，市场需求也非常大。例如，品牌宣传、新媒体运营、关系管理、舆情监测与应对等领域需要公共关系专业人才。国家也在提倡亲清政商关系、共同富裕、企业社会责任等。很多企业拿出专项基金做扶贫与绿色治理，相关的人才需求是非常大的。

我们可能面临的一个困境是，许多工作虽然跟公共关系职能紧密结合，但岗位名称不

是公共关系。名称为"公共关系"的岗位，大多不招聘应届毕业生，主要是社会招聘，面向工作经验和媒体资源都很丰富的人才。因此，可能因为岗位的名称存在错位，造成了社会和相关部门的误解，认为应届毕业生的就业与专业不匹配，去公共关系岗位的人不多。

我个人认为，公共关系是应该作为一门专业而存在的。抛开就业率这个角度，公共关系非常需要成为一个专业性的职业，应该像律师和医生那样，有体系化的专业教育，有职业素养的培训。在当下这个时代，公共关系对国际关系、公共事务、社会心态、社会文化的影响都是巨大的。但现状是从业者参差不齐，缺乏行业归属感，也缺乏行业自尊。从这个角度来看，职业化的专业教育非常有必要。只有体系化的专业人才培养和阳光的行业生态，才能让社会上少一些黑公关，多一些阳光公关。

闻道PR： 确实，现在有一种劣币驱逐良币的感觉，大众误把公关等同于黑公关了。还有一点，甚至一些专业人士都可能会认为做公关、广告、市场行业不需要科班出身，认为是否这个专业出身，对将来的职业道路没有任何影响。

纪盈如： 如果从业者只思考日常工作，例如，怎么做好一个项目、怎么策划好一个活动、怎么让内容获得更多的媒体曝光和流量，可能确实不需要特别体系化训练和行业自尊。但是如果从行业的良性发展角度来看，体系化训练、行业认同和行业自尊就非常重要了。如果从业者只考虑自己的KPI，可能会采用一些擦边的、灰色的手段来实现目标，忽略组织的长期利益和社会利益。如果对这种行为没有约束，社会主流价值观可能会受到负面影响。这个行业的约束力就来自行业认同和行业自尊，以及社会责任感。

现在，我们的高校教育非常强调思政进课堂，公共关系课很适合跟思政结合，帮助大学生分辨是非，尤其是在黑公关普遍的情况下，大家千万不要习以为常，以为公共关系就是这样。我的课程，就是从介绍黑公关开始的，先剖析社会上一些负面的现象，然后再介绍我们期待的公关实践，引导同学们树立长期导向和社会公共导向的价值观。

现在的青少年在上网的过程中，自然而然地学会了很多跟公共关系有关的技能，但是从来没有老师告诉他们什么是阳光公关。例如，粉丝在社交媒体上为偶像做的控评、反黑等行为，这些可以看作他们的形象管理和舆论引导策略。这些策略本身是中性的，但是当缺乏恰当的价值观引导和边界约束时，就可能会引发很大的负面社会事件。

闻道PR： 对，现在有些粉丝的公关手段不输专业公关，但是他们毕竟还是缺少公关的系统性的职业伦理、职业道德方面的教育。

纪盈如： 是啊。

闻道PR： 公共关系职能其实包含的范围是比较广的，虽然有些初级岗位不叫公共关系，但可能反映了公共关系某一方面的职能。实际上很多专业也是这样，初级岗位基本上都不涉及专业。

您在香港中文大学取得博士学位，之后成为浙江大学传媒与国际文化学院百人计划研究员。您认为在公共关系教育方面，香港有什么值得内地借鉴的地方吗？

纪盈如：香港中文大学在硕士教育阶段有一个企业传播项目，有完整的公共关系的课程设置，还有业界导师授课和企业的公关实践训练。学界教师在教课过程中，也会引进业界的策划需求，让学生为业界做一些真实的案例策划。

闻道 PR：让实际的公司作为真正的客户到课堂上来给学生布置任务，之后给他们打分，我觉得真的是一个很好的可借鉴的方法。

纪盈如：对，浙江大学的公共关系学课程也有把业界需求引入课堂。亚运会组委会、融创东南集团和杭州企业品牌发展促进会都有抛出策略单，学生有很强的积极性。

闻道 PR：这真的是很值得借鉴的，可能在香港这个做法比较普遍，而且学校会给予资源方面的支持，但是在内地高校，各方面的限制会多一点，很多还是老师利用个人的资源，但是如果学校层面能给更多资源的话，这个事情就会做得更顺利。

您做过一项研究，是关于政府如何通过社交网络与年轻人建立连接的。您觉得这项研究的发现对中国政府的关系管理有什么启示吗？

纪盈如：启示包括提升年轻人对政府的公开透明度的感知，以及提高外部政治效能感。外部政治效能感获得就是让公众感知到政府是关注民意的，是及时回应公众的。公开透明是为了满足公众的知情权，是政府一直倡议的。但基层员工具体落实的时候是比较有难度的，可能会把握不好公开透明和宣传的边界。如果只向公众报喜，公众可能理解为你在做政治宣传。因此，不但要向公众报喜，还要适当报忧，不要让公众觉得有所隐瞒。不过报忧也会遇到困难，例如引起公众的担忧和恐慌。因此，基层工作者需要在实践中把握好公开透明的度，这一点是比较需要技巧的。

闻道 PR：这也再一次说明了公共关系很重要，公共关系的训练也很重要。有一些专家认为目前的危机传播理论建立在西方的社会和企业文化基础上，您在危机传播研究方面很有建树，您认为在中国情境下，在理论或者实践方面，危机传播理论在大方向上应该做什么样的调整呢？

纪盈如：我非常认同社会科学研究者需要有文化和语境的敏感度的观点，但我认为很多危机传播理论是既具有文化普遍性又能兼容文化特殊性的。

跨文化研究学者把文化普遍性地分为三个层次，第一层是不具有普遍性，这就意味着概念或概念之间的关系，在一种文化中存在，在另外一种文化中完全不存在，不具有文化对等性，没有普遍性。第二层是实体普遍性。实体普遍性指一个概念在不同的文化中都存在，但这个概念的影响效应或者与其他概念之间的关系不一样，比如说在一种文化中是显著的，而在另外一种文化中是不显著的，或者在一种文化中是正相关，在另外一种文化中是负相关或者是不相关，这是第二层的普遍性。第三层是功能普遍性，在不同文化中的概念或者概念之间的关系都是存在的，只不过在维度上会不一样，或者说效应值大小是不一样的。大部分危机传播理论都处于第二层或者第三层，要么是实体普遍性，要么是功能普遍性。

很多西方危机传播学的底层理论来自社会心理学，比如说跟归因有关，跟情感有关，跟认知有关。这些都属于人类的心理活动，因此它是具有实体普遍性的，比如西方人会参与归因活动，中国人也会，他们在危机中会有一些情感表达，我们也会有。

分享一个我自己的小故事，我第一篇跟危机传播相关的 SSCI 论文的投稿经历。正常来讲，一篇 SSCI 论文会有两到三轮的评审，但我当时经历了六轮评审。我运气比较好的是，三个评审都给我这篇文章通过，这种情况下可能是主编不是很喜欢我这篇文章，但是他们也没有拒稿。后来主编跟我说他们开了一个编委会来讨论我这篇文章，又让我改了三轮。

他们最主要不满的地方是论文非常多笔墨都在强调中国与西方在社会制度和文化历史层面的不同，强调因为制度和文化层面的差异，导致了西方理论在中国的不适用。我最初的论文标题里有一个单词 unique（唯一）。我认为论文中的经验现象是中国唯一的特征。但主编跟我说，他不觉得我所描述的现象在西方社会也是存在的，可能它的表现形式或者是它的维度又或者是某些层面会有所不同，但你不能说它是中国唯一的。

主编跟我后面几轮的互动基本上都围绕着跨文化异同这一主题。主编建议我不要预设制度和文化的不同是导致中西方的根本性差异的原因，建议我从人类的角度思考一下，中国公众与西方公众在哪些层面有共性，在哪些层面又存在差异。他认为当文章在普遍性的基础上去介绍文化特殊性时，才能促进中西方读者的相互理解和对话。

这一次论文的修改很具有启发性。后来我又做了一些跨文化研究，进一步理解了不同层次的普遍性，也从文化心理学的视角去理解中西方公众心理倾向之间的异同。绝大部分差异是实体和功能层面的。"求同存异""人类命运共同体"就是很好的理念。

在中国情境下危机传播理论应该做哪些调整呢？我做了一些跨文化研究，也尝试基于中国的经验现象建构一个中美都适用的中层理论。文化心理学学者认为，想要增强一个理论的跨文化适用性，最便捷的做法是选择两个从社会制度和文化层面上看起来差异巨大的国家或者文化场域来做跨文化研究，因为如果你在这样两个看起来差异巨大的场域中能够找到一些共性，这个理论的跨文化适用性就会非常强。在这种情况下去研究中国和美国就是一种非常好的选择，因为中美在制度和文化层面具有巨大差异。我做了一些跟归因理论和社会认知理论相关的研究，都是从心理学这个角度切入的。我发现社交媒体时代，中国人的归因倾向和美国人的归因倾向有非常多的共性。危机传播理论在这样两个截然不同的文化环境中都是具有解释力的。

闻道 PR：您写的一些关于企业危机的文章，其中让人印象比较深刻的是您探讨了政府在企业危机中扮演的角色，公众会对政府有期望，他们会期望政府能够介入企业危机。您认为这个现象在中国和美国是比较普遍的吗？还是说这是一个在中国会更显著或者更不显著的现象呢？

纪盈如：这个现象在中国和美国都是存在的。可能从社会制度层面上解释，中美会很不一样，因为社会主义市场经济制度很重要的特点就是政府对市场的调控。而在美国，尤其是在新自由主义经济思潮的影响下，公众期待的是政府尽量不要介入商业领域。商业领域实际是一个私域,提倡公众和企业之间自己解决问题,比如说双方可以通过法律的手段或者其他途径去解决,但是对于政府介入双方的期待是非常小的。然而一个企业发生危机之后,中国的公众经常会在微博上"@"各种政府机构,呼吁政府机构的介入。

美国有两个调研机构,一个是皮尤中心,还有一个是公共事务中心。2018 年的时候,它们调查发现,在美国有超过 1/3 的公众认为政府应该加强对商业的监管,这应该是一个分水岭,在之前,美国公众对政府监管的需求和期待度都是比较低的,但是 2018 年期待政府加强监管的人第一次超过了不欢迎政府监管的人。它其实在美国也是存在的,只不过可能两个国家的程度有所不同。

我的研究中,7 级李克特量表打分,中国公众对政府介入企业危机的期待值平均在 6.2 分,而美国公众的平均分是 4.7。在呼吁监管干预上,两国是有显著差异的。但是,当去探索变量之间的关系时,仍旧存在很多相似性。那些显著影响中国公众去呼吁政府监管的因素,也同样会影响美国公众。因此,中美文化也具有一定的功能普遍性或实体普遍性。

我在做这个研究的时候涉及了西方危机传播理论的一个经典假设,也就是在企业的语境下探讨企业跟公众之间到底怎么处理危机、解决危机。在中国经常看到一个企业危机溢出到社会公共领域,演变成一个公共议题,也就是社会事件。我主要也是从心理学的角度去寻找解释,最开始的时候也从制度分析的视角去寻找过解释,但后来为了研究两个国家公众的一些共性就从心理学的角度切入,引入社会认知理论,提出"危机结果可控性"这个概念。

本质上不管是中国公众还是美国公众,他们都希望某个企业危机可以按照他们期望的方式解决,从而获得一个满意的结果。谁能帮助他们达成这个想要的结果,他们就会向谁表达诉求。在中国,政府可以帮助公众去约束企业,因此,他们就会呼吁政府的监管,在美国的话可能也会遇到这个情况。比如"剑桥分析"事件,本来是脸谱网(Facebook)的一个危机,但是它也变成了一个社会议题。因为对于公众来讲,他们会发现大平台已经不可控,大平台也不可能主动地进行自我治理,在这种情况下,他们会要求政府去监管这个平台,对整个行业进行一些监管和治理。

这对于政府公共关系实践的启示主要有两个层面。

第一个层面是政府要响应公众的需求。企业危机发生之后,政府应该理解公众关注的可能不仅是这个危机本身,而且是这个危机在社会层面上怎么解决,整个行业应该如何行事。政府应该理解公众是在关注社会议题,而不是企业危机本身,从而做好对危机相关社会议题的回应。

第二个层面是提高行政效率。政府不可能介入所有的企业危机(有严重社会损害的企业危机除外),有很多小危机其实是一些企业的声誉危机,企业可能有一些不当举措或者是什么行为引发了公众的不满,这种时候公众也会动员政府进行监管,在微博上疯狂"@"各种机构要求它们出来回应。在这种情况下,从提高行政效率的角度来看,政府需要适当地引导公众，调整公众的期望值，在一定程度上减少公众对政府的过度依赖。同时，政府需要监督企业充分落实主体责任，让企业去妥善解决它跟公众之间的纷争，尽量不要让一个企业危机溢出到公共领域，从而变成社会事件。因为上升为社会事件之后会对社会心态产生比较大的影响。

闻道 PR： 企业肯定也不希望自己的危机事件上升为社会事件，企业、公众、政府，都不希望任何一个危机变成这样。但公众可能在危机事件发生的时候，对企业本身期望值很低，但是自己又没有办法，也没有别人可以期待。

纪盈如： 我们在引导公众的同时，很重要的一点是让企业能落实主体责任。中国公众经常会有一个"曲线救国"的路线，他们明明希望企业回复自己，给自己一个满意的答复，但是他们不去找企业反而去找政府，让政府向企业施压。这是以企业不可能直接回复为假设的，所以就一定要通过第三方政府向企业施压。公众对于企业回应的期望值比较低，不信任企业，主要是因为之前企业在回应公众期望这一块，确实不太积极，很多企业也不太重视回应公众的诉求。

闻道 PR： 信任确实是危机产生的一个关键因素。我们常探讨公众对企业的信任，但企业对公众的信任缺失也是很重要的一环。企业如果对公众的忠诚和素质不信任，很可能就导致企业对双向沟通和对话的效果不自信，因而不去与公众对话，最终双方的信任更加缺乏。这其实也是一个值得我们注意的问题。

纪盈如： 我非常同意你说的这一点，公共关系学在讲公众的时候，主要沿袭了杜威的一些思想，我们的预设是公众是理性的、愿意参与协商的。但实际上，可能会看到很多网民更符合勒庞的"乌合之众"或李普曼的"幻影公众"的描述，更像我们日常生活中说的"键盘侠"，是无法与之对话的。此外，有一些消费者确实对企业也没有忠诚度。有一些企业也会预设消费者是"羊毛党"，或者说价格敏感型消费者，只要给足了优惠券，就什么都能解决，因而无视组织声誉和信任的培育。

闻道 PR： 可能因为对话这个理论是在西方背景下提出来的。中国网民的数量还是很大的，这就不能保证每一个关注你的人都会支持你，甚至都不一定会是你的顾客。因此，中国企业实现真正的对话很困难，尤其是国企、央企等风险规避倾向非常高，这也是一种困境。

纪盈如： 其实这样看来可能真的需要多元的协同治理，各方都应该为了建设一个更好的生态而努力。

闻道 PR： "完全功能社会"这个理论对于中国非常有意义。政府要达成的很多目标，例如政策的推进，以及怎样通过传播让政府、企业和公众三方之间的关系达到比较圆满的状态，这些都是很需要公共关系的。

大多数学界专家认为，公共关系在组织中应该扮演非常重要的角色，比如卓越理论就含有这种观点。但是现实情况往往事与愿违，公共关系发展还不成熟，公共关系的专业人士很少能够担此重任。理想中我们觉得公关人应该挑一些更重的担子，但是现实中感觉公关人都还太稚嫩了，请问您是怎么看待这个问题的呢？

纪盈如： 这个问题跟第一个问题其实是息息相关的，答案是比较相似的，公共关系的专业教育是非常重要的，亟须提升从业者的理念和素质。就像我们刚刚讨论的完全功能社会，我们想要一个这样的社会，就需要公共关系从业者在其中协调多方利益，促进多方的对话，对不对？

我们需要职业素养高，有社会责任感，有人文情怀，又有战略眼光的公关人，只有他们才能够担起这样一个重任。因此，再次强调公关教育的重要性。现在社会上好像公共关系战术谁都可以做一点，尤其是现在的互联网时代，流量经济这么发达，经常有一些人讲他掌握了流量的密码，但这个流量的密码很多时候是带有巨大的负面性的，对不对？

它给社会制造了很多问题，尤其是信任问题。公共关系行业是可以影响话语、媒介内容的，可以在社会上影响舆论，既然有这样的权力就一定要受到职业的约束。因此，教育很重要，行业规范、职业道德这些都非常重要。

闻道PR： 我感觉刚说的这个情况就是一个恶性循环了。

纪盈如： 一般都是黑公关，我对此深恶痛绝，又会有一点无力感。需要业界、学界多方的共同努力，推动一个良好生态的建设。

闻道PR： 不要让它继续恶性循环下去。您觉得公共关系对政府，尤其是在中国的情境下，公共关系是如何对政府有贡献的呢？例如，公共关系的职能如何帮助政府实现目标的呢？

纪盈如： 我说一下公共关系对公共信息沟通和宣传有关的贡献吧。一个是在社会信任层面，公关从业者既需要塑造政府的公信力，也需要增强社会互信。另外一个就是引导舆论、凝聚社会共识和二级传播理论（虽然已经过时了），假设普通大众是很难理解公共政策的，公众需要意见领袖帮大众把一些精英话语翻译一下，变得更容易理解。公共关系从业者是可以扮演意见领袖角色的，促进公众对一些基本的公共政策和政府战略的理解，从而凝聚社会共识。此外，应急管理、公共外交、对外传播等领域也会应用到公共关系职能。

闻道PR： 我觉得其实公关在政策推进和一些政府的危机方面应该都是挺有作为的。我们刚讲到了公共关系对政府的贡献，您觉得公共关系如何对社会作出贡献呢？

纪盈如： 公共关系这个名字本身是很好的，它有一个"公共"在里面，是非常讲究社会公共性的，好的公共关系肯定是社会导向的、长期导向的、公共导向的。刚刚我们提到的"完全功能社会"理论，就主张在社会里有多元主体，但每个主体之间有不同的利益和诉求。如何调节这些主体的利益和诉求，促进各主体之间的沟通互惠关系的建立？这也是公共关系从业者的一种职责。

公共关系对社会的贡献，主要是协调多元主体之间的沟通，帮助他们建立一种互惠的关系。对于公共关系从业者来说，格局是非常重要的，如果有比较高的战略站位，一定会对社会有贡献的。回到我们开始讲公共关系教育问题的时候，从业者如果只局限于自己的工作，是不会意识到公共关系里我们所倡导的那些理念的重要性的，但是如果提高站位，就会看到这些沟通互惠的关系、基于公共利益的一些协调是十分重要的。

闻道 PR： 我们国家面临着国际声誉的复杂困境，您觉得应该如何去打破这个困境呢？尤其是在这个过程中，公共关系可以发挥什么样的作用呢？

纪盈如： 在世界格局发生变化的大背景下，如何打破困境这个话题，我很难回答。因为我们不可能很简单地去谈公共关系问题。

公共关系从业者可以做的是理解国外政客以外的普通公众。政客有自己的既定立场，很难通过公共关系去影响。普通公众对中国的理解，更多的可能是基于他接触到的那些和中国有关的信息。

公共关系从业者可以做的是理解国外普通公众的认知需求，从而策略性地讲好中国故事。我们可以选取一些更适用于西方普通公众，更容易理解、更好被接受的故事，然后把这些故事讲给他们听，建立普通公众和中国之间认知上的连接、情感上的连接。

总结一下，第一是理解他们；第二是讲好中国故事，讲一些具有共鸣的故事；第三可能需要运用一些恰当的渠道，做好国家的扩音器，把好的故事传播出去。

访谈者 | 黄琼瑶　文字整理校对 | 许佳怡 张伟红 李作屏

下篇 业界透视

俞竹平：
公关思维不是达成短期的业务指标，而是保证基业长青

专家简介

图1 俞竹平照片

俞竹平（Joe Yu），奥美公关中国区总裁、奥美北京集团董事总经理，拥有台湾政治大学公共行政学士学位、元智大学管理硕士学位。

俞竹平自2018年起担任奥美北京集团董事总经理，2019年兼任奥美公关中国区总裁，负责客户咨询、议题与危机管理咨询、媒体培训、危机管理培训及奥美集团公关业务的发展战略等。

俞竹平于1999年加入奥美，在任职世纪奥美公关总经理的9年中，建立起庞大的客户群，助力世纪奥美成为台湾第二大公关机构。2008年10月，俞竹平转调奥美中国，并担任西岸奥美董事总经理。凭借在科技营销、公共关系、业务运营和管理领域超过21年的丰富经验，俞竹平在战略咨询、行业洞察、创新思维等方面获得了广泛的认可与好评。俞竹平与众多品牌建立了紧密的合作关系，客户覆盖科技、汽车、基础设施、金融、零售、医疗保健等领域。

作为一名国际教练联合会认证的企业高管教练，俞竹平曾主持执讲数十场媒体培训、发言人培训、议题与危机管理培训和演练等课程。他致力于协助众多国内外客户规划危机管理体系、设计危机评估警戒机制、建立危机沟通回应渠道与流程及声誉恢复计划。他通过定期的教练对谈，协助奥美集团与品牌客户的领导者唤醒自我觉察力，做出改变，达到强化赋能、适应力与当责力等领导力成长的效果。此外，他曾在大学任职两年，教授营销传播管理课程。

摘要：企业战略与公共关系完全是一脉相承的。

访谈正文

闻道 PR： 自 2000 年以来，奥美的《观点》系列丛书已出版至第 8 册，汇聚了奥美公关资深人士的探索与洞察。在互联网品牌互撩盛行的当下，奥美还在坚持常态化地出版纸质的《观点》，包括之前有《奥美看奥美》。请问奥美坚守这些的原因是什么？是否有内部视域局限的担忧呢？

俞竹平： 主要思考有三点。

第一点，奥美认为，在建构知识体系并形成价值观方面，深度阅读的作用仍然无可替代。社交媒体的急速发展使碎片化阅读相当流行，但很难取代深度阅读在获取知识方面的作用。

第二点，将奥美的知识体系、价值观以及多年经验真实反映并记录的最好方式仍然还是写作，文字才能真正将思维进行系统化整理，使之成为知识。

第三点，《观点》一直是奥美内部知识交汇和分享的媒介，分享知识与想法，请大家提出问题，并互相砥砺学习，这一直是奥美多年的传统。以上三点，就是我们一直坚持出版《观点》系列的初衷。

闻道 PR： 您认为奥美的文化是什么？是否有地域差异呢？

俞竹平： 我想分成三个层面来解释。

第一是价值观。奥美的价值观是"全民创意，灵活写作，探求不止，永不自满，精益求精"，可以简单地以"尊重人、尊重知识、尊重创造力"来概括。传播行业是由人的脑力激荡所产生的知识及创造力，来为客户传播信息、解决商业难题的，所以人、知识、创造力对奥美来说是最重要的三个要素。

奥美创始人大卫·奥格威留下了许多经典的小故事以及传世语录，时至今日这些话语仍然掷地有声。其中最经典的例子，是奥格威先生以俄罗斯套娃比喻招聘人才：如果我们都去聘用比自己更强的人，我们会成为巨人公司；反之，如果我们都去聘用不如自己的人，我们就会成为侏儒公司。寻找比我们更强大、更聪明的人才是我们创建一家巨人公司的方式。

第二是洞察与文化。公关、传播和营销，都必须结合对当地市场的洞察，特别是与文化紧密结合，才能够有机会成功。对文化的敏感度和理解度，是人们从事传播行业的必要条件。因此，奥美致力于培养具有本地化的洞察力又具有全球化视野的本地人才，让他们来协助国际品牌在中国市场取得成绩，同时携手中国品牌耕耘全球市场。

第三是知识体系和方法论。奥美在全球市场的知识体系的整理、方法论的更新、案例的分享，是一个行之有年的系统。因此我们能够在新市场与新客户上应用并实践最新的知识体系和方法论，我们能够将全球统一的方法论，通过本地化的人才，通过对本地文化的洞察，转化成本地化的效果，这些本地化的效果合在一起就变成全球化的资产。

闻道 PR： 您反复提到方法论，这个是往期嘉宾较少谈及的，想听您再谈一谈关于方法论的话题。

俞竹平：营销跟传播一样都是社会科学，社会科学通常都是实践之后，从实践总结出一个脉络，然后形成方法论。它跟自然科学非常不一样，自然科学是真理，这个真理已经存在于大自然之中，需要人类去发掘出以前没有看到的内容。而社会科学是从实践中得到经验，并将经验总结成可以复制的方法论。这也说明了奥美出版《观点》的原因——我们找到了一些脉络，想跟大家分享。

方法论的目的，除了总结经验，找到成功脉络，以及产生能够复制成功的方法之外，就是激发思考与对话，从中激荡出解决方案与创意。

例如，所有关于传播、营销的讨论，都要从企业经营的挑战出发，希望客户能与我们分享，他们每天晚上失眠的原因是什么？他们每天早晨起床上班的动力是什么？需要解决的短期商业挑战是什么？需要达到的长期战略目标是什么？方法论能帮助我们了解客户商业运营的需求，并从传播层面发展出能落地的解决方案，让客户真正看到传播应对商业挑战的效果。

闻道 PR：奥美公众号中提及，在日益复杂的大环境下，缺乏公关思维与能力的企业将无法建立足够的信任声誉，不能积累有力的竞争优势。请问您如何定义公关思维与能力呢？

俞竹平：最重要的一个出发点，就是公关思维不是达成短期的业务指标，而是保证基业长青。

美国经济学家弗里曼提出以股东利益最大化的"股东资本主义"后，这个思维主导了西方企业经济思潮近半个世纪。受利润驱动的企业打开了新的市场，创造了新的就业机会，促进了经济的繁荣。

但是在利益最大化的过程中，因为追求资源和效率的最大化应用，股东资本主义变成物竞天择的社会达尔文主义，导致贫富差距越来越大，政府作为仲裁者要出面协调，至少要维护机会上的平等。

在这个情境之下，很多企业管理者，包括世界经济论坛的创办人施瓦布（Klaus Schwab）也开始反思，不能只考虑股东的利益，要考虑所有跟这个企业有关系的人的共同利益，由此开始推广"利益相关者资本主义"：经济和社会领域所有利益相关者的利益都会被考虑在内；企业不再仅仅追求短期利润优化；政府的职责是要维护机会平等，打造一个公平的竞争环境，确保所有利益相关者贡献公平且分配公平，关注制度的可持续性和包容性。

公共关系从业者非常重视利益相关者，所有与企业经营存在利益关系的人和组织，包括政府、社区、员工、工会、伙伴等，都在某种程度上可以影响企业的决策。

因此，企业需要与这些利益相关者进行有效的沟通，让这些利益相关者了解与企业合作的驱动力、好处以及共同发展的机遇等。

从这个层面来说，公共关系传播已经不是单纯的传播、营销，它已经超越达成短期业务指标的层面，以保障企业的基业长青为出发点，指导企业与利益相关者建立恒久的信任关系。

在这个过程中，企业所追求的优化指标将纳入更广泛的社会利益和更广泛的目标。例如，企业存在的价值是什么？能为社会解决什么迫切问题？怎么样在解决问题的过程中，同时照顾到大部分利益相关者？

举例来说，医疗制药企业都强调它们的努力目标，是要满足没被满足的治疗需求。当某种疾病没有好的疗法或者根本没有疗法时，医疗制药企业注入可观的资源进行药物研发，待成功后推出上市。虽然需要较高的定价来回收高昂的研发成本，但这仍然是一个多赢的解决方案。

对医疗制药企业来说，药物有专利期的保护，这保证了企业有足够的时间回收成本，并将获利持续投入其他新药的研发，以解决更多病患的需求。

对患者来说，虽然药物在专利期定价较高，但可通过国家医疗保险或商业保险来使药价达到可以负担的程度。一旦药物过了专利期，其他药企就能合法仿制，药物价格就会下降。

这个例子说明，企业以解决问题的思维来考虑商业运营，让利益相关者理解企业存在的目的，赢得利益相关者的信任，企业就能更多地为利益相关者着想，利益相关者的问题也能得到更好的解决。

这时公共关系的作用就不仅仅是传播，它还承担着一项能够增进企业与公众的相互信任、增加社会对企业正向认知的专业管理功能，成为企业战略管理职能。

近10年来，我们的经济发展迅猛，很多新兴品牌虽然在市场占有率上取得了巨大成功，但用户似乎不忠诚，也不会对品牌产生偏好，只是借着产品或服务达到纯粹的工具效能而已。

品牌一旦发生问题，就会遭受社会责难，甚至上升到危机程度，这时企业管理者才发觉，原来企业规模越大，影响力越大，公共属性就越强，社会责任也就越重，才意识到取得利益相关者的信任与支持是如此关键，正确的公共关系意识和优秀的公共关系管理能力是如此重要。因此，以企业的基业长青为出发点，致力于建设可持续发展的利益相关者互信关系，这才是真正的公关思维。

闻道PR： 2021年，奥美公关重新梳理、整合、革新了核心服务产品矩阵，您提到以公关洞察为驱动，以整合营销为手段，发挥公关的顶层策略价值，融合创意能力，善用营销技术，请您详细阐释这些关键词之间的逻辑关系。

俞竹平： 传播界的洞察，以广告为例，通常从消费者或用户入手：他们选择产品或服务时，思考的是什么？为什么选这个而不选那个？怎么做才能让他们改变选择？没有被满足的需求有哪些？还能帮用户解决什么问题？

公关洞察的一个特点，就是除了从消费者或用户的角度，还要从多元受众的角度出发，不论是社会责任、价值理念，还是各种利益相关者的诉求，都要考虑，这样才能在营销、传播的过程中，发挥对品牌的"整合"与"加乘"作用。

以腾讯"积少成空 省钱事故展"为例。

基于"科技向善"的企业价值观，腾讯支付的思考是，无现金电子支付带来了便利的生活方式，似乎也带来了诈骗的风险，因此，企业是否也该承担安全教育的社会责任，让公众在享受便利的同时，还能预防被诈骗的风险呢？这时，企业的社会责任感，结合国家的反诈骗宣传，就特别合拍同频。

在消费者端：电子支付虽然好用，但是我担心家人会不会受骗。在社会责任端：政府与社会需要有市场影响力的品牌，最好是运营电子支付的品牌，一起发力反诈骗教育与宣传。

以上就是考虑多方需求的公关顶层策略洞察。

接下来，就是如何最大化传播效果，让社会公众知晓。从传播的渠道来说，最方便与最快速的应当是社会化媒体：文字表述，加上具有视觉冲击力的图片和视频。有了渠道和表现方式后，还需要有冲击力的创意内容，才能吸引眼球，引发关注与讨论。

我们再次通过对消费者的观察发现，很多人的生活是如此不易，必须付出极长的时间、极大的努力，才能攒下一些积蓄，但遇到诈骗分子，几秒钟的时间，辛勤耕耘的果实付诸东流。这里的情绪冲突，产生了有冲击力的故事，让人有兴趣探索下去。找到这个冲突，说出一个扣人心弦的故事，就是呈现优秀创意的不二法门。

接下来的课题就是表现形式，也就是传播团队的落地能力：怎么把这个故事讲出来呢？是办个发布会，拍个视频？还是采访当事人现身说法呢？

在这个案例中，我们选择了装置艺术展的方式，让到场参观的观众，都能感受到故事的冲击力；再将艺术展当作叙事舞台，拍摄视频讲述内容，通过社交媒体的广度与深度，最大化传播效果。

以这个案例来分析工作框架，就能呈现出公关的顶层策略价值、创意的中台叙事内涵以及执行的底层落地能力。

闻道 PR：因此，您把公关放在了顶层。

俞竹平：公关的顶层策略价值，在不同的营销传播情境下，都很重要。再举另外一个不同的案例：晖致（Viatris）的"职场软男"案例。

晖致是全球领导企业，是 2020 年由迈蓝（Mylan）和辉瑞（Pfizer）旗下业务部门辉瑞普强（Pfizer Upjohn）两家大型药企合并而成。晖致旗下的一个知名品牌产品，就是"万艾可（Viagra，也有人称之为伟哥）"。在中国市场，万艾可的专利保护在 2014 年就已到期，国内药企争相仿制。

万艾可是针对有治疗需求的消费者研制的产品，其效果不是那么容易叙述，同时，面对仿制药的竞争，晖致要如何才能做出不一样的传播效果呢？这时候，运用公关洞察，从多元受众的角度出发，就有了解题思路：只能针对有治疗需求的消费者传播吗？有可能运用健康传播常用的思路"预防胜于治疗"吗？有没有连接社会话题的可能性呢？

一份发表在《国际临床实践杂志》上的题为《全球八个国家：勃起功能障碍与生产力和缺勤之间的相关性》的医学调研报告，所给出的结论——"勃起障碍与生产力及缺勤具有明显相关性"，就给我们提供了一个有趣的讲故事角度。

我们再用创意思维来叙述这个故事："有这么一群男性，兢兢业业，每日埋头苦干，但工作强度与产出却不成正比；每天想要奋起拼搏，没曾想月末缺勤率反而'扶摇直上'，这类男性被称为'职场软男'。"

闻道 PR：这两个获奖的案例既体现了您刚才说的公共关系和社会价值观的结合，又不乏创意。您如何定义公关中的创新思维呢？

俞竹平：创新应该是个持续进行的工作流程，是不断演进的过程。营销行业的创新，并不局限于我们经常看到的方法、模式、技术的创新。

例如，善用广告丰富的形式表达，使得公关人洞察到的观点在多方受众聚集的社交媒体环境下取得更多更广泛的关注，进而产生更大的影响力，这是奥美在近几年实现的整合传播创新。

又如，深化与数据伙伴的合作，留心带来关注、争议、流量的各种话题，分析每次传播项目的效果，作为未来进步的依据，这是运用数据的创新。

关注自媒体在社交媒体平台上滥用"后真相"（后真相，意思是诉诸情感和个人信念，比诉诸客观事实，更能影响受众认知）来操纵舆论情绪的趋势，从中找出化解之道，这是公关实践上的创新。

公关人必须清楚的是，技术的发展对传播的影响会越来越大。简单来说，技术的演进会带来冲击，这些冲击有可能助力工作的完成，也可能阻碍真相的被揭示。

闻道 PR：奥美提出了战略性企业声誉投资理念。企业声誉投资看重的是"战略性"，而不是简单地做慈善事业、公益活动。您如何定义"战略性"呢？

俞竹平：战略性企业声誉投资，简而言之，就是企业发挥最大的长处，运用最擅长的事情，持续关注并解决社会问题，从而实现企业价值，赢得认同与信任。这也是最具持续性的一种声誉发展模式。

同时，慈善事业、公益活动也很重要，例如灾难救助，发生了灾难，除了政府救助，大企业也应该承担社会责任，有钱出钱、有力出力。另外，慈善事业、公益活动方面也能采取"战略性"的方式投入。

奥美 2018 年斩获戛纳铜狮大奖的丹寨"52 个镇长"案例，就是基于战略性企业声誉理念执行的企业社会责任计划。

万达集团并不是简单地捐钱捐物，而是致力于扶持丹寨发展自己的特色产业（如染布、茶叶），从而吸引旅游人潮、打造全新旅游目的地，最终使丹寨拥有自我造血能力。

奥美的创意，是寻找了 52 位各行各业的特色人士，每周邀请其中一位担任丹寨的轮值镇长，借助他们的影响力，让丹寨在社交媒体平台上触达多元受众，取得广泛关注，形成巨大影响力。

闻道 PR： 就像您说的，企业社会责任确实是打造企业品牌的一个长远投资，但是大家都会觉得做慈善事业、公益活动是很无私的，如果把它变成一个工具，对企业声誉而言，它的价值会不会被削弱呢？

俞竹平： 品牌要实现最大的社会价值，最有益的方式是通过最关心的议题与最擅长的事情，实现社会问题的长期解决，这对品牌和社会来说，是双赢，不是功利。这种思想上的认知，对我们接纳、鼓励并支持品牌融入社会，推动自身和社会实现可持续发展，是非常重要的。

文字整理校对 | 殷家辉 钟曦辉 黎俊威

陈阳：
影响人心，释放善意，回归公共关系的本质

专家简介

陈阳（York Chen），北京蓝色光标数字营销机构副总裁兼蓝色光标研究院院长，中国国际公共关系协会理事、学术委员会委员，伦敦国际广告奖及文华创意奖评委，中国大学生公共关系策划创业大赛评委。

图1 陈阳照片

摘要：公关应当成为一种战略，成为企业的"一把手工程"。

访谈正文

闻道PR：近年全国高校开始进行专业裁撤，国内本就寥寥无几的公共关系学专业面临沦为"冷门绝学"的境地。反观在国际和我国港澳台地区，公共关系教育发展得如火如荼。国内的公共关系行业需求极其旺盛，2019年市场规模达668亿元，且保持每年15%的增速。

面对公关教育国外热，国内凉；公关业界发展势头迅猛，而公关学界日趋式微的强烈反差，请您具体谈谈此类反常现象的原因。

陈阳：我认为，首先是因为传统意义上的公关行业在萎缩。以蓝标为例，传统公关所占比例实际上越来越少，粗看的话，传统公关的占比在15%左右，大多数是做以社会化媒体为核心的市场营销。这种转型大约是从2006年开始的，经历了七八年的时间成为目前这样——一个以数字化营销为主的公司。这是市场的需要，就像20世纪90年代中后期公关公司大量涌现一样，也是市场的需要。

正是适应了市场发展的需求，蓝标才通过自身的努力，成为国内行业的领军者，并跻

身于世界前十的行列。从营收数字看，现在几乎所有公司的营收都来自企业的市场部，而不是过去的公关部，这就说明企业实际上也在转变。

换句话说，大家都在围绕着市场的转变而转变，这是不以人们的意志为转移的，我们姑且把它看作一种市场变革的必然结果。当然，我们也要看到，在实际操作中，公关与营销的概念也在不断融合，边界越来越模糊了。因此，今天的公关到底指什么，是值得研究与重新定义的。

我个人认为，公关应当成为一种战略，成为企业的"一把手工程"。公关部门应该管理企业行为与良知和传播，才更符合和贴近今天的市场变化与需求。

闻道 PR：您刚说的传统的公关业务主要是指什么呢？

陈阳：传统的公关业务严格上讲，就是传播的管理。传播的管理大概包括五个方面。

第一，帮助或协助企业建立良好的媒体关系，为企业创造良好的舆论氛围。

第二，在企业内部建立媒体关系的运作与管理体系，包括企业如何发声、企业新闻发言人的建立、企业话术池的构建、公关活动的策划以及如何与媒体进行有效沟通等。

第三，一些公益项目或企业社会责任（CSR）项目。

第四，危机管理，包括危机管理机制与反应系统的构建、危机判断与应对话术等。

第五，公关中可能涉及相关的政策、法律以及政府部门等，这部分很少，但在策划中要考虑进去。

闻道 PR：危机管理这块业务也萎缩了吗？

陈阳：危机管理业务基本分成两种：一种是常年客户，一种是临时客户，即个案（Case）。

目前来看，接个案的越来越少了，主要是成本核算问题，任何一个公司都不可能专门养人等着接危机的个案。从项目管理来看，单独危机管理项目目前无法支撑一个团队的生存。

因此，从单一业务角度看，危机管理业务的确处于萎缩状态，这可能是一个普遍的行业问题。也正是这个原因，导致了当前危机管理人才极为短缺。

众所周知，危机多数是在瞬间发生的一种社会舆情，对社会和企业都具有强大的冲击力，它们需要迅速准确地判断危机的核心、走势并及时回应，稍有不慎就会造成更大范围的冲击，危机造成的千万次乃至上亿次传播量的案例比比皆是。如 2019 年西安奔驰汽车消费者维权事件的传播量为 5.9 亿次。

这客观上要求公关团队的人员素质和应对力极强，这就像奥运会打乒乓球一样，你每天都要练上几百板，才能在关键时刻派上用场，而人才的培养和经验的积累是需要成本的，这就形成了需求与现实成本核算的矛盾，也是造成当前危机管理业务萎缩的一个重要原因。

闻道 PR：那么您是否就此认为，广告并不像里斯在他的名作《广告的没落 公关的崛起》中提及的那样一蹶不振，恰恰相反，广告正在崛起呢？

陈阳：如我刚才所说，公关现在正处在战略转化的过程中，现在公关与营销的边界也越来越模糊，跨界融合、破圈的也越来越多。比如说我们为某一个品牌跟敦煌或故宫这样的 IP 做了某个国潮产品的推广，特别轰动。

你如果从策划和传播的角度来说，我认为这就是公关，但如果从创意角度看，它有可能算营销。因此难说谁崛起？只能说现在费用来自企业市场部的多，而来自公关部的越来越少了。

闻道 PR：那就是大传播的概念，是吧？

陈阳：没错。

闻道 PR：您怎么看待当下公共关系从业者的学科背景呢？

陈阳：这是一个重要而敏感的问题。应该说，当下公关的从业者多数不是科班出身，这里的确有个行业专业化程度亟待提高的问题，公关也好，营销也罢，都急切地需要专业人才。

人才是社会和企业发展的根本动力，这一点不可动摇！从目前的现实来看，学校培养的专业人才还远远跟不上社会发展的需要。

蓝标始终把人才培养当作业务发展和企业发展的头等大事来抓，每年都有人才培养计划，如针对 M 级（经理层级，包括经理和高级经理）的"势能计划"、针对 AAD 级（副总监级）的"百一计划"等，平时每周都有多场次培训。

前两天我还和新闻界一个朋友说，当年进新闻界看的就是新闻专业背景，而今天似乎不那么注重专业背景了，或许这也是值得我们思考的一个问题，尤其是在未来社会经济整体质量提升过程中，这个问题会更加突出。

闻道 PR：您怎么看待全社会的这种常态化的专业不对口现象呢？

陈阳：我认为这是对专业本身的一种极大浪费。比如说你是学机械的，你非要干传播。那大家都学公共课毕业就完了，还学专业课干什么呢？现在的专业丧失其实是一种双向的浪费，国家浪费了教育资源，学生也浪费了自己 4 年的专业学习时间。

闻道 PR：如您所说，公关不论是其自身的业态还是其从业者的构成，都已经开始发生巨大的改变，那么您如何看待公共关系的未来发展呢？

陈阳：如前边所说，今天的公共关系其实就应该上升到企业战略层面，早在六七年前，我就说过公共关系一定不能仅局限于传播的管理了，而应该加上对企业的行为与良知的管理，把公关作为一种企业战略和每个领导者的一种技能。

闻道 PR：在国外很多高校把公共关系的名称改成战略传播，对此，您怎么看呢？

陈阳：10 年前，我就非常认同"战略传播"的概念。比如美赞臣奶粉的 PKU（苯丙酮尿症）公益项目，我们通过做公益来推动国家在新生儿筛查中增加 PKU 检查项目，进而及早发现 PKU 症状并给予及时治疗，同时及时向国家有关部门反映问题。

这样做一方面促进国家完善新生儿筛查体系的建设，另一方面通过实践将现实问题及时上报,最终推动了新农合和城市医保的报销等三个国家政策的出台,使国家、企业和公众都获益,显然没有一个整体的战略构思是很难实现的。公关需要战略化已成为当务之急!

企业公关战略化,需要做好三大管理:舆情管理、认知管理和信任管理。当前,企业多关注舆情和口碑,而忽视了社会对企业认知的改变,认知不改变,舆情也不会发生根本改变,只有人们对企业认知发生根本性改变时,舆情才会改变。

认知管理包括企业行为与良知的管理,企业的行为和良知都要合规合法,甚至在道德之上建立更多的好口碑,这就是最大的认知改变,而这种认知就铸成了我们的信任管理。三者是相辅相成的关系。

信任管理,我认为包括两个部分内容,一部分需要企业跟社会去构建,通过情景、场景来共建,包括做CSR和公益等。还有一部分是学会储存,信任是需要储存的,就像我们生活中存点钱,以备不时之需。问题是,今天的企业只顾营销,根本不考虑储存信任和通过信任改变认知。那么一个企业遇到问题时,就会形成大漏洞,造成难以挽回的损失。企业社会信任一旦被打破,企业的舆情也就一落千丈了。

公共关系应该成为企业所有人的一门管理能力和本事,他要熟练地掌握与运用。从战略角度看公关,从公关角度看管理,企业才会有更大发展。

闻道 PR:习近平总书记强调要加强和改进国际传播工作,展示真实、立体、全面的中国。您认为公共关系对于提高国际传播能力有何裨益呢?

陈阳:我认为首先你要把公关放在一个战略高度,而不是一个战术角度,要把公关与今天的国内外形势融合为一体,找一个突破点,比如说国内大循环、国内国际双循环。那么在这种大背景下,企业如何做好自身发展,没有整体的战略考量显然是行不通的。因此,公关的战略化是一种大趋势。

从另一个角度说,我们还要回归到公关的本质上来。公关的本质就是影响人心,释放善意,这实际上就是我们的行为和认知管理工作,让公关更有效化。否则,我们做了很多好事,但人家并不说我们好,那就尴尬了。

当前在以国内大循环为主体,形成国内国际双循环相互促进的大背景下,我们应该站在新的历史高度审视和考虑公关的未来,这才是正确的出路与方向。

闻道 PR:请您具体谈谈做好事的方法。

陈阳:现在经常说讲好中国故事。讲中国故事,不是生硬地讲,首要目的是让人接受,而不是只注重讲故事,忽略了倾听者的感受。所以讲好中国故事,重点要在影响人心上下功夫。

闻道 PR:如果国外受众存有刻板印象,怎样才能让他接受中国故事呢?

陈阳:那就要改变他的认知,要让他看到、感悟到,比如设置什么样的场景,让他看到问题的另一面,而不是只看到黑暗面,要学会给对方开启一扇窗,让他看到光明的一面,这样他的认知才会改变。因此，改变认知，首先是改变心理认知。

讲好中国故事，不改变思路、方法，就是再讲1000个故事也没用。我们要从改变认知做起，重点考虑如何影响人心，如何让人慢慢地接受，而不是说教，不改变认知的故事是没有意义的。

闻道PR：面对公关业界对公关专业人才的巨大需求，全国高校公共关系学专业规模却在不断缩减，您认为应该如何应对呢？

陈阳：这是一个系统工程，"头痛医头，脚痛医脚"，解决不了问题。关键是要从几个方面去解决，比如国家给一些政策，教学上有所改变，跟产学研结合等。

首先是破除大家对公共关系的偏见，就像改革开放，既要给政策，改变观念，又要有步骤落实。教育改革重在改变观念，观念改变了，大家的行为也就改变了；行为改变了，社会对你的认知也就改变了，进而社会的整体改革进程也加快了。

闻道PR：您怎么看待公共关系教育国外热、国内凉的现象呢？

陈阳：公共关系处理展现的是一种战略思维能力。教育必须从娃娃抓起，否则中国的软实力怎么能提升呢？我们怎么实现第二个百年奋斗目标呢？未来跟美国的竞争主要是科技的竞争，说到底是教育的竞争，核心是人才的培养问题。

美国是现代公共关系的发源地，公关思想深入骨髓，回顾一下人家怎么重视的，人家培养了什么样的人才，达到了什么样的水平，这样我们就会发现美国即使是在传播谎言，它也有市场的原因。再说人才的比例，我们现在假设人家是100个公共关系人才，而我们是1个人，怎么能超过100人？如果我们不改变公共关系教育的现状，受到资本的影响，大家都只奔着钱去，那么公共关系专业就自然会萎缩。

国家与国家之间的较量，不仅在政治、经济上，还在科学、文化等软实力上，最重要的是人才的竞争。人才改革，首先应该体现在教育上。高校是人才培养的基地，基地的好坏直接关乎人才的质量。这应该也成为一种国家发展战略，只有从战略角度看问题，问题才会被看透，才会缩小我们与国际的差距。

闻道PR：您认为应该如何培养符合对外传播需求的公共关系人才呢？

陈阳：要通过学科理论与业界实践的综合体才能把公共关系人才培养出来，才能形成与国际的竞争力，我们的国际舆论环境才能有所改变。没有这样的人才贮备，没有这样的人才培养意识，没有这样的教学体制，人才培养就永远是一句空话。

闻道PR：请您谈谈对于当下公共关系的期许。

陈阳：我前几年一直呼吁商业回归商业的本质，公关回归公关的本质。从本质重新出发，重新研究，今天的环境发生了巨大变化，不改变是不行的。

比如我们今天讲社会的媒介化问题，大家只关注自身的传播和舆情的好坏，而忽视了社会的媒介化到底意味着什么，社会的媒介化意味着整个社会开始用传播的机制、法则和模式进行自身业态和架构的重建，并重构其内外结构。这是一个体系化工程，需要逐步构建，进而改变"头痛医头，脚痛医脚"的局面。

　　社会的媒介化意味着任何一个人、一个企业或一个组织，都要学会真正把公共关系放在战略的高度看待，并找到解决现实问题的有效方案。

文字整理校对 | 许梦婷 王梓菡 钟曦辉

商容：
公关如水，流动，无处不在，润物无声

专家简介

图1 商容照片

商容（Shang Rong），微软亚太研发集团运营、传播及公共事务副总裁。北京大学BiMBA E02校友、光华管理学院MBA面试考官，海淀区第15、16届人大代表，中国民主促进会北京市委企业联合会常务理事，中国国际公共关系协会企业委员会主任委员，香港大学全球创意产业课程学部顾问，科技部创新创业人才评议专家，北京市新的社会阶层联谊会常务理事。

商容从事传播、品牌管理、市场营销、政府关系及公共事务管理工作20年，对高新科技产业发展和创新文化的培育有较深刻的认识与洞察。曾参与联合国开发计划署网络援助、远程教育等项目在中国的实施。

2006年底商容加入微软，全面负责对内对外沟通机制和平台的规划与建设，让公共事务和传播工作面向更广泛的受众。

1998年，商容加入思科，负责思科在中国的公共关系事务及传播推广工作，实现思科纽约、伦敦及日内瓦的慈善音乐会在中国同步落地播出，在短时间内为公司在中国赢得声誉；她在推进思科与联合国开发计划署中国合作项目、网络援助计划以及思科诺贝尔电子博物馆等全球性的公关和推广活动中作出了贡献。她还主持翻译出版了被称为传统企业向互联网企业转型"圣经"的《网络就绪》一书；参与了公司重要政府关系活动，并取得了卓越成效。2002年，商容获得中国国际公关协会政府关系案例金奖；2005年，获得美国SARBE品牌及声誉管理卓越成就奖。

1996—1998年，商容在全球三大公关公司之一的伟达公众关系顾问有限公司（Hill & Knowlton）任职，为来自信息科技、金融、消费品及汽车行业等不同领域的客户提供市场战略和公共关系咨询，所服务的企业包括通用汽车、喜来登酒店集团、大东电信、林肯国民、安泰保险、微软、思科、摩托罗拉、宝洁等。

2005 年底至 2008 年中，应《中国企业家》杂志邀约，商容翻译经《纽约时报》授权的托马斯·弗里德曼和保罗·克鲁格曼的时评专栏。她还曾编辑出版萧乾先生的散文集《点滴人生》。

商容 1991 年毕业于北京师范大学无线电电子学系，获学士学位；2002 年就读北京大学国家发展研究院国际 EMBA 项目，2005 年获得美国福坦莫大学和北京大学联合授予的工商管理硕士学位，2000 年入选思科中国领导力加速培养计划 CHAMP 一期，参加为期半年的中欧国际商学院公司定制高管培训课程。2006 年在长江商学院 EDP 课程学习。2017 年在深圳国际公益学院国际慈善管理 EMP 学习深造。

摘要：当代公共关系的范畴在不断演进，无形与有形兼具，并随着组织形态和人的思维框架的变化呈现出迥异的个性。

访谈正文

闻道 PR：现代公共关系史上，公关从业人员很多是从记者中分流出来的，但是作为无冕之王的新闻从业者总是对公关从业人员嗤之以鼻。您之前做过 4 年的记者，1996 年进入伟达公关，1998 年进入思科，2006 年底进入微软，至今一直从事企业公共关系、品牌传播和公共事务管理工作。

从媒体记者到公关公司再到甲方，您已跨越了三个领域，请问您如何看待记者与公关从业人员的关系呢？您在这种身份的转换中，有何感悟呢？

商容：我是公共关系行业的理工科"闯入者"，一转眼，参与其间将近 30 年，身份角色也经历了从媒体人、公关公司经理到甲方的多元转换。我感觉自己过往的每一段经历，对我今天在做的传播工作都非常有帮助，它赋予我更多元的视角。

我 1996 年进入伟达工作时，当时的亚太区总裁是 Dian Terry，中文名字叫陶黛茵，她是把公共关系这个概念介绍到中国来的先行者之一。1984 年，伟达最先在中国成立分支机构。我倒是不知道"记者给公关人员打分特低，或者是公关人员给记者打分很高"这样的说法。

Dian Terry 在接受美国媒体采访时表示，公共关系从业者应当具备三个基本的素养，第一是写作的能力。表达和呈现的方式可能是多种多样的，现在可以是文字、音频或者短视频。

据我了解，从媒体然后到公关传播，是比较普遍的职业发展选择。很多的公共关系同行都有新闻传播专业背景，未必是来自公共关系学专业的。

第二个表达能力是做公关传播的基本功，要有表达的愿望、表达的能力，这一点跟新闻传播学是有共通性的。第三个要有故事表达力。

社交平台的发展让每个人都有了表达的窗口和途径，而不是要像过去那样，需要通过一种媒介才能间接表达。当每个人都是故事的讲述者，我们应当重新界定公共关系的角色。传播的实践已经发生了特别大的变化，我们需要正视这种变化，而不是把不同岗位的人对立起来。

闻道PR：记者通常被视为无冕之王，代表公共利益，而公关从业人员被认为只是为他们的雇主（大部分是企业）服务，游说政府制定对甲方有利的政策，是企业游说的代言人，而不是真正的公众利益代表者。对此，您怎么看待？

商容：2019年8月，《福布斯》杂志报道，全球500强企业的CEO联名发表倡议，重新定义企业存在的意义、思考企业的目标，他们认为构建美好社会、为社会谋求共同的福祉，比追求股东利益最大化更重要。

同年，88岁高龄的现代营销学之父菲利普·科特勒来到中国，他说，应该让负责任的好公司赢。什么是好的公司呢？好的公司有使命感，追求更长远的目标和愿景，置社会公众的整体利益于企业自身的目标之上。他们关注可持续发展、ESG（环境、社会和公司治理）、全球治理等宏大的主题，关心人类的命运。每一个企业，每一名员工，应该设立一个高于自身利益的使命，去驱动发展和成长。这就是我们今天说的使命驱动、价值引领。一切都有一个内在的动因，你是受什么东西的召唤，受什么引领，追求什么样的目标。

我特别幸运，工作的企业都富有企业责任感，有自己的承诺和担当，无论是思科还是微软。微软最近3年连续被《福布斯》杂志评选为最负责的企业之首。

Page Society也组织探讨了公共关系关注的核心议题是什么，我认为公共关系聚焦的是隐形的能力。听起来好像很虚无缥缈，但事实上这才是引领我们整个社会、企业，以及个人不断进步的根本因素，这些隐形的能力是使命、愿景、价值观，也是一种文化。

闻道PR：您工作的思科和微软都是IT行业的领军企业，您也是工科背景。像这种技术背景的外企，与快销或其他品类的公司相比，在定位公共关系职能与作用时有何差异呢？我刚才从您的分享中感觉您反复强调的还是属于公共关系中企业社会责任（CSR）的领域。

商容：我相信肯定是不一样的，因为目标受众和业务不同，叙事风格会有区别，传播方式和媒介也不尽相同，但是传达的核心主旨肯定有共通之处。

前一段时间我应邀参加玛氏集团C100高管会议，玛氏集团组织了一场关于使命价值驱动力的研讨会。这让我想起微软全球十几万员工参与的、每人承诺至少3小时的价值观对话。

不管是文科还是工科背景，我觉得公共关系行业对人才的要求是多方面的，需要对不同领域的专业知识有广泛的了解。我自己不是公共关系学科班出身，中国的大学设立这个专业是在我大学毕业之后。您说到国内很多高校，近年来纷纷裁撤公共关系学专业，是要将其融入更大的专业学科范畴吗？我认为传播是一个大的领域。公共关系学科实践性很强，在理论建设上需要与时俱进。

微软公司强调，哪怕你是程序员、工程师，叙事能力都非常重要。故事表达力和沟通力是每个人都需要的基本功，是最基本的素养。

无论你从事哪种职业，都需要具备两个基本能力：第一，决策能力，你需要作判断，做出选择；第二，沟通能力，你要有办法跟别人沟通互动，你的想法得让别人知道、认可。吴建民大使和赵启正先生合著了一本书，叫作《交流，使人生更美好》。我在做关于公关实践的分享时也经常借用这个书名作为标题。国际公关杂志很多年前发表过对我的一个采访的文章，文章名叫《公关如水》。

我认为公共关系不仅仅是公关部门的事情，它还是一个公司整体能力的一部分，无论是个人生活还是职业发展，它都是一个人应该具备的最基本的能力。

闻道PR：您是工科背景，请问是什么动机让您结缘公共关系的呢？我之前采访的很多嘉宾也不是公关背景，有些人可能因此生疑，即真的只能是学公关的才能做公关吗？有必要在高校设置专门的公关专业吗？您刚才提及，不论是什么专业背景，沟通交流这些公关素养都是必备的，这是否意味着公关只要作为一门通识课就足矣？

商容：对这个问题我属于没有发言权的。我刚才说了，我读大学时还没有公共关系学这个专业。我是误打误撞进入公关行业的，我喜欢写作，从小我也做过记者梦，觉得记者有一支笔可以去表达，可以去采访想采访的人，然后写他们的故事，是一件非常有意思的事情。后来我真的做了记者，又误打误撞进入伟达。

写作始终是我热爱的一种表达和记录的方式。当我成为专业的公共关系顾问之后，也经常感觉到自己不是科班出身，有理论和知识的欠缺。公共关系学是一门实践性很强的专业，既是科学又是艺术，公共关系工作并无一定之规，没有正确答案，没人能告诉你什么是最正确的做法。所以我说，公共关系工作让我们有机会在过往工作过的企业和品牌上，打上个人的"烙印"，这是一个互相影响的过程。

我在初入公关行业的时候特别希望能够学一些科班出身的东西，那时候就去看格鲁尼格教授的书，了解公共关系学的专业理论。它是一门学问，虽然在实践中学习是重要的，但专业理论对实践的指导更是不可或缺，不能仅仅依靠经验和直觉，要知其然，还要知其所以然。

也许公共关系学应该开成一门通识教育课。我在北京师范大学连续超过10年讲授校友课程，跟同学们分享过来人的经验。

我主要讲了数字时代的品牌传播，如何增加个人品牌的辨识度，让你在茫茫人海中被"看见"；如何成为被需要的人；与人沟通，要注意哪些点；怎么能够被别人理解，这些其实是很大的学问。有一个全球性的公益组织叫作会议主持人（Toast Masters），就是训练表达能力的，你怎么能够在限定的时间里吸引到别人，"每个人都有属于自己的15分钟"，在属于你的时刻闪闪发光。

湛庐文化出版过一本书——《超级PR：如何为组织和个人赢得超人气》（*Where's My Fifteen Minutes:Get Your Company, Your Cause, or Yourself the Recognition You Deserve*），作者霍华德·布莱格曼（Howard Bragman）是Fifteen Minutes（15分钟）公关公司创始人。当然，沟通还包含更重要的前提，就是如何听懂别人，有效的沟通从倾听开始。这对一个人的发展其实是特别有意义的，因此，在大学里是不是应该有这样的通识教育课程，甚至更早些。

关于公共关系学是否应该作为一个专业继续存在，基于以上讨论，毋庸置疑，回答是肯定的。就未来从事的工作，跟大学学习的专业的相关性而言，其实很多人未必是学什么就做什么。爱因斯坦说："教育就是当一个人把在学校所学遗忘之后剩下的东西。"大学培养的是你的思维方式、处理问题的能力和学习能力。

从与时俱进的角度来看，今天数字化转型是第四次工业革命的核心。调查表明，现在正在读大学的同学，未来他们从事的工作有50%的职位现在还不存在，也就是说未来的职业会有巨大的变化，我们需要不断刷新知识能力结构。因此，终身学习就变得无比重要。微软CEO萨提亚希望我们的员工从无所不知到无所不学。教育赋予我们未来持续学习的能力，而不是靠今天所学管一辈子。

当初大学纷纷建立广告公关传播系，应该是看到了市场的需求。现在为什么撤系？难道说不再需要做传播的人了吗？数字时代，是人人传播的时代。传播无处不在，公关有如空气和水。相信不远的将来，每个人都会有一个自己的网页，拥有一张电子的名片，一个数字身份。

闻道PR：传播学和公共关系学虽然在学科属性上更为相近，但是在教育部学科归属上公共关系被归类为公共管理学科，国内的公共关系学专业有的在公共管理学院，有的又隶属于新闻传播学院或文学院。国外高校的公共关系学专业有的在商学院，有的在新闻传播学院或文学院。您怎么看待公共关系学的学科属性呢？

商容：Public Relations，其中的Public——公众，指向广泛的受众群体。从目标受众的维度来看，公共事务、新闻传播与公共关系多有交叉和重叠。在微软，我所在的部门叫作企业传播和公共事务部。

在这些年的实践中，我一直在思考：公共关系或企业传播到底应该放在组织结构的哪个部分？习近平总书记关于国际传播的讲话把传播工作的重要意义提升到一个前所未有的高度，使得我们今天的讨论极有意义。在新时代，我们对公共关系应该有一个顶层的设计、全面的思考。传播实践应该如何架构和分步骤实施？如何更好地沟通？如何跟世界对话？如何分享价值愿景、文化观念？这都是值得深入探讨的问题。

如果仅仅把公共关系当成一个工具性很强的职能部门、发稿工具，当成处理负面新闻的救火队，5分钟重要性，像自来水管，有事打开就能用，不用时关上，这些可能是不够成熟的定位。

公共关系应当是公司战略的一部分，它是员工关系的一部分，像水一样，无处不在。从微软的经验来看，企业的实践和传播必须以价值为主导、以使命为驱动。在此意义上，公共关系和传播聚焦的是软实力，是一些隐形的能力，无形又非常有趣且不断变化，是使命、愿景、文化和价值观。公共关系涉及每一个组织、每一个人，这是这门学问存在的意义。同时，公共关系促进建立人与人、人与自然、人与科技、人与精神、人与万事万物的连接，推动变革，意义非凡。

闻道PR： 在国内，不少公共关系学专业面临关停的危机，您认为公共关系教育应该如何应对呢？

商容： 我认为公共关系的教育要做好实践和学术之间的平衡。数字技术革命引发了社会经济的全面转型和演变。传播的渠道、方式、内容和形式都发生了巨大的变化，每一个人都有了话语权。

数字化转型为各行各业带来了生产效率的指数级提升。从数字孪生、用户画像、消费趋势大数据洞察到舆情响应，技术提供了新的可能。公共关系数字化转型，势在必行。

习近平总书记2021年的"加强和改进国际传播工作，展示真实、立体、全面的中国"的讲话，让从事公共关系、国际传播的人，备受激励。"讲好中国故事，传播好中国声音，展示真实、立体、全面的中国，是加强我国国际传播能力建设的重要任务。"叙事和讲故事的能力，成为数字时代人人必须具备的能力。

在微软，我们现在使用的是communications（传播），传播包含对内、对外的沟通。公共关系工作是一个连续的过程，而不仅是一个一个的活动。

闻道PR： 公共关系学和新闻传播学有很多课程比较相似，公共关系学更侧重于利益相关者之间的协调，新闻传播学院甚至公共管理学院的行政管理专业也专门开设了公共关系学和危机公关的课程。您认为，公共关系学的核心竞争力是什么呢？

商容： 如前所说，我认为公共关系与新闻传播有交叉的部分，但是公共关系涵盖范围较后者广泛，个人认为具有新闻传播不能替代的部分。公共关系部门在公司内部，跟运营部门、公司事务和法务部门等有着紧密的合作和联系。比如，作为上市公司，投资者关系就非常重要。在新闻传播里面这一点不一定能够得到非常深入的讲解。

作为跨国公司，我们在每个国家和地区的运营，都必须符合当地的法律法规，这就会涉及公关游说等。这些课程的设置，可能是其他系无法实现的。

公共关系人才需要跨界能力和跨学科的知识，需要有很多不同专业领域的知识，什么都需要懂一点，得懂一些金融知识，得懂一些人力资源知识，还得懂一些法律知识。国外很多大学在本科阶段的前两年学的是基础课，到第三年才决定专业方向。

闻道PR： 前面您也谈到了公关在愿景和实操之间的距离。国内的公关学界和业界之间的沟通可能还不够密切，道和术之间时常是对立的。有专家直言如果最终不能助力营销，那就不是真正意义上的好公关。您认为公关的道与术如何才能破除隔阂,实现如太极图一样的你中有我、我中有你呢?

商容: 这是一个好问题,也很难回答。不知道什么是道,什么是术?我认为公共关系首先要做正确的事,然后才是考虑传播的有效性。树立品牌不能靠炒作,空穴来风、造神式的公关,是不可持续的。

公共关系工作只是为企业赢得一时的名声,还是说能够真正对业务有所帮助呢?我们所做的是认知管理,以便创造更好的业务环境。什么是更好的业务环境呢?比如,有很好的企业文化,能够吸引顶尖的人才并留住他们,共同创造健康的生态。这样我们才能够在市场上拓展我们的业务,我相信这些东西都是环环相扣的,没有说是先有谁再有谁,它们唇齿相依。

公共关系工作并不是为了公关而公关,公共关系工作也应当是以达成业务目标为指引。公共关系团队与业务部门是互相依存的关系,好像一枚硬币的两面。

我在思科的时候,美国总部10号楼5层,跟CEO、CFO办公室在一起的就是投资者关系和公共关系部门。美国东西海岸有时差,思科公司前CEO约翰·钱伯斯(John Chambers)每天上班第一件事情就是去跟七点上班的投资者关系经理聊一聊早上股市开盘的情况,了解这一天的动态。

在考虑公共关系学科整体架构的时候,应尽可能地把不同的维度都容纳进来。国际关系毫无疑问是公共关系体系中非常重要的构成部分。人类命运共同体、可持续发展、ESG,都属于公共关系的范畴。这些宏大的主题,无疑需要专业赋能,引导大家去思考。学科的设置可以更科学地统合在大方向上,更多融合而不是条块划分。

闻道 PR: 您一直在外企从事公关工作,2020年开始负责中国国际公共关系协会的企业委员会的相关事宜。您认为中国的企业和外国的企业在公关理念以及公关实务方面有什么共性和差异?造成这种共性和差异的原因是什么?能否分享一个典型案例?

商容: 我的职场经历基本都在外企,而且无论是思科还是微软都是有很强的企业社会责任感的好公司。有一本书叫《公关第一,广告第二》,我觉得说的就是思科。

1998年,我是思科中国的第一任公关经理。伴随着互联网的迅速发展,思科的业务也如日中天。但是思科从来不做广告。直至2005年,公司进军消费者市场,更新企业标识,才在全球推出系列广告。

思科1984年成立于斯坦福,其主要产品是作为互联网基础设施的路由器、交换机,思科是搭建信息高速公路的管道工,以To B(Business)为核心,主要面向金融证券商、电信运营商以及各种规模的企业客户。每一封电子邮件都需要通过思科的路由器、交换机发送,思科的设备好像是互联网上的投递员。思科重视公关,设有思科基金会,却从来不花钱做广告。思科当年的气象就像今天的苹果,在第一轮互联网高峰时期,思科成为第一家市值超过5000亿美元的公司,因此而备受瞩目。约翰·钱伯斯也是个明星

CEO，是公司的代言人。媒体认为思科有潜力成为全球第一家股票市值突破1万亿美元的公司。

闻道PR： 您认为中国的公司与国外的公司比较，对于公关职能的看法有何差异？

商容： 我认为归根结底还是公关被放在组织里的什么位置，比如说我工作的两家公司都非常重视公关，这个职能部门直接向CEO汇报，这就是对公关这个职能的定位。

汇报给谁某种程度上决定了公司对这个岗位的期望，决定了这个岗位上的人能看到的东西，能听到什么，最终发挥怎样的作用。

企业对公关的定位，决定了公关能发挥什么样的作用。给你什么样的visibility（能见度），决定了你在哪里有机会发言。如果对公司的策略一无所知，要发挥策略性的作用，那肯定是不切实际的。因此，汇报线是很关键的。

闻道PR： 您刚才说思科做的是To B，它还特别重视PR（公共关系），那它的PR主要是侧重什么呢？

商容： 客户沟通。因为思科是个技术公司，面向两类重点人群：一类是商业决策者BDM，还有一类是技术决策者TDM。思科针对这两类具体的人群订购了两本杂志，一本叫*Packet*，还有一本叫*IQ*。

传统企业向互联网转型，可以通过思科提供的在线工具测一测公司"网商"，也就是网络就绪的指数。思科当年做了许多开创性的尝试，成为经典，很有意思。1999年，思科的全球首席技术官出版了一本书叫作《网络就绪》，被奉为传统企业向互联网企业转型的"圣经"。当年的互联网经济是颠覆性的，今天数字化转型也是颠覆性的。

负责任、有担当的大公司通过公共关系传达、分享的最有价值的东西，是前瞻性理念、对未来趋势和方向的洞察。微软特别强调digital transformation（数字化转型）和digital skills（数字技能）。各行各业，包括政府、企业，以及所有人都要进行数字化转型，提升数字技能。

随着社会的进步，技术的刷新速度非常快。对于已经在职场的人，很多的知识体系面临着被淘汰，需要学习新的技能来更新自己的知识体系；对于即将进入职场的人，现在所学的东西很多在未来会被迭代。之前说了，未来的工作岗位，50%以上今天还不存在，不断学习的能力比学会了什么更重要。

正如微软CEO萨提亚·纳德拉（Satya Nadella）所说，"我们这个行业不尊崇传统，崇尚创新。世界在不断变化，不断地迭代和更新。我们是追赶者"。萨提亚上任以后天天给大家敲警钟。微软创始人比尔·盖茨（Bill Gates）以前也一直说我们离破产永远只有18个月，萨提亚说："如果你一天不在学习，你就开始做错误的事情。"微软的转型能够赶上新一轮发展趋势，不仅要在技术上做正确的判断，更重要的是要完成文化的转型。

文化体现了员工的行为方式，体现了他们的思维方式。思维方式决定了行为方式。成长性思维表现在组织里，就是灵活的、求新求变的能力，能够不断成长，与时俱进。我在微软工作了 15 年，能够切身感受到微软的这种变化。文化是企业软实力的内核。

说到大学公共关系学专业，从教学内容、学制的设置、院系安排，都面临着一些新的挑战，这或许是一个很好的契机，让我们有机会在变化的教育方向和目标框架里，找到一个更加准确的定位，我觉得也是一个去丰富新的内容，探索如何跟当下的东西结合得更好的很好的机会。

比如信息安全、隐私的保护。过去在平面媒体时代，我们有公共关系从业者的规范和操守，到了数字化时代，也需要有一系列相关的规范，以及跟这个数字时代相匹配的公共关系准则。

最近很多人在谈元宇宙（metaverse）、数字孪生（digital twins）。我觉得数字孪生的概念放到公共关系专业里面美妙无比，在数字的时空里，那个虚拟的你比现实的你更早知道下一步要做什么。现实的世界和物理的世界如何共生呼应，最后形成一个多维的你，未来这对组织、对个人的挑战都是巨大的。

闻道 PR： 数字孪生的概念非常前沿，您能再详细阐述一下吗？

商容： 数字孪生是未来数十年的大趋势。以人为中心的计算范式的变革，使线上线下的区别成为历史。"此后的人类再无在线/离线的概念。"这句话出自威廉姆·吉布森（William Gibson），他是 1948 年出生于美国的科幻小说大师。1984 年，他在有关网络时空和虚拟现实的科幻小说中首次创造了赛博空间（cyberspace）一词。

人们相信，在过去近 40 年里，威廉姆·吉布森对未来世界的想象和勾勒最接近今天的现实。他仿佛是数字时代的"先知"。2019 年 2 月，威廉姆·吉布森在接受英国《金融时报》的采访时表示，物理世界和数字时空的融合超乎想象，它们的界限和差异模糊，并没有像他 30 年前作品中描绘的那样在平行宇宙中发展。我们可能成为最后一代还会意识到在线/离线区别的人。

人们在数字时空里的踪迹，那个带着强烈个人属性的"数字孪生"体，虽然无形，在虚拟的世界，却已经与物理世界的你融合，并形成了可以感知的混合体。

微软很多年前推出过虚拟替身 Avatar 的概念，今天我不能到现场，但是我可以送一个我的虚拟替身到现场。这样一个有点科幻色彩的愿景，今天已经变成了现实。

最近元宇宙的概念很火，它将虚拟世界游戏化，栩栩如生，但又不受物理世界时空的限制，比如人可以用自己的虚拟替身（Avatar）在不同的虚拟或真实场景中和朋友或者他们的虚拟替身交流。

虚拟的世界更逼真，现实的世界更魔幻。萨提亚认为微软以 Azure 云平台为核心的产品就是一个元宇宙，"随着虚拟世界与物理世界的融合，由数字孪生、模拟环境和混合现实组成的元宇宙正在成为一流的平台。使用元宇宙，整个世界都将成为您的画布"。

我向您推荐微软的《计算未来》《工具，还是武器？》《刷新：重新发现商业与未来》

三本书，以及比尔·盖茨的新书《气候经济与人类未来》。

闻道 PR： 如您所言，微软现在也很注重前瞻性，这种宏大和新颖的概念的提出，对于微软的业务或者说与公众之间的关系有什么直接的联系吗？微软是否希望成为企业文化的领导者，就像特斯拉的马斯克对于公众来说可能是新思潮的领导者，而不仅仅是企业文化内部的领导者？

商容： 对，我认为是这样的。好的企业和好的企业家都有一种超越公司的理念，具有对行业乃至整个社会的责任和影响力，是真正的意见领袖。

我认为思科和微软最值得赞赏的就是它们的责任感和开放性，比尔·盖茨 1975 年成立微软公司时，他的愿景是希望每一个家庭、每一个桌面上都有一台个人电脑，他希望信息就在指尖触碰电脑时自由流淌。到萨提亚 2014 年接任 CEO 的时候，数字鸿沟演变为数据鸿沟。比尔·盖茨在即将退休之际和之后的史蒂夫·鲍尔默（Steve Ballmer），以及继任者萨提亚都有一个共识，他们希望计算机技术能够延展惠及下一个 50 亿人口。

萨提亚当时提出几个问题，微软为什么而存在？人类失去微软会怎么样？微软的存在对谁有价值？在这些追问下，微软做了一个全球员工集体参与的价值观对话，我之前给您发的文章中提到过。

闻道 PR： 我正好想问您关于价值观对话的问题。

商容： 价值观对话是人人都参与的一个大讨论，每个人至少要三个小时，去重新界定微软的价值观、文化、愿景、使命，重新找到微软的"灵魂"。科技助力全球每一个组织，每一个人成就不凡。微软是赋能各行各业每个组织和每个人的，帮你取得更多成就。

一个大型组织转型时需要寻找新的使命、愿景，包括新的定义、新的DNA、新的价值观，然后是与之相匹配的企业文化和员工的价值观，还需要培养一批与之能力相匹配的管理人员，微软现在对管理者的培养也非常重视，我们的领导力原则也在同步刷新。萨提亚上任之后第一次访问中国，在清华演讲，他就强调，开放是微软存在于长久未来的唯一途径。

闻道 PR： 您在微软主要负责的政府公共事务，是属于政府公共关系领域吗？

商容： 是的，政府事务或者说与政府打交道。举个例子，我们研发集团的主席会应邀参加习近平总书记的企业家对话会。而微软也是北京市市长顾问单位、陕西省省长顾问单位、重庆市国际经济顾问单位。我们作为顾问单位，需要参加各地的政府顾问会并提出建议。

闻道 PR： 在国外，公关人员可以代表企业游说政府出台对企业更有利的政策，那么在国内，也存在类似的现象吗？

商容： 微软有个统领对外事务和法务的部门，CELA（Corporate External Legal Affairs）部门就是我们公司对外的法律事务部，其中许多人有着律师背景。

对于公共事务部，我们跟这个部门也有特别多的合作，并且我们有专门的 CELA 部门服务于我们研发团队，因此，我们在亚太区有一个虚拟的团队，我们每两个星期会举办一次有关政府事务或者公共事务的联动会议。我们有很多的协同。

闻道 PR：例如在美国，公关公司代表甲方需求游说政府出台更有利政策的行为已经常态化运作多年，中国在这方面有很大的差异吗？

商容：这个沟通也不只是游说，合规是很重要的。我们需要精确地理解政府的相关政策，确保我们在当地的运营符合国家的规范。其中涉及如何通过游说去影响政府的相关政策，让政府为我们提供适合业务运营的政策支持。这一过程是公开透明的。比如说，中国曾经对外资有一些免税的政策。也就是说，不同的发展阶段会有不同的政策，有一段时间可能会给优惠，到了新的阶段会适用"公民待遇"，取消一切对外国公司的优惠。

此外，不同地区也会有不同的政策，比如说我们在苏州开新的园区，可以享受一定的人才税收优惠政策。又比如说像微软这样体量的公司，每年新入职员工的户口问题，吸引国外高端人才需要更具吸引力的税收优惠政策等问题，都需要我们跟相关政府部门进行充分的沟通。

闻道 PR：您觉得公关部门是否在促进企业文化的形成、发展中发挥了重要作用呢？还是认为 CEO 的个人风格决定企业文化的走向呢？

商容：企业文化的塑造是一个系统工程。其中企业领袖对企业文化的作用当然特别关键，但是这肯定不是一个人能够完成的任务，需要支持团队跨部门协同，尤其需要人力资源部门的引领。比如微软的首席人力资源官也是首席文化官。

2016 年，我在美国总部出差，发现办公楼、餐厅等好多地方，包括电梯的门上都贴上了一些企业文化的宣传招贴，其中有一组是繁体字的"聽"，然后旁边配有英文的解释。公司倡导倾听的文化。其实这个"听"对我们做传播工作的人也很重要。你首先要会听，然后才能有效地表达。你如果不知道客户想要什么，没有听客户的意见就开始说，很有可能你没有领会他人的意图。真正好的沟通是从倾听开始的。微软企业文化的转变始于倾听，听客户的，听员工的，听合作伙伴的。公司的文化和价值观需要转化为员工的行为，成为一种共性，像 DNA 一样可以复制传承。

闻道 PR：中国国内一些地方 office 盗版软件泛滥，微软面对这种特殊生态，如何与公众或政府展开有效沟通以改变这样的现状？还是睁一只眼闭一只眼任其存在呢？

商容：知识产权保护一直是 IT 行业的重要议题。我们也欣慰地看到很多渐进式的改变和成果。通常人们相对来说更愿意为有形资产付费，对于无形资产可能倾向于少付费，甚至习惯了免费。人们对无形资产的价值认可也在逐渐改变中。例如，以前的软件是被复制在光盘里，现在都是订阅制，从云上下载，不需要光盘了。

大家的观念正在改变。这是一个过程，但一定是越来越好的发展过程。

闻道 PR：我看到您是中传 MBA 课程的导师之一，受限于 MBA 的固定模块，您只能插入少量的品牌公关的内容。这些课程较少以公关命名，基本上都是管理学、商学或传播学方面名字。与此同时，污名化等原因，国内公关学界自身都很难用"公共关系"之名在高级别的刊物上发表文章或申报高级别的课题，包括您说微软的公共关系部门从PR改成了Communications，是不是"公关"这个名称已经无法适应当下的发展，一定要被传播学或者管理学、商学这些概念所取代呢？

商容： 我认为传播这个词更具有动态性，更具有实践的意义。而公共关系感觉更像是一个名词，表述一种状态。

公共关系作为一个学术上的概念，它需要专业的解读和诠释。因为过去很多人都把公共关系理解为媒体关系。企业里的许多人都认为公共关系就是搞定记者、搞定媒体。我认为这种想法过于狭隘了。

对于公共关系，不同学派有着不同的解读，例如博雅公关认为公共关系是认知管理（perception management），而国家形象、企业声誉都属于认知管理。

同样一张图，有人看到的是美女，有人看到的是女巫。其实这就是为什么需要做认知管理的最佳例证。认知管理，就是让投射在其他人眼里的你的形象与真实的你最为接近。比如我们这个访谈之后，您会对微软有与以往不一样的认知。

闻道PR： 全球已然进入了危机常态化的时代，请问微软是否有专门的危机管理部门呢？还是公关部门兼管吗？

商容： 我们没有专门的危机管理部门，但是我们有一个应急响应机制和跨部门的团队，包括公共关系、安全、对外关系、法务等部门协调联动，做出及时响应。

闻道PR： 您认为公共关系课程应该在本科开设，还是硕博士阶段开设？如果在中国要形成完整的公关本硕博体系，您认为在三个阶段应该分别开设哪些课程？三个不同的教育阶段应侧重于培养学生的哪些能力呢？

商容： 我觉得这个体系的建立，有两个方面内容，一方面是实际需求与实践的结合，另一方面是学科的理论建设。

未来的世界是很多元的，也是快速变化的，它是需要有很多通识的。你需要有广泛的知识、广泛的阅读。即便如此，你仍然未必能够适应未来的变化，你还需要去不断学习，而不是一劳永逸。

未来的世界是在不断演进的，因此，我认为每一个学科都需要持续地建设，要引进一些新的东西。还有一个可以供您参考的，就是说我们同样谈到实践性很强的一些专业，比如说，微软的很多员工来自加拿大的滑铁卢大学，这所学校要求学生本科阶段要完成2—4个学期的企业实习。在公共关系系里，学生应当多参与实践实习，可以考虑成立学生实习基地。

我觉得自己特别幸运，从1996年进入伟达公司开始，微软、思科都是我的客户。兜兜转转，在思科工作了8年之后，我又回来给微软工作，并经历了微软三代CEO，参与见证了微软转型的过程。

无论时代如何改变，传播实践始终都需要有远见、洞察、思考、判断、行动、秩序、底线。在更开放、包容、多元、技术改变未来的数字孪生时代，公共关系从业者，任重道远。

文字整理校对 | 钟玉 钟曦辉 郑子涵

扫描与透视：理解公共关系

杨伯宁：
公关人要言之有物、以内容为王

专家简介

图1　杨伯宁照片

杨伯宁（Yang Bo-ning）为爱德曼公关（中国）公司原执行副总裁，在企业品牌传播、公共事务、企业高管形象管理与传播、市场与产品传播及危机传播管理等方面有着超过30年的经验。他曾供职于摩托罗拉、NBA（美国职业篮球联赛）和SAP（思爱普）等公司，在B2B、B2C不同领域都有着丰富的经验。

在过去30多年中，他在通过不同传播渠道、平台和手段，塑造和维护企业品牌形象、传播企业故事和管理企业领导人公共形象等方面有着大量的实战经验；特别是在帮助跨国公司结合中国实际情况开展品牌传播方面积累了许多有借鉴意义的案例；在过去几年里，随着中国企业"走出去"开拓国际市场，他协助中国企业通过多种渠道在海外进行品牌传播，比如，利用在目的国开展与当地实际需要紧密结合的企业社会责任项目，树立中资企业的形象。

摘要：在做传播时，公关人员需要掌握方方面面的知识，大到国家方针政策、媒介传播节奏，小到企业文化、产品、员工等，如此方可真正做到言之有物、以内容为王。即使是在数字化传播的今天，无论传播形式与渠道怎么变化，仍要有言之有物、适当的、切合国情的、与利益相关方匹配的内容。

访谈正文

闻道PR：您在企业品牌传播、公共事务、企业高管形象管理与传播、市场与产品传播及危机传播管理等方面有着超过30年的经验，您认为这些领域最显著的相似点和不同点是什么？能否请您分别分享一个典型案例呢？

杨伯宁：对于不同的行业和不同的公司，从传播的角度来说，我认为首先要有正确的信息和内容。无论是 B2B、B2C，还是塑造企业形象或者领导人形象，抑或产品，一定要言之有物，即在传播时，公关人员一定要足够了解其代表的企业，包括企业的文化、价值观、战略、具体的运营细节、产品的性能以及员工的情况等方面，还要了解企业所在的行业，从而能够把企业的内容与行业，有时还要与国家的大政方针相结合。

总而言之，一定要言之有物，即内容为王，我认为这种说法永不过时。

闻道 PR：您能举一些具体的例子吗？

杨伯宁：例如以前的朗讯贝尔实验室，它作为全球企业中顶级的研发机构，有很多事例可供参考。它的研发不是象牙塔里的研发，而是以市场为导向的研发。另外，在研发的过程中，它是如何管理研发质量，从而得到优质的研发结果的。这都是我们需要参考的。

传播一定要围绕着内容，内容如何与对外沟通相结合，以及工业（企业）研究机构如何做到产学研的有机结合，这对于 20 年前的中国都有很大的参考价值，因此，当时我们的传播就围绕着这些内容。我们还提到，企业研发中知识产权的保护等，当时对中国的企业和政府都有启发。

闻道 PR：关于公共事务和企业高管形象管理，您又有什么看法呢？

杨伯宁：公共事务，有些企业也会将它称为政府关系。若称为政府关系，那么与公共事务相比，它更注重与政府沟通。作为一个企业，它需要给自己营造一个有利的政策环境。在平时，政府制定政策时，企业应主动与政府沟通，把一些需求、想法、建议甚至是批评告知政府；而当企业出现问题时，也要使政府知晓企业出现的问题以及它的解决和改进措施。

而公共事务工作面对的对象除了政府，还包括社区及其他利益相关方，如 NGO（非政府组织）等。企业的利益相关方不仅有政府，还包括其所在的城市居民。例如，企业要传达"我在生产中不会扰民，我已经做到了环保"等信息时，不仅要与政府沟通，还要与当地居民沟通。而在与居民沟通时，有时需要借助当地媒体的力量。

闻道 PR：如今国内公共关系教育面临不断萎缩的困境，但公关业界发展得很好。您能否就公共事务中我们如何与利益相关方沟通谈谈经验呢？

杨伯宁：公关教育萎缩很令人心痛，首先，我认为公关恰恰应该在综合性院校里开设课程，因为公关是一个注重实际操作的学科，且公关从业人员的背景也很多元。

其次，我认为在进行学科建设时，需要扭转教育部对于公关这类应用型学科的指标制定，它完全不应该与量子通信之类的国家级学科适用相同的评判指标。

最后，我认为还需要让国家认识到公关的所作所为对于讲好中国故事的必要性。公关人可以在幕后设计、组织、实施，调动各方面的力量来帮助讲好中国故事。

教育行政部门在设计专业时，也要与业界多交流，无论是甲方还是乙方。关于国家形象，一个国家的企业在国家形象塑造中有很大的作用，应承担一定的责任。

例如，我们对德国的认知即来源于它的产品，从指甲刀到磁悬浮，再如它的博世、西门子等知名电器都影响了我们对德国的认知；我们对日本的印象同样受到了电饭煲、马桶圈、电视、相机等产品的影响。包括之前提到的朗讯贝尔实验室，产生了十几位诺贝尔奖获得者，诞生了像晶体管、C++语言等创造发明，这都从一些方面折射出它身后的国家形象。

因此，中国企业应该对中国国际形象的塑造起到更加积极的作用，而目前它们做得并不够好，因为多种原因，如缺乏意识、缺乏勇气、缺乏方法等。

闻道 PR： 有往期专家曾表示，国内人气很高的华为可能由于其与中国政府的强关联度，导致有些美国人对其印象欠佳；相反，他们并不了解 TikTok［抖音（海外版）］源于一个中国公司，TikTok 大受欢迎。对于这种悖论，我们应如何看待呢？

杨伯宁： 这里面的原因有多种并且很复杂。地缘政治一定会影响到商业关系。但我认为，华为虽然带有移动通信网络的行业敏感性，但它与国外的沟通还是存在一些问题，它与国内、国外的沟通并没有保持一致，这导致华为的部分宣传并不能使外国人理解，无法培养起他们对华为的信任。在我看来，华为并没有将对自身的传播放在全球化的传播语境里。

在不同的市场、不同的国家传播同样的信息时，企业需要对信息进行本土化调整，使用当地能够接受的方式、语言进行表达，而非千篇一律。我认为想要真正改变中国企业的国际形象，同样需要国家政府的高屋建瓴。例如，多个政府部门联合组织出海企业进行协商，收集各个企业的闪光点，使之汇聚在一起，从而更好地塑造中国企业的国际形象。

闻道 PR： 您是怎样对企业高管进行形象包装的呢？

杨伯宁： 我国的企业高管，特别是国企高管，并不能塑造成像马斯克一样个人风格很强的形象。

首先，我的经验主要来源于帮助外国公司的高管树立在中国的形象这类实践。其次，每位高管都有个性，我们需要和他们一同塑造形象。

我们需要了解企业的传播目标，它所面临的传播挑战与品牌挑战，以及高管的个人性格、意愿、能力等。企业高管并不一定是指最高层管理人员，也可能是企业中的技术型专家，他们大多是各自领域的负责人，因而对于高管形象的塑造需要因人而异或因公司而异。我们需要顺势而为，即根据企业所在的行业，结合当时的政治、经济环境，选择合适的媒体平台进行内容的挖掘与传播。

闻道 PR： 您能再分享一些 SAP 公司和 NBA 的典型案例吗？

杨伯宁： NBA 的公关传播包括两部分：第一个部分是对 NBA 自身的传播；第二个部分是协助合作伙伴的市场传播，这部分很偏向 B2C 模式。

公关人员在 NBA 的作用主要是通过 NBA 的知识产权组成部分，比如比赛、球员、活动、媒体（转播）等，来帮助合作伙伴传播信息。例如，NBA 曾与青岛啤酒合作在 CCTV-5 进行啦啦队海选；它也曾派出明星球员到与其合作的汽车工厂，通过球员与员工的互动，促进员工内部的沟通。

作为一家企业，之前，NBA 每年到中国赛季都会利用各种资源帮助合作伙伴、合作城市推广它们的品牌。例如，深圳为打造开放、有活力、国际化的城市形象引进了一些高端的国外赛事。在深圳承办 NBA 赛事时，NBA 会与深圳市合作举办一些活动，借比赛开票等媒体活动，更好地宣传篮球运动，宣传深圳的城市形象等，同时配合国家的相关政策。

SAP 公司则完全采用 B2B 模式，这种企业更关注有针对性的具体服务，而非大众传播。SAP 公司可以通过其产品和解决方案满足不同行业的数字化转型需求，例如研讨会、巡展以及行业专家发表署名文章、自身的社交媒体、线上线下结合等。它的服务更偏向封闭式的、私域性的传播，公司的公关人员需要与市场、销售、研发等多个部门紧密协调，保证内容的准确性与及时性。有时还需要与客户交流，总结客户使用 SAP 产品的成功案例等。

闻道 PR：您能否再阐述一下 B2B 与 B2C 两种公关传播类型的相似点和不同点？

杨伯宁：B2C 面向不同的消费者宣传，并可以通过这些消费者进行二次、三次传播，让信息传到更多的消费者中去。例如，B2C 模式里经常会设置品牌大使或代言人，利用这些在广泛受众中有影响力的人物帮助企业（产品）进行公关传播工作。而 B2B 模式的传播对象则更精准，链条更长，要结合 B2B 业务的营销决策流程全过程，针对这个过程中每个节点的关键利益相关方传播，并非面向大众传播。B2B 模式的传播是定位流程中关键的人、节点、时间、渠道进行精准传播，而非像 B2C 一样具有广泛性。

闻道 PR：近些年来企业与国家都在强调拟人化品牌传播，即将企业或国家的价值观注入具象化的形态当中。您是如何看待这个现象的呢？

杨伯宁：我认为拟人化需要有情感、有具象、有温度、有细节地讲述故事，应该利用人具有温度、感情、具象等特点传播原本可能是大而抽象的内容。

闻道 PR：在过去近 30 年中，您通过不同传播渠道、平台和方式塑造和维护企业品牌形象，在传播企业故事和管理企业领导人公共形象等方面也有着大量的实践经验。您认为这三者之间的塑造和维护有什么逻辑可循吗？您认为抽象的组织与具体的企业领袖以及编织的企业故事之间最理想的关系是什么样的呢？

杨伯宁：肯定是系统和协调的，然后要有不同的排列组合。比如说在 B2B 的公司里面，我们通过客户的成功案例去讲述我们的价值，去讲述我们真正给客户带来了什么。

而对于企业高管，他可以通过不同的方式，如公开演讲、刊发署名文章和自媒体传播等。他在一个公共演讲的平台上发言，比如，一位企业高管作为一个城市的顾问，他发言的内容就要结合企业的实际，以及我们真正对这个城市的一些观察，当然也要结合我们的行业。

再比如说两会，中央的一些重要会议的前后，媒体会找各种行业的人发表意见，那么我们就经常能够利用这种机会来发表我们的意见。此时，我们讲的东西就是要和国家政策结合得更紧密。作为企业的高管，在这种时候露面，其实他本身就是代表企业，当然我们也会在就国家的大政方针发表一些意见的时候，尽可能地结合我们自身的情况。作为传播人员来讲，我们要关注很多事情，要了解国家的大政方针，要了解媒体的传播节奏和内容安排，我们还要知道企业自己的内容。所有这些东西都需要协调和配合。

闻道PR： 面对企业领导的更迭，您认为应该如何进行形象的管理呢？譬如，乔布斯去世以后，人们普遍认为苹果失去了精神领袖，再也回不到巅峰时刻。这种企业领导人等同于企业的双刃剑，您认为应当如何妥善处理其继任者可能遇到的舆情危机呢？企业领导人的公共形象，您认为"无个性"的理智风格相对比较好（例如比尔·盖茨）还是"有个性"的艺术家范（例如乔布斯）更好呢？如何为企业家量身打造属于他个人的形象呢？

杨伯宁： 这个对企业的传播当然是一个挑战，因此就要有相应的变化。一定要根据新的企业领导人的特点，以及企业不同的发展阶段重新设计其形象，绝对不能照搬。这要求我们既要有适应，也要有转变。首先这个适应是必需的，而且不仅仅是面对消费者，它的商业合作伙伴以及其他利益相关方也要考虑进来。

在企业发生重大变革的时候，一定要和利益相关方沟通，而且要有轻重缓急，要针对他们不同的担心、希望、疑惑进行有针对性的、深入的沟通，而不是通过发几篇文章。企业家的第一身份还是企业管理者，他的形象传播一定要紧扣这个身份。

闻道PR： 企业领导人等同于企业形象的这种现象，比如提到董明珠大家就想到格力，提到马云就想到阿里巴巴，这种近乎直接等同于的现象，我们都说这是双刃剑，它有好的一面，也有不好的一面。如果您个人有选择的话，您是希望选择明星企业家，还是说希望选择一个相对来说没有那么强的个性，更加容易塑造形象的企业家呢？

杨伯宁： 我碰到的大部分还是这种职业经理人的形象，相对来讲可能容易一些，我也没有机会去接触马云之类的人，我可能也不太了解他们，我还没能有幸服务于这种类型的公司。我工作的外企有着成熟的流程，我的工作需要按照流程开展，它们都是找的职业经理人，当然每一任会有一定的差别。一个企业的形象与其领导人强关联其实确是双刃剑。

闻道PR： 跨国公司如何实现本地化和国际化相结合的公共关系传播一直是个难题。您在帮助跨国公司结合中国实际开展品牌传播方面积累了许多有借鉴意义的案例，可否与我们分享一个典型案例呢？

杨伯宁： 这其实是一个永恒的话题，大家可能认为这是一个很古老的话题，应该做得很好了，但在我看来还有很多欠缺的地方。中国企业想"走出去"的时候，是否做好了"走出去"的准备呢？是否有胆量和能力正确地"走出去"？"走出去"不是说有资本，有钱投资就算"走出去"了。无论是外资企业来中国还是中国企业"走出去"都有一个本地化的过程，其实它是方方面面的。我发现我们服务的一些公司，其实它们在中国也很多年了，但是它们在一些事件里面要求中国团队做的事情，我作为一个外人来看，其实和它们自己讲的本地化还是有很大区别的。因此，本地化这件事情要真正做好了非常难。

摩托罗拉应该是做得非常本地化的一家公司，比如说我在摩托罗拉的时候，我们有一个不成文的规定，就是但凡要发表与中国相关的内容，都要先问中国的分公司，而这件事现在我能看到的很多公司都做不到。而且我观察到的一些公司都是口头上唱的比做的好听得多。

闻道 PR：我了解到您有协助中国企业通过多种渠道在海外进行品牌传播的宝贵经历，能否分享一个树立中资企业形象的案例？品牌传播、政府关系以及企业社会责任之间应当如何承接呢？

杨伯宁：当时我们帮助一个在国外做太阳能的中国企业，在巴基斯坦设计社区关系活动。当时我们调查到，在巴基斯坦妇女就业能力教育是很大的一个缺口。当时考虑到这个企业自己的行业特点以及当地的需求，我们就建议它把电具象化。

我们帮助它联系国内的一个生产电动缝纫机的企业，在电动缝纫机上印上了这个缝纫机是由谁的电来驱动的，然后把这个缝纫机捐赠给当地的一个 NGO，让 NGO 到社区去组织妇女进行劳动技能培训。妇女的劳动技能提升以后，会促进就业问题的改善，对家庭的收入也会有影响。这样我们把它无形的产品——电力变成一个有形的、看得到、摸得着的缝纫机，同时解决了当地社区的就业问题，帮助当地妇女增强就业能力，实实在在地为当地解决了问题。

因此，一定要把企业的能力、优势和当地的社会问题结合在一起，用企业的优势、资源去解决社会问题，达到提升美誉度的目的。

闻道 PR：您如何看待中国政府的公共关系呢？

杨伯宁：我觉得中国有中国的特点。企业里面也需要有人大代表、政协委员，因为这是一个可以把企业诉求传递出去的渠道。而且政协委员和人大代表本身就要参政议政，这样他们也会是企业和政府相关部门沟通的一个桥梁。政府这些年越来越透明，越来越国际化，我们要让政府真正信服企业，愿意帮助企业，就要给政府提供真知灼见，提出切实的要求，而不是空谈。

关系能够帮我们敲开门，但是敲开门后能不能进去坐下来，这就是内容的问题，即企业对国家政策有什么要求？企业的要求在大环境下可行不可行？怎么能够让政府帮忙把企业的要求变成一个可行的政策？后面还要做很多细致性的工作。

闻道 PR：提高我国的国际传播能力是当前外宣工作的重中之重。您认为国家品牌传播（国内称之为国家形象）除了企业维度，还可以在哪些维度有所作为呢？公关在其中当如何发力呢？

杨伯宁：我有一个观点不知道您同意不同意，纯属是很皮毛的看法。您认为把李子柒当成中国外宣的一个渠道合适吗？原来我看了一些李子柒的视频，是像桃花源里面的那种生活。但问题是中国人民真的生活在这样的环境里面吗？

如果要把李子柒当成一个外宣的渠道或者典型的话，需要她有多面的生活，而不只是桃花源里的生活。我需要李子柒时不时地走出桃花源，去大都市里，她也要去买口红，她也要去买高跟鞋。中国有多少人过那种生活？本来国外对中国就不了解，这样反而给外国人强化了一个不完整的形象。

还有一点是，对不同的国家要讲的内容可能是不同的，比如到非洲，我们更多讲的是高科技，对吧？到美国则可能更多讲的是友善、智慧、开放。在不同的国家要有不同的重点，不同的重点就要用不同的形式、不同的渠道传播，而不是千篇一律的通稿。

闻道 PR：爱德曼是全球最大的独立公关公司，致力于在急剧变化和快速融合的世界中帮助客户建立和维护企业品牌形象。您认为爱德曼何以能在变局中保持行业地位呢？

杨伯宁：因为我们不是像那些集团，我们是独立的，这是第一。第二，我们是私人企业，不是那种上市企业，我们更多的是不受资本市场左右的，能够更专注。第三，我们有自己很强的方法论，就像我刚才讲的，我们已经做了 21 年信任度调查报告。而且在服务客户的同时，我们还会学习客户的优势，深入地了解客户，真正结成相互信任的一个伙伴关系，这样我们才能把专业知识嫁接在客户的需求上，才能产生价值。

闻道 PR：您刚才说爱德曼是最大的独立公关公司，您认为爱德曼和一般的集团最大的差异是什么呢？

杨伯宁：我们比较专注，就是专注于服务客户。我们有自己的方法论，结合针对不同行业的经验和能力服务科技、消费、金融等不同行业的客户。比如说我们也有调研的能力，给一些企业无论是做危机管理，还是做市场准入策略的时候，我们也要做很多调研，我们给客户提供这种调研和分析的同时，这些调研出来的信息对我们今后帮助企业发展它自己的传播战略也是非常有用的。

闻道 PR：关于公关、广告、营销，它们现在的边界不是那么清晰，那么您刚才说的还这么聚焦的话会不会和现在的形势有一点不太符合呢？

杨伯宁：现在公关、广告、市场的边界越来越模糊，现在都讲 IMC（整合营销传播），在中国的外企也讲，但是我觉得说是一方面，真正执行落实就是另一种情况了。这是一个，但是这也不妨碍我们要用 IMC 的思维。

比如说我们帮助一个客户的产品做推广，同时我们还要告诉客户，产品推广的同时也不能忽视产品总体形象的管理，包括危机管理、企业社会责任、可持续发展。消费者们越来越关注卖家卖出的这件衣服是不是有可持续发展的含义在里面，用的原材料是不是对环境有危害。

所有这些因素在购买决策里面的作用越来越大，因此，除了讲产品的性能以外，我们也要讲到在开发这个产品的时候，我们怎么履行了可持续发展的原则，找我们的原材料，找我们的供应商的时候，我们遵守了可持续发展的原则，等等。这些能够帮助企业建立这种更持久的信任度，而不是说我买一件衣服而已。

闻道 PR：是的，可以理解。就像爱德曼也一直坚持叫公关公司，不像其他公司可能就会改个传播、营销或咨询之类的名字。

杨伯宁：我们现在中文应该是叫爱德曼公关，其实叫公关也好，传播也好，整合营销也好，叫什么名字不重要，重要的是真正做什么。

其实在企业里面比较泾渭分明的是市场部和公关部。但是公关里面有的时候也有公司的形象公关和产品公关等，产品公关有时候又被划分在市场部里面，因此我觉得如果叫公关，它其实包括企业公关和市场公关，如果叫传播也有企业传播和市场传播。但是也有一些其他的职能，比如说事件管理、危机管理，它其实横跨所有，无论是企业的形象受到威胁，还是产品出现问题，都要有危机管理。因此叫什么都不重要，最重要的是这些内容都必须有，而且要在企业里面有一个合适的运作流程。

闻道 PR： 当前广告、营销、公关和新闻日趋融合，您认为四者的边界在哪里？公关的核心竞争力是什么？

杨伯宁： 我认为在学界，广告、市场、公关应该区分出来。前两者更是"推力"。我觉得以后广告、市场和公关可以作为一个大专业，但是在目前还是要各有侧重地区分开，可以叫一个大传播专业，但是具体在一个工作岗位里，可以有所专攻，但又有通识的背景，这样才利于真正"整合"。

我认为国家还是需要有不同专业的人，但是有些课必须都懂一点。比如，学广告的人也要懂公关，学公关的人也要学点广告知识。而且现在公关是一个很应用型的专业，公关人不一定出来只做公关，还可以去做销售，去做人力资源管理等。学公关、广告等的学生一定要懂企业运营、企业管理，这样才能在本职工作中了解到企业的实际需要，给企业带来真正的价值。

闻道 PR： 请您用简短的话概括公关人员的核心竞争力是什么？

杨伯宁： 第一，公关人员一定要知己知彼。知己知彼是指什么呢？是说作为企业的公关人员，要知道企业的内容，同时还要关注国家、行业、社区，因为公关不能只讲自己的话，要把公关的话和国家的方针政策、行业的发展趋势以及社区的发展需求结合在一起。

第二，做公关一定要有很强的表达能力。无论是口头的还是书面的，尤其是规范的表达能力，而不是现在写网络文章的这种碎片化的表达。

第三，要有丰富的方方面面的知识。大到国家"十四五"规划，小到化妆的先后顺序，真是需要"上知天文，下知地理"，或者说最起码要知道到哪儿去查这些信息。

所以总体而言，我觉得是这三点，第一是要内外结合，就是说企业公关人员的沟通需要结合内部的信息和外部的信息。第二是表达。第三是学习能力。

闻道 PR： 作为一名有 30 多年经验的资深"公关人"，请您谈谈您眼中的全球公共关系和中国公共关系在这 30 多年的发展脉络。面对广告、营销、公关在当下日益融合的趋势，您认为公关的含义发生了哪些转变？这些变与不变您认为是什么因素造成的呢？

杨伯宁： 学公关的人越来越多，公关越来越专业化，而且公关在企业里面的地位和作用被越来越多的企业所认知。但是还有很大的差距，因为很多企业在一开始并没有专门的公关人员，它可能是由什么人力资源或行政人员代理，但并不是专业的，因此它还是有很大的缺口或者说不足，这是一个因素。

另外一个因素，公关虽然有了发展，但是很多人还是不知道公关是干什么的，有些人对公关的理解还是存在很深的误会，甚至以为公关就是"拿钱替人消灾"、撤稿、行贿，等等。因此，公关行业本身还需要自己做很多公关，要让大家真正知道公关是做什么的，用大家可以理解的方式告诉大家公关是做什么的。

关于国际化，我们不能只停留在能看得懂外文，能拿外文说事的层面上，而是说能不能用对方听得懂的方式去讲述我们自己的故事。中国的很多外宣是完完全全站在我们自己的角度讲我们自己的话，而不是站在受众的角度讲他们想听的，以及用他们听得懂的方式去讲，这不仅仅是语言的问题，更是一个思维和逻辑的问题，当然，也有价值观的差异。我觉得现在中国要和世界更加平等地沟通。要用传播的思维。

闻道PR：您认为这些年公关的含义发生了一些转变吗？您前面其实已经说了，您认为公关在技术方面虽然有了很大的发展，但是关键还是在于内容。

杨伯宁：我不断强调内容，是因为以前只有纸媒，后来有了互联网，加电视、广播，然后现在有自媒体，有抖音、短视频，这都是技术平台给传播带来的变化。

但是我们在里面说什么很重要，我们在大屏幕上讲的内容和在小屏幕里诸如手机里或者短视频里讲的内容不可能一样。一篇新闻稿，发在网页上和发在微博上要一样吗？网站上的新闻稿可能是800字，而以前，在微博就只能140字，那么怎么让这140字把800字的新闻稿最关键、最核心的信息传达到位，这个是需要大家去考虑的。然后还有不要为技术而技术，不要说大家都做短视频，我们就跟风做短视频。

做传播的人，要对技术敏感，对内容敏感，对整个的信息获取敏感，而且做传播的人一定是要非常开放的，所谓的开放是说我们要广交朋友，什么事我们都得了解。

闻道PR：请您谈谈爱德曼对公共关系人才的具体能力要求和标准。

杨伯宁：对于学生而言，首先是要有兴趣或热情，我认为这很重要。其次要保持学习，其实刚才我也谈到了学习能力，一定要把自己的能力变成企业的核心能力之一，这样在企业里的位置才更加稳固。最后，我觉得很重要的是，对于年轻人来讲要善良和正直，年轻人可以不是顶尖聪明，但一定要善良、正直，因为善良、正直会让年轻人一生受用，而聪明可能只是一时受用。

闻道PR：您如何看待业界在高校公关人才培养中的作用呢？如何才能形成常态化的校企合作机制呢？

杨伯宁：业界对高校公关人才培养非常重视。其实我们和一些有关的高校也有合作，这种合作除了做一些联合的研发以外，我们的员工比如说我的同事还会定期到学校里面做讲座、开课。

闻道PR：尽管公关的本硕博培养体系在西方发达国家，尤其在美国非常盛行，但在国内，公关被视为实务性很强的应用型专业，985和双一流高校开设公关专业的少之又少，甚至有人认为应将公关变为职业教育，对此您怎么看？

杨伯宁： 我其实有一个想法，不知道在学校里面可行不可行，就是说当然要有学公关专业的，但是公关课要开放给全校。在公关专业之外，也要把这个公关课变成自选课。这样学历史的人也可以做公关，学电子的人也可以做公关。

而且我认为要能够打开校门，能更多地结合企业去授课。因为很多学公关的同学完完全全不懂企业管理，说到了公关公司，我们的同学可能不太理解为什么要这么做，只能很机械地去做，比如说客户让做什么，就很机械地去执行，而不清楚背后的很多内容。

可以开一门公关与企业运营、企业管理的通识课，就是要了解企业的运营，然后学生在知道企业运营的基础上，去了解其他的方方面面和更多细节，以帮助企业去做传播。

闻道 PR： 在现在，您觉得公关的挑战和机遇分别有哪些呢？

杨伯宁： 首先，我们发现存在信息爆炸情况，信息的真伪、准确程度等难以辨别。

其次，信息的获取人就是我们信息的消费者，真正有良好的信息获取习惯的人少之又少，这就要求我们作为传播信息的人，要更加努力地去传播真实的信息。

最后，要用各种形式让我们的信息在他们的脑海里多停留一会儿，还要让他们在各个节点上都能搜到我们的信息，比如说在一个购买决定的流程当中，我们的信息要占满他们的整个决策流程，当然在不同阶段，我们传播的信息应该是有所侧重的。

文字整理校对 | 袁锦娟 钟曦辉

米晓春：
公关应该是战略决策的参与者、制定者和持续调整者

专家简介

图1 米晓春照片

米晓春（Lindsey Mi），空中客车中国公司原企业资讯副总裁，中国文化管理协会品牌传播专业委员会副会长，公关界的传奇人物，拥有近40年的公关工作经验，曾在中国大饭店、通用汽车公司、戴尔公司等担任公关经理、总监等职务。2001年加入空中客车，负责空中客车在中国的企业资讯事务，20年来见证了空中客车在中国业务的迅猛发展和发生的重大事件，包括首架A380飞机下线、空中客车飞机中国总装线首架飞机交付、A350XWB飞机中国巡演等，创造了中国公关实践的许多范式，如建立健全企业新闻发言人制度等。

摘要：公关永远走在时代的最前沿，与时俱进，融会贯通！

访谈正文

闻道PR：近年全国高校开始专业裁撤，国内本就寥寥无几的公共关系专业面临沦为"冷门绝学"的境地。公关教育国外热，国内凉；公关业界发展势头迅猛，公关学界日趋式微，请问您是怎么看待此类反常现象的呢？

米晓春：中外社会体制不同，文化和传统不同，面对社会新现象解决问题的方法也不同。在我国，受中国文化和一些传统观念的影响，公共关系专业起步晚，社会认知程度较低，人们对公共关系一直没有正确的认识，甚至还有一些误解。

公共关系对应的英文是public relations，在现代企业管理制度中，我们现在所谈的公关两个字，其实已经演变成传播（communications），随着市场营销和企业形象管理方法的具体化，多维度地衍生出用品牌（branding）来代替传播（communications）的趋势。应

该说，品牌是基于公关发展起来的一个新理念、新认识，甚至一个企业形象或一个国家、一个地区形象的总体推广行为都可以被称为品牌战略。在过去的几十年间，绝大多数世界500强企业对品牌这个部门越来越重视，品牌部门已经成为企业战略决策的参与者，品牌战略成为企业整体战略的重要组成部分。

在空中客车公司，负责品牌事务的副总裁参与公司战略的制定工作，并及时建议调整公司战略。这个角色的职责首先是企业CEO的军师，英文的工作职责描述是advising或者counseling，要及时给最高决策者提出忠告和提醒，这个职责在企业决策中的作用和影响越来越大。

公关还被赋予了其他重要的特质。第一，战略思维，公关人员给公司提供战略上的咨询服务。第二，随时观察社会热点，这些热点对企业可能有重大影响。因此，企业平时要做好预案，从上到下、从里到外保持一致性和连续性。

企业公关必须是一个完整的体系，在现代企业管理体系中，我们面临着许多复杂多变的新挑战。我们生活在所谓的地球村，在企业内部，信息分享至关重要，我们经常讲One voice（一个声音）、One strategy（一个战略）、One team（一个团队），关键时刻，企业发声一定要做到事先深思熟虑、胸有成竹，事中突出重点、明确果断，事后收集反馈、及时总结。

当我看到身边一些不恰当、不正确的传播给企业造成危害时，我感到非常的遗憾。一些本来可以通过沟通就可以解决的问题却因为没有踏踏实实地去做而错失良机，致使问题不但没有解决，反而更加严重。

公关关系是一门应用性很强的学科，我觉得我国在这方面的探索和研究刚刚起步，建立我们自己的公关教学体系还有很多工作要做，尤其是要把中国特色的内容纳入学科建设，这是公关学界和业界共同协作的事情。我认为，公共关系专业不是要被撤、被裁，而是要更好地从学科规划和建设方面下功夫，加强师资培训，加强与国际同行的交流，与时俱进，跟上国际的步伐。

再一点可能也是正好回答你另外一个问题，对品牌和公关来说，交流起着重要作用。公关的精髓就是交流，我们一个专业开设那么多课，就是要掌握交流这个利器，掌握交流的渠道。理论课和实践课相辅相成，我觉得你们应该在实践方面与跨国公司和其他优秀企业的专业人员有更多的交流，更多地发掘这方面的资源，不仅是对学生，更重要的是对教师，这样的交流是非常值得做的。

跨国公司公关业务有一个很重要的方面就是企业内部交流工作。开展企业内部交流是公关部门的主要职责之一，尤其是特殊环境下的企业内部交流更是做好维系企业公共形象的一个前提条件。面对新形势新挑战，首先要把自己的队伍建设好，让每一位员工都和决策人有着同步的认识和理解，这样，企业的决策才可以得到员工乃至社会的支持与理解。

闻道 PR：有高管提及这几年传统公关业务是萎缩的，反而广告营销这块占比特别大，等于公关的窟窿必须得用广告营销来填补。那么您怎么看待关于大家承认公关的价值，但公关的业务却在不断萎缩这一现象呢？

米晓春：以我个人的工作经历看，在公司业务发展正常的情况下，公关业务支出是不会长期缩减的，有起伏很正常。另外一个值得注意的趋势是，很多传统上的活动，随着营销业务的发展，脱离了原有的形式，在数字化营销及其他新技术手段的介入下，公关活动发展成为营销业务的一部分，这也可能导致统计数据发生变化。

我接触到的很多跨国公司，公关部的名称是不一样的，有的叫 Branding Department（品牌部门），有的叫 Communication Department（传播部门），有的叫 Community Relations（员工关系）。名称不同，工作范围可能也有差异。但从公关学科的本质来讲，公关部门应该是战略决策的参与者、制定者和持续调整者。我有个理论，就是公关部门从来不是只做形象和品牌宣传，必须与企业销售部门协作，促进销售工作。一句话，不能促销的公关不是好公关，在空中客车公司公关部，有一个工作职能是产品技术推广和客户关系（Product technology promotion and customer relations）。公关本来就有一个职能是促销，这个岗位的作用是与客户一起来推广和宣传公司的新产品及其最新的创新技术。

闻道 PR：在文科融合的视野之下是否有必要把新闻、广告、公共关系等进行专业细分？还是说只要一个品牌的概念就够了？

米晓春：我建议在品牌学院的整体架构下进行细分。这些细分的专业各有自己的知识领域，有的相互交融，有的非专攻不可。对教学而言，我比较倾向于细分化的专业设置。例如，广告学与新闻学有着不可融合的独特性，当然也有很多领域有着共同的知识点。不论在学科设置上还是专业知识内涵方面，分门别类地细分化教学有助于学生深度掌握知识点和分析应用技能，一个笼统的包罗万象的概念显然是不利于教学的，更无益于实践需要。根据我在世界 500 强企业 40 年的从业经验，我建议在品牌学院下设立新闻专业、新媒体专业、项目管理专业、内部交流专业、广告专业、社会责任和可持续发展专业等。一些提高素质、扩展知识的通识课可以成为公共课。

闻道 PR：我特别欣赏您的建议，延伸到另外一个问题，即公关在国内的学科归属问题，教育部把它放到公共管理一级学科下。但正如您所述，公关是品牌建设的重要组成部分，涉及广告、营销、企业社会责任（CSR）等，国内的公共关系学专业有的被分在公共管理学院或管理学院，更多的则被放在新闻传播学院，也是因为这种学科归属的不确定性，我们经常处于尴尬的境地。

米晓春：公共关系学科是一个新兴的学科，而且公共关系内涵和外延丰富。当涉及社会属性方面时，它具有公共管理的特色，当涉及经济方面时，它又有着很明显的商业管理特点。对于学科设置和管理，我不太了解和熟悉，但我觉得，我们可以研究国外的同行是怎么做的，它们的学院专业是怎么设立的、课程是怎么安排的，我们可以从中借鉴有价值的东西，给相关决策部门和领导提供有说服力的建议。

再有就是，可以采访在国外学习公共关系专业的留学生，问一问他们学校的学科是怎么设立的，有什么建议和意见。另外，还要听取在跨国公司和国内优秀企业从事公关工作的专业人士的意见，再加上从事公共关系教学的老师和学生，集纳这些方面的意见和建议，有理论认识，有实践经验，这样的学科规划建议书一定会很有价值。

我认为，不论是设在新闻传播学院还是设在管理学院，公共关系专业都是在当前形势下必须大发展的专业学科。习近平总书记最近多次强调要加强国际传播能力建设，增强国家话语权，集中讲好中国故事。这是国家品牌建设的重大课题，也是公共关系专业建设的重大机遇。因为要做好这方面的工作，首先要有这方面充足的专业人才储备，从这个大局出发，更说明公共关系这个专业不仅不可以裁撤，还要大力发展。此刻想起了我曾经的CEO博龙（Barron）先生在宣布我被提升为副总裁时说过的几句话："Communication is all about common sense. She not only has that but also has the instinct of doing communications. What shall we do without communications！"（沟通就是讲求常识。她不仅具备这种能力，而且具有出色的沟通直觉。没有沟通，我们还能做些什么？）品牌交流工作其实就是实践你对共识的理解和对常识的应用。而良好的素质和修养是它的基础，这样才能把常识应用得当。另外，天赋当然重要，它可以使你在面对工作的各种情形和挑战时，机敏地做出反应，体现你的个性，赢得尊重和赞誉。

2010年，我在空中客车做到了在公关界的最高职务，当时我这个职务是空中客车全球500高官之一，亚洲唯一的女性副总裁。我退休的时候，公司向全国的媒体发了一封信，表扬我对公司的重大贡献，祝我退休生活快乐。同事、媒体朋友还有客户给我写了很多感人的评价和留言。我做了一辈子的公关，我用我的专业精神赢得了大家的尊重。每当提到我的团队，大家异口同声地评价 professional——专业！所以，说公关没有专业是站不住脚的。

另外，我的外国同事对我的评价还包括 creative——追求创新，从来不满足于现状。还有，energetic——工作充满了干劲，然后下面一个词是 passionate——有爱心。最后一个总结是 ambassador——拉近了欧洲总部与中国的关系。总部同事对我的评价表明了他们对公关界专业人员的肯定，对公共关系专业的肯定。

闻道 PR：不少高校的领导觉得公共关系实务性非常强且理论体系欠发达。关于公共关系是否更适合在大中专院校开设的问题，您怎么看？

米晓春：学科理论建构的高深和理论上的贡献不应该是评价学科专业性的唯一标准。我曾在《商业周刊》、香格里拉集团、通用汽车公司和戴尔公司工作过，最后在空中客车工作了20年，做的都是公关工作，积累了40年的职场经验。作为一个公关人，我深感自己的知识太匮乏，特别羡慕现在的年轻学子们，特别是学传播专业、学品牌专业的学生。他们可以学到很多的前沿知识，在开始从事公关工作之前，就有了丰富的理论知识储备和从公关案例中学到的经验。不论是国际传播，还是企业管理，政府和企业对高层次的公关专业人才的需要是长期的，公关专业的发展是刚性的、必需的。

但对于培养将来的品牌、专业方面的专才的话，我觉得还是要挖更深更广的东西。学校有责任去研究时代的需要和时代的要求，以便培养人才。不管社会发展到什么样的程度，人和人之间的交流是永远存在的，而我们做品牌工作的需要学什么？就是要学交流。传播是什么？传播就是交流，通过交流传播企业的关键信息，使之到达目标群体，让他们领会，让他们应用，让他们拥抱我们想要传达的东西。

很多企业不把本企业的公关部门叫公关（public relations），而是以交流和传播（communication）命名本企业的公关部门。在我看来，企业的公关是狭义的PR，是交流和传播的一个分支，除了公关，还有内部关系（internal relations）、客户关系（customer relations），也有员工关系（employee relations），而交流和传播则包括了对外传播、对内传播、对客户传播、对员工传播。在企业管理中，公关与交流和传播并不是可以相互替代的。而以上通通被归纳在品牌旗下。

闻道 PR：深为感佩！您不愧为享誉公关业界的传奇"打工女皇"！现在有这样一个趋势，强调本科属于通识教育，不强调专业性，那么公关专业是否只要内化为一种公共通识课，内化为一种公关的素养就可以，而不需要再强调它的专业性了呢？您怎么认为？

米晓春：我们处在全球化的时代，国内外形势的变化趋势带来的多元文化之间的冲突碰撞，给公共关系学科的建设和发展带来了新的挑战，这需要我们在公关学科的专业性方面进行深化，突出和加强各门课程的理论性和专业性。

通识教育强调的是素质教育，强调对学生实践能力的培养。前些天我在传媒大学讲课时讲过，作为一个公共关系、广告专业学生，首先你要扪心自问，自己想要做什么？兴趣是最大的动力，你要做广告。好，那就再问第二个问题，如果你将来成为一个广告人才，你生来性格上面欠缺什么？做广告非常需要创意，创意是广告的灵魂，是第一位的。有没有天赋？有的话，而且特别好的话，那可以在这个专业上发展得比较好，如果天赋不那么尽如人意，如何补偿？十分热爱广告，但没有天赋，那就熟能生巧，笨鸟先飞，学习积累，提高自己的专业素养，也可以厚积薄发，职业上的发展也是没有问题的。专业教育和通识教育是相辅相成的，没有通识教育的积累和培养，单纯提高专业性教育是不可能的。

闻道 PR：在国内，我们的一些地方政府新闻发言人时常表现糟糕，较为缺乏公关意识，提到危机公关，可能第一时间想到的是删帖或沉默，那么政府公关在国内到底有没有一个广阔的发展空间呢？

米晓春：我们不能贸然说政府缺乏公关意识，但是有些部门和有些部门负责人缺乏公关意识却是不争的事实。不管是美国还是中国，不管是什么体制，不管是国企，还是外企或者私企，企业与政府之间的沟通和联系是必不可少的，一定要有专业人才为企业做政府关系，任何制度之下都需要有人去做政府关系。不同社会体制下的政府关系是不一样的，在美国做政府关系工作是一个很好的例子，美国的文化传统有游说（lobby）的做法，说客为企业或者利益团体游说政府、游说议员。

这也从一个侧面说明，不论是企业还是政府部门，都迫切地需要接受公共关系教育培训，尤其是政府部门，面对复杂的外部环境和严峻挑战，不仅要及时应变，化解发展难题，还要花大力气提升本部门的公共形象，这也是高等院校公共关系教育义不容辞的职责和任务。

在这里，我想强调一下这个问题的另外一面。这就是，做企业公关的必须用心学习和研究政府关系。在职时，我早晨上班首先要看当天的媒体监测文件。我对媒体监测公司的要求是要做到三个监测内容：第一，政府的声音；第二，行业政策；第三，媒体对我们公司的评价，其中包括每天他们必须提醒我的、有红色警告的部分。所以说，如果不懂政治，公关就不能把握住对企业负责的政治正确这部分。公关的第一把手在企业里首先要为企业把住公关活动和传播内容的政治正确这个关，这是公关人最重要的责任。任何一个企业，不管是外企还是国企或私企，都要首先把住最关键的这一关，做到政治正确。而怎么才知道正确了呢？那就要不断地去学习和研究。你在一个体制下，你在一个国家的政府下，你在一个国家的民众当中，不论你以外企的形式存在，或者以私企的形式存在，甚至以国企的形式存在，都一定要深刻理解你所在国的政府和政策。

闻道 PR：我们一些政府官员似乎不习惯于接受相关的公关培训，不像美国从总统到议员，习惯于有专业的公关团队对他们进行对外形象的塑造包装。请问您怎么看待我国的政府公共关系呢？

米晓春：我以前的外国同事常跟我说，你应该为中国做公关，你应该去帮你们国家培训新闻发言人。我曾经在一次演讲时谈到建立中国的新闻发言人制度的问题，我指的是在中国的环境下，为企业或者是政府机构建立完善的新闻发言人制度。毋庸置疑，我国的新闻发言人制度现在做得有不理想的地方，但是比以前有很大的进步。

我不了解政府官员接受的公关行业对他们的相关培训，我觉得，小到仪容举止细节、大到方针路线表述，专业培训对于现代公共管理领域的政府官员来说，是必不可少的。而在这方面，高校公关专业教学有着很大的优势。比起大型国际公关公司，高校公关专业师资力量具有有力的话语权，能够以国际的视野，针对本国、本地特点量身定制培训方案，结合政府官员的具体需求，有的放矢地进行培训，既可以提升他们作为新闻发言人的形象表现，也可以在很大程度上改进政府部门的公共形象。随着改革开放的进一步深入，未来政府公关水平肯定会得到大幅提升。

对企业也是如此。在任何形式的企业中做公关工作，或者说是做品牌管理工作，首先要了解公司的战略、产品。了解以后，要有勇气说服 CEO，建立起发言人制度，选好各个部门和业务关口的发言人，开展有针对性的培训。作为企业的公关领导，不能只想着培训本企业的新闻发言人，还要"培训"新闻发言人的听众，也就是新闻记者，特别是那些专业跑口记者，让他们了解你的产品，了解你公司的文化。今天，航空记者都能背诵出我的观点："企业要和媒体联起手来培养跑口记者的专业性，不断帮助提高他们的技术水平。记者报道有误不仅是记者的责任还是企业的责任。"

文字整理校对 | 余师秀 林轩羽

李曦：
战略型公关能够为组织带来卓越价值

专家简介

图1 李曦照片

李曦（Gloria Li），佩奇协会（Page Society）中国市场高级顾问。佩奇协会是全球领先的高级公共关系、企业传播管理人员及学术精英们的专业组织，是专为全球首席传播官（CCO）打造的国际顶级会员组织，其会员来自20多个国家。

李曦曾担任京东集团（JD.COM）副总裁（2013—2019）和索尼（中国）有限公司（SONY CHINA）副总裁（2009—2012），为京东和索尼分别搭建了完整的公共关系体系。李曦在公共关系体系化运营、战略型公关、国际公关、公关创新、公关实战及危机管理等方面经验丰富。

李曦曾担任中国国际公共关系协会企业公关工作委员会主任两年。曾被授予首届中国十大新闻发言人（2009年）、中国传播年度人物（2013年）和中国十大品牌女性（2015年）。曾多次担任中国公共关系行业最佳案例大赛、全国大学生公共关系策划创业大赛、蒲公英奖、金旗奖等专业比赛和奖项的资深评委，目前还担任中国公关行业创新平台——苏秦会、17PR（创办公关行业"金旗奖"）的资深讲师。

李曦曾为京东集团组建了完整的国内、国际公共关系团队及运营体系，其管理的公关业务广泛覆盖了企业战略、投资并购、财报发布、媒体平台建设与管理、危机管理、企业社会责任沟通、新媒体运营，以及科技、快消、时尚、物流、零售等众多垂直产业的公关业务。她广泛拓展了国内、国际的媒体记者和意见领袖沟通网络，在欧美、日韩、东南亚等国际市场全面开展了本地公关沟通。她做的重大公关项目包括成功完成了赴美IPO和多个全民网购狂欢节大型公关"战役"，成功发起和开展了包括达沃斯论坛、CES消费电子大展等在内的多个国际顶级论坛和展会的大型公关传播项目；

> 在法国、美国、澳大利亚、英国、日本、韩国等多个国家成功开展了跨境电商业务的招商及公关活动。她策划出版的《创京东》一书成为经管类畅销书，为中国本土创业型企业成功打造了影响力，并有效提升了其在全球的知名度和美誉度。
>
> 李曦曾在索尼（中国）有限公司任职副总裁18年，其间不仅主导了所有企业战略层级公关项目，如多次全球CEO访华，多个索尼电子与影视、音乐的跨界大型品牌公关项目，还担负每年百余新品发布的公关沟通系列活动，以及索尼在华的员工沟通、媒体平台的搭建与管理和危机管理等公关工作，还曾全面负责索尼在华的品牌标识规范管理、品牌调研、公司官网、在华重点品牌项目"索尼探梦科技馆"等品牌管理相关业务，在知名国际品牌及跨国公司声誉管理方面，具备战略性思维、体系化管理、规范化运营的丰富经验。
>
> 2020年初，李曦出版了《职场有意思：从接线员到京东副总裁的职场精进法》一书，与年轻人分享其28年的职场进阶经验。

摘要：一个大型组织中的公关职能，应以战略性思维为依托，建立起包含诸多核心能力的专业管理体系，从而具备专业公关咨询与服务的能力。

访谈正文

闻道PR：您现任Page Society中国市场高级顾问，可否介绍一下这个组织的功能与愿景？您认为首席传播官应当如何在日益复杂的宏观环境下帮助企业成长为更好的企业公民呢？

李曦：Page Society是总部位于纽约的全球公共关系传播行业顶级会员组织，目标是联合全球最具影响力的传播者，推动"商业让世界更美好"这一使命。它的会员都是大型国际企业的首席传播官。

首席传播官需要做的是系统化的、专业的沟通管理。首席传播官需要有一个天线，随时随地敏感探测到最新信息。然后在舆情走势分析和对全球政治格局、市场经济格局深刻理解的基础上，做战略分析和决策，在此基础上构建企业沟通的原则、目标、策略、内容、渠道，之后是传播落地、追踪效果和持续提升。

今天，一个好企业不仅要服务好它的客户，还必须满足围绕在它周围的所有利益相关方的要求，做好与他们的沟通互动，做对全社会负责任的企业。做好与各利益相关方的沟通管理是企业非常重要的软实力。这是时代对企业和企业传播管理者的要求，更是首席传播官的重要职责。

闻道PR：您曾担任京东集团副总裁和索尼的副总裁，为京东和索尼分别搭建了完整的公共关系体系。一个是中国自营式电商企业，另一个是电子、娱乐、金融等行业的跨国企业，请问您在搭建二者的公共关系体系时有何共性和差异？完整的公共关系体系包含哪些要素呢？

李曦： 我觉得你的问题问得很专业，二者确实既有共同点，又有非常多的差异。

通常来讲，跨国公司某一个地区市场需要遵循总部整体的管理思路。在索尼我们会遵循"全球本地化"这样一个大原则。

不同市场之间的差异很大，每个市场都需要在遵循总部规定的大方向之下，针对本土市场的特色、需求做本地化解决方案。

我在索尼的时候首先是跟董事长共同确定了一个大原则，就是"统一的声音"。由索尼中国总部的公关部作为公司统一对外发声的管理者。公司有很多分支机构和工厂，我们来进行统一协调。

我总结公关部主要职能是两个——咨询和服务。我们必须能够有战略性公关咨询的能力，同时还必须具备服务各条线业务增长和市场竞争的能力。

我建立了矩阵式的公关部组织，从专业和地区两个维度进行管理。

为了形成一个专业化的体系，我首先打基础，逐步建立能力模块，如舆情监测体系、内容创意能力、媒体资源平台、效果评估体系、危机管理体系、人才培养机制等。

京东则非常不同。我是2013年1月加入京东的，那个时候只有一个京东商城，并没有复杂的组织机构，也没有海外业务。但它是一个超高速发展的互联网电商企业，经常会发生合纵连横，通过投资并购让企业在更短的时间内建立强大的核心竞争优势，因此我们的组织变化得非常快。

跨国公司在某一海外市场的业务范围相对稳定，但是本土互联网创业公司变化非常多，也非常快，计划往往赶不上变化。因此，我们只需做一个框架型计划，而不是像在跨国公司那样每年的计划需要做得非常具体缜密。

另外，本土企业市场竞争更加激烈，它的风格和方式常常没有规律可循。因此，公关团队特别需要有战斗力，说打就打。相对于一个特别稳妥的组织和体系，在本土企业中，我们更需要及时应变的能力，这是一个巨大的不同。

在京东我们非常快速地建立了完整的公共关系体系，由于规模比较庞大，很像一个服务于京东管理层和各条线业务部门的内部公关公司。IT、家电、商超、时尚、运动、物流等，每个业务条线都是一个行业战场，团队必须能够提供针对性的、快速的战略咨询与服务支持。

闻道 PR： 什么推动您去做能力模块和信息化运营呢？

李曦： 我从对管理层和内部客户提供专业公关解决方案这一结果倒推，那么能力不具备的或需要加强的就赶紧建设和强化。都是在工作中自己摸索，摸索的过程是非常艰难的。

比如舆情监测，我们会将公关人的敏感天线与先进的技术相结合，这样能够看到舆情市场各维度的情况，我们还会制定不同级别的舆情监测报告制度。遇到突发事件，就是24小时随时随地报告。

比如内容创意，我们会有类似于媒体的选题会。我的团队成员来自媒体、企业内部公关部和公关公司，他们各有自己的专业性，大家寻找内容创意的时候三方面的视角相互启迪，既有媒体视角，又有企业视角。

比如媒体资源，我们会建立专门的媒体数据库并进行维护、评估、管理、更新。

比如效果评估，我一直要求团队用"质"和"量"两个维度去衡量传播效果。两个维度中又各自有多个专业的衡量维度。它也是企业内部谈论公关效果时的共同语言。

危机管理体系无论是在索尼还是在京东，都需要从零开始建立。我在公司发起建立虚拟危机管理组织，推动这个体系的运转。打好基础后，发生任何突发事件，我们大都已经有预案，可以比较从容不迫地去应对。

我们有自己的人才培养机制。我虽然是管理者，但我更愿意把自己称作"教练"。首先我会在招聘时让团队成员能力互补，之后我们给每一个成员在他所擅长的领域成长和发展的机会。

我从索尼中国到京东，为这两家企业"从0到1"建立了完整的公共关系体系。建设的过程都会比较艰难，在京东更是一边建设团队，一边打仗。可是如果没有这些能力模块作为支撑的话，你是无法给企业提供好的公关咨询和服务的。

后来做国际公关，再一次"从0到1"。因为找不到可以咨询和参考的对象，我有时会想索尼日本总部是怎么做的。作为一家总部在日本的亚洲公司，索尼超70%的业务都来源于日本以外的市场，国际化程度非常高。我差不多每周都会跟总部和各大市场的公关部负责人开电话会，从中得到了一些启发。

我在海外聘用当地人来做公关工作，因为我相信全球本地化这个原则是非常正确的。你可以这样想象一下，比如说在中国一家跨国公司的公关负责人是外国人，他跟中国媒体沟通的效果肯定会打折扣；就算他非常专业，因为语言和文化的差异也会打折扣。我们将心比心，如果我们在法国用一个法国人来做当地的公关工作，在本地沟通方面就会有更好的效果。

大量开创性的工作让建立公共关系体系这件事非常漫长，但是我非常快速地完成了新体系的建立。除了多年的实战经验，我的理科生背景加上学的英语专业，也给了我通过分析和逻辑性思考解决复杂问题以及沟通斡旋的优势，从而更高效地完成了京东国际公关体系的建立。

闻道 PR：关于战略性思维、体系化管理和规范化运营三者之间的逻辑关系，您能否简要概括一下呢？

李曦：我觉得这三者缺一不可。一个公共关系职能的负责人首先要具备战略性思维，咨询能力是高级公关人员的顶级能力。它的着眼点是一个公司的战略性发展，以及公共关系如何能够为企业真正创造价值。

有了战略性思维，你必须有一个体系来支撑和让这个战略落地。在这个体系里面需要建设必要的能力模块，然后能够提供多样化的解决方案。

接下来是规范化运营，就是在有了体系以后，你必须能够很好地去运营它，去管理好这个体系，包括出台对外发言指导性文件、新媒体账号管理规则，开展发言人培训等。

战略性思维、体系化管理和规范化运营三者之间相互依存，互相促进，三者合一也意味着理论与实践的完美结合。

闻道 PR： 您为京东在欧美、日韩、东南亚等国际市场全面开展了本地公关沟通，在法国、美国、澳大利亚、英国、日本、韩国等多个国家成功开展了跨境电商业务的招商及公关活动。您认为国际公关与本土公关在实务操作和理念方面有何异同点？

李曦： 我有一个课程专门讲"中国企业走向国际化需要思考的问题"，这是我对最后两年做国际公关的一个总结。

国际媒体跟国内媒体是完全不同的。我一直秉持全球本地化思维，请讲母语的同事跟相应国家和地区的媒体沟通，国际媒体觉得我们非常专业。当然背后我们为什么沟通、沟通什么，是大家共同商讨决定的。

商讨的过程很耗时，我们进行国际交往或者做国际市场的业务拓展，都需要经历这个过程，这也是一个世界上不同国家和地区的人之间相互尊重的过程。

中国人跟美国人，以及欧洲、东南亚等地的不同国家的人在思维上有非常大的差异，有时候花了很多时间讨论，最后的决定是不做某件事。因此，国际公关很辛苦的，有更复杂的过程，但是别人不容易看到成果。

中国是一个市场，但是国际上有很多不同的市场。可能有的人会说中国有华北、华东、华南，各地消费者偏好不一样，消费特点不一样。但是总的来说都是在一个政策、法律、法规的框架下，大家都讲中文，在很多事情上有共识。

而当我们去东南亚的时候，我们会发现印度尼西亚人有伊斯兰教、天主教等主流宗教信仰，泰国人信佛教，两个国家的人有完全不一样的宗教信仰、政治体制、语言，人与人之间一起工作的风格也很不同。仅仅一个东南亚就有很多的不同，那么就别说欧洲、美国这样的大市场，都会有很多差异。

在欧洲我们主要在6个国家——英国、法国、德国、意大利、西班牙、瑞士进行传播，除了英语稿件以外，我们还会考虑使用法文的新闻稿及意大利文的新闻稿等当地语言的新闻稿进行传播。通发常规新闻稿的方式在美国可能是最难产生效果的，因为美国的传媒业很发达，选稿的标准相对比较高，非重要财经内容的常规新闻稿件被选中的几率很低。

印度尼西亚互联网应用市场发展得很快，当地的媒体喜欢报道中国互联网高科技公司，欣赏中国先进的技术，比如说无人超市等新的技术尝试。可是同样的话题在欧洲，媒体首先会问："那人怎么办？"

因此，当我们去海外市场的时候，我们要根据每一个市场、每一个国家的发展阶段、社会价值观、文化、消费者偏好等来制定专属的公关传播策略。这些在国内市场感受不到。

我专门做国际公关这两年是又一次地"从0到1"。在一片荒芜上，建立了我们的国际公关网络，发布在海外市场的稿件曝光量有非常明显的增加。我们从原来在海外没有什么曝光度，到一年中可以做80个海外英文演讲或采访活动。

我们还开创性地在达沃斯论坛这样一些顶级峰会召开期间举办了丰富的、高级别的公关活动。经过巨大的努力，在全球最顶级的峰会上，我们让当时在国际上还名不见经传的一个中国公司——京东，大放异彩。

我个人的感受，这是很艰巨的任务，困难太多却又不为人所知，路途漫长而孤独。

闻道 PR：企业是国家品牌的核心要素，您对于当下中国企业走出去，有何建议？

李曦：我还是非常赞同全球本地化的原则。当中国企业开始全球化的时候，首先要对每一个海外市场进行深入研究，找出它们与总部所在市场的共通点和差异点，然后拿出针对性的解决方案，包括市场定位、传播策略等。

但是不管到哪里，企业为当地市场、消费者提供好的产品和服务，这个核心是不会变的，企业要紧紧抓住这样一个核心。当然外部大环境会给企业一些影响，肯定不能逆势而行。

闻道 PR：您提供的是一个企业视角，中国企业其实"走出去"的还不少，但是可能没有一个统一的规划，比如说我们一谈到德国想到的就是德国企业，它们会有较为统一的文化风格。但是如何才能有一个鲜明的中国企业的特点呢？

李曦：我觉得首先要解决的一个问题就是信赖，从企业的视角来看，通过提供的产品和服务来获得消费者的口碑和信赖是比较现实的，光靠说解决不了问题。

当然，说什么、怎么说，是公关的艺术，这里要注意一个"可持续性"原则。如果今天说了这个，过几天又说相反的话，是不可能获得别人信赖的。我们首先要特别清楚对外传播的核心信息到底是什么？需要把这个定义下来，并确保它能够可持续地发展。公关讲究的是渗透，滴水穿石，日复一日、年复一年，靠长期的、持续性的有效沟通铸就信赖。

闻道 PR：您策划出版的《创京东》一书成为经管类畅销书，为中国本土创业型企业成功打造了影响力，并有效提升了其在全球的知名度和美誉度。请您谈谈对于企业领导人或高管形象管理的心得。

李曦：《创京东》一书的作者在我们的帮助下采访了250多人，整理了约400万字的素材。最后取之精髓形成了三四十万字的一本原创传记。很多媒体总编看完后给到我的反馈都是，"这本书写得太好了，它太真实了，非常受启发"。

我们做一本书都要下如此的苦功，这是我们企业的风格。无论是企业本身的声誉还是企业领导者的声誉，从根本上来说首先还是要真正做出事情、要有真实的内容、要有深厚的积淀，在这些基础上萃取出领导者对于推动行业发展有价值的观点去分享和传播。如果没有做事，只是说虚无缥缈的观点，我认为是不能持久的。

做领导者个人的公关，一方面要尊重企业领导者的个人风格，另一方面还要把他最好的一面、对行业对社会有价值的思想让公众看到。一个企业的领头人应该不停地分享企业的价值观、愿景、使命和能够支撑这些重要核心信息的真实故事，此外，公关人可以挖掘领导者有助于推动行业发展或者预见行业趋势的观点进行传播。

闻道 PR：您在战略型公关方面经验丰富，请您谈谈何谓战略型公关？

李曦：我在索尼和京东很多时候和公司的管理层一起工作，当然会以公司长期发展的愿景和战略规划的视角考虑公关传播的定位和策略。

从京东出来后，我接触了非常多的中小企业创始人、CEO，我们交流了很多话题，我也会分享如何通过公关的思维和方法来帮助他们把企业的声誉和品牌做到更加深入人心，或者说把产品和服务做一个很好、很精准的市场定位。

从方法论上来说，我首先会分析市场的背景、行业发展的态势和未来的走向，以此为基础把这个业务的品牌在整个大市场中做一个最好的定位。这是战略型公关很重要的一点。

然后，我们就可以设定具体的目标，定义沟通对象、核心信息，再选择最合适的渠道让核心信息落地，通过评估进行持续改善。

闻道 PR：很多外企和国外高校把公共关系部门或专业更名为战略传播或公共传播，在名称上用传播来替代公共关系，您认为这意味着什么？（是因为污名化的困扰去公关化？还是想用更广义的传播涵盖一切？）您觉得对于公关本身来讲，是一件幸事还是一个比较糟糕的趋势呢？

李曦：我写了一篇文章，题为《被神话和被玷污的公关应该如何被定义？》

这篇文章专门谈的就是这个问题。像你说的，公共关系这个词被滥用了，我觉得我们作为公关人，这么多年坚守在岗位上，坚守在这样一个战线上，我还是希望大家通过坚守正确的做法，坚守正直，坚守道德底线，以我们的坚守和选择，以我们的实际行动让这个行业真正地被尊重。

企业组织必须将社会公众利益置于首位，不断用实际行动增进与社会、经济环境的协调性，实现共同发展。而公关人应该用智慧与行动投入对这件事的促进上。

闻道 PR：您在公关创新领域经验丰富，请问您认为公关创新的维度有哪些？烦请举例说明。

李曦：我举一个例子，我们看到很多媒体的报道信源同质化的问题，我在京东时曾经做了一件事，就是我们自己发布独家新闻。京东现在有 5 亿活跃用户，这么大的消费群体拿钱去买什么东西本身就是非常有价值的、可研究的一件事。

我们当时围绕几个社会热点话题，做了基于大数据的消费行为分析，然后发布报告。我们希望能够让很多上下游的合作伙伴以及关心产业和经济发展的人获得真正有价值的信息。报告发布后被新闻媒体大量采用，我们变成了一个独家信源。

所谓创新就是一定要创造价值，如果不创造新的价值，谈不上创新。所谓创新，比如别人没看到的东西你看到了，你可能就创造了一个新的业务模式。

凡是有痛点的地方，就会有创新的机会。我们的天线要保持敏感，也要经常从你熟悉的、习惯的工作框架中跳出来看一看，有没有什么新的事情我们可以做。

闻道 PR：您在索尼工作期间主导过电子与影视、音乐的跨界大型品牌公关项目。创新一般意味着跨界融合。很多人认为当下的公关、广告和营销的边界已经渐渐消弭，您认为公关人在创新时是否还有必要坚守公关的边界呢？

李曦：公关、营销、媒体、品牌之间的边界已经模糊了。比如越来越多的营销，会先通过一个公关事件发起，吸引大家的注意力，然后再用营销的方法去铺。另外，像电商平台、外卖平台、出行平台等本身就是媒体。今天这个时代就是一个高度融合的时代。

我当时在索尼做的跨界品牌推广，那时还没有互联网。我们的思路是，尽管索尼产品非常多，但它们只关乎两个字——"看"和"听"，当硬件产品和娱乐内容融合在一起，就能给消费者一个完整的体验。我们通过跨界的品牌推广让公众感受到了这个品牌最有魅力的部分。

闻道 PR：新时代公共关系的核心竞争力是什么？随着公关、广告和营销的边界日益模糊，公共关系的核心竞争力是否会被替代呢？

李曦：在今天这个去中心化的信息分发时代，公关是一个巨大的任务。好的公关人所具备的那种非常独特的核心竞争力不会被替代，比如在纷繁复杂的环境下瞬间抓住核心的能力，在危机时刻智慧引导混乱舆情的能力，这是公关人的差异化竞争优势。

但是，公关人不能止步于此，要再向前一步。

举个例子来说，在去中心化信息分发时代，很多人困惑。媒体人困惑，觉得再也不能像以前那么有影响力了，因为每一个人都可以发声。公关人困惑，因为太难管理市场上的声音。但是，与此同时我们看到，吴晓波频道、逻辑思维的创始人，他们原来没有机会做成一个自己的媒体，但现在他们做成了非常有影响力的自媒体，他们就是在混乱的状态中敏锐地捕捉到了新的机会，然后再向前走一步。

闻道 PR：我还想追问一下，关于当下公共关系核心竞争力，它到底有哪些很明确的能力指向呢？

李曦：分析能力、洞察能力、市场定位能力和核心信息定义的能力。

此外，我们还长期积累了对于媒体发展变化的洞察能力，我们一直在观察。因此我们知道今天有影响力的自媒体和公众号，它们大都是属于原来的媒体和媒体人。我们非常清楚那些看似陌生的公众号背后是谁在运作。

有很多媒体人也去做公关了，因为他们非常清楚什么才能够成为受关注的热点。他们长期的职业训练要求他们具备一种独特的判断力，比如从哪个角度切入才能在众多报道中胜出。

闻道 PR：您曾被授予首届中国十大新闻发言人，您认为在社交媒体时代，新闻发言人面临的困境和契机有哪些呢？

李曦：这个工作非常难。但作为一个比较大的企业、品牌或者是官方的机构，还是需要有一个专业的新闻发言人。我们的两会,每一次在做新闻发布会的时候都有新闻发言人,这凸显出新闻发言人的重要性。

对于公关人来说这也是一个机会,如果他能够做得非常漂亮,他就被凸显了出来。但是很难,因为现在舆情太复杂了,公众的情绪、思潮都很难全面理解。

一方面,新闻发言人自己始终要有天线,有长期的训练及对舆情的高度敏感,另外也要善于运用技术手段,让技术辅助你来看全面的舆情情况。另一方面,在发言之前必须做非常充分的准备,包括背景、事实、数据、政策法规等方面的准备。

公关这事终归还是要靠人的,个人的公关素养、洞察力、敏感度都特别的宝贵。发言人需要有很综合的个人能力和比较善意的沟通界面。

闻道 PR: 您负责的重大公关项目包括成功完成赴美 IPO 和多个全民网购狂欢节大型公关战役,您用了战役两个字来形容,可否分享这些经历呢?

李曦: 用"战役"这个词是因为这些都是大型项目,且关注度极高。比如说赴美 IPO 是在 2014 年的时候,当时做了大概几个月的全面准备,最后在敲钟前后短暂的几天中集中实现了非常综合的、多维度的公关传播活动安排。包括中英文的全球新闻发布、媒体采访、社交媒体传播、两地的现场活动等很多不同的细分项目组合在一起,集合了公关工作多个细分领域。

像全民网购狂欢节,每次都是一个周期在 5—6 周的大型项目,持续时间久,火力集中,有打一场大仗的感觉。在进入这个周期之前已经有两三个月在做所有的准备,在进入这个周期后不停地要做发布工作和应对一些突发事件;有非常多的市场动作要去做,其间会产生一波又一波的高潮,吸引越来越多的公众关注。因此它是非常综合的大型公关项目。我在京东指挥了 7 个网购狂欢节的公关战役。

闻道 PR: 您在京东任职期间成功发起和开展了包括达沃斯论坛、CES 消费电子大展等在内的多个国际顶级论坛和展会的大型公关传播项目。可否请您具体谈谈个中细节?

李曦: 达沃斯论坛是全球最顶级的峰会。比如 2018 年的达沃斯论坛就有 70 个总统或总理参加。整个达沃斯论坛期间有四五百个论坛,都集中在瑞士达沃斯小镇。

2018 年京东第一次参加,我们取得了前所未有的成果,包括为创始人安排了极为罕见的"一对一对话"的机会,举办了参会企业市值超过两万亿美元的京东达沃斯午餐会,进行了全球多家最有影响力的媒体专访、CEO 双边会谈等。

这种是顶级的公关活动,非常高效和集中地传达了京东公司的理念、愿景、价值观,以及我们希望与全球伙伴友好合作的态度;通过媒体报道向全球所有市场传递了京东的声音;通过与众多跨国公司的 CEO 直接见面达成了很多商业上的合作。

闻道 PR: 您还全面负责了索尼在华的品牌标识规范管理,请您谈谈 CIS(企业形象识别系统)在当今的意义与以往有何不同呢?

李曦: 品牌使用的一致性对于品牌形象管理是非常关键的。索尼的品牌标识规范在日本总部是很厚的一摞指导文件。在中国我们设专人进行市场调研、抽查、培训、监督整改等工作，我们还专门设计了线上的审批系统。

对于国内企业来说，无论是面向低线城市还是全球化发展，同样会遇到类似的事情。我建议可以事先依据总部的品牌使用规范做好线上培训教程和线上审批流程，避免后续花时间和成本矫正品牌的不规范使用。

闻道 PR：您曾多次担任中国公共关系行业最佳案例大赛、全国大学生公共关系策划创业大赛、蒲公英奖、金旗奖等专业比赛和奖项的资深评委，请您谈谈何为卓越的公共关系？您心目中理想的公共关系人才画像是怎样的呢？

李曦：我比较赞赏有独特创意的、走心的案子。有时候看上百个案例，可能只有很少的两三个能够做到。我觉得我们做公关不应该只把它当作一个普通的工作去做，而应该投入脑力和心，这样才能把公共关系事业做得有滋有味，才能够做出不一样。否则如果变成了一个 routine（例行程序工作）就没有意思了，也做不出彩了。

闻道 PR：您对于想进入公关行业的青年学子有何建议和期待呢？

李曦：希望年轻人有热爱、有好奇心。当候选人的水平差不多，或者是知识背景、知识体系、知识结构差不多的情况下，如果他发自内心地热爱、特别有好奇心，学习能力也强，我会愿意要这样的。

沟通和写作这两个擅长是基础。如果特别内向，都不愿意跟人说话，可能不太适合做公关；如果特别恨写作文，可能也不太适合做公关。如果这两个素质都很弱，其实他自己不会享受这个工作。

闻道 PR：您接受《哈佛商业评论》（中文版）采访时，谈及您的书《职场有意思：从接线员到京东副总裁的职场精进法》，您从接线员、小秘书到索尼中国副总裁再到京东副总裁，走出了传奇的女性职场进阶之路。公关职业群体中的女性比例比较大，您对于她们有何建议？

李曦：我觉得女性自己要勇敢，其实往往束缚我们的就是自己。但是这个并不容易，你不能光勇敢，还要付出行动。要想做成事，勇气和行动缺一不可。

闻道 PR：请您用简短的话总结一下公关的功能与价值。

李曦：我认为公关的功能是以专业的方式（帮助企业）促进与利益相关者的沟通。

文字整理校对 | 王晟楠 许家怡

于爱廷：
回归本质，从企业的核心使命来正视和发展公共关系

图1 于爱廷照片

专家简介

于爱廷（Jessica Yu），现任中国国际公共关系协会特聘顾问，曾任伟达（中国）高级副总裁，为国内外知名企业提供公关战略咨询、品牌活动策划以及相关公关培训等。加入伟达之前，曾任梅赛德斯－奔驰（中国）总裁助理兼公关经理一职，负责奔驰品牌对外沟通和品牌传播等职责，曾被媒体誉为汽车公关界的"五朵金花"之一。此前在中国对外贸易公司工作，负责对外贸易交流谈判等。获美国城市大学工商管理硕士及中国对外经济贸易大学经济学学士学位。担任多届中国大学生公关策划创意大赛评委和辅导讲师、中国扶贫基金会合作伙伴战略顾问、利智公益组织理事等。曾获得中国改革开放40年传播影响力公关人物、中国国际公共关系协会杰出贡献奖等荣誉。

摘要：公共关系的价值在于围绕企业的核心使命，通过传播方法，与利益相关者建立良好关系，最终满足人们对美好生活的向往。

访谈正文

闻道 PR：伟达是1984年最早进入中国的国际公共关系公司，请您谈谈在伟达的工作经历与感想。

于爱廷：伟达是1984年第一家进入中国的国际公共关系公司。在那个时候中国刚刚改革开放，1927年在美国创立的伟达公关，可谓洞察先机，率先开启国际化征程。伴随中国对外开放的大门打开，伟达先人一步，在中国注册了公共关系公司，为第一批进入中国的跨国公司提供公共关系服务。当第一家麦当劳、肯德基在中国开业，随着宝洁、微软、IBM 等知名跨国公司进入中国，伟达也成为它们光鲜亮丽地出现在国内外知名媒体上的幕

后推手。与此同时,伟达也将公共关系的理念带入中国,开启了一个崭新的公关时代。

自2002年进入伟达公司到2020年底,我在伟达工作了18年,公司从不到30人发展到二三百人。我很荣幸参与和见证了这段伟达伴随中国改革开放一路发展壮大的历程,也目睹了中国公共关系事业的蓬勃发展。

伟达相关负责人当时找到我,主要是想进入方兴未艾、滚滚向前的汽车行业。考虑我在汽车行业的背景、经验和人脉,他们认为我是合适人选。而我在奔驰工作近10年,又读了MBA,也在考虑如何迎接新的挑战,于是不走寻常路,我从甲方来到乙方。

当时我计划在机构锻炼四五年,积累咨询代理行业经验,没想到能在伟达坚持这么久。这主要得益于中国的改革开放给公关行业带来了飞速发展的机遇,得益于伟达这样的国际化平台提供的发展机遇,得益于我钟爱的客户的支持与信任。行业有句话说,people buy people,客户选择的不仅是公司,更多的是人和团队。

我并非公共关系相关专业科班出身,但多年甲方公司工作经验提醒我一直坚持从客户出发,提供有价值的服务,发挥自身优势,走长期路线。我带领团队创立了以汽车、能源、航空为支柱的专业化和国际化企业传播业务,先后赢得许多长期客户,如壳牌集团、中国石油天然气集团有限公司、捷豹路虎汽车公司、戴姆勒梅赛德斯–奔驰汽车公司、宝洁公司、力拓集团、BP能源、北京奔驰汽车有限公司、利星行汽车集团、美国大陆航空公司、芬兰航空运输公司、全日空航空公司、中国建设银行等。后来在亚太经济危机形势下,我为公司提供了稳定的现金流,当时老板说,若公司多有几个Jessica(我的英文名)就好了。

为了更好地培育新人,我后来又担起伟达的对外沟通、内训以及工会等工作,看到公司"后浪"奔涌向前,数字传播创意非凡,我亦感到无限欣喜。著名企业家比尔·盖茨曾说:"If I down to my last dollar, I will spend on public relations。"(如果我只剩下一美元,我会花费在公共关系上。)其实许多公司CEO都极为重视公关,同时也是公关高手。

我认为,公共关系的价值在于围绕企业的核心使命或初心purpose(目标),通过沟通交流、品牌故事传播等手段,与stakeholders(利益相关者)之间建立良好的关系,帮助企业更好地营造一个良好的发展氛围,建立和提升品牌的知名度、美誉度、忠诚度,扩大市场,最终实现企业最核心的目标,满足人们对美好生活的向往和更高的需求,实现基业长青,可持续发展。

闻道PR:伟达、博雅、奥美公关都隶属于WPP传播集团,三家同为公关公司,但并没有被整合,原因何在呢?

于爱廷:我不是WPP发言人,这个问题应该问WPP集团高管。作为全球最大的传播集团,WPP旗下有几十家公司,相信每家公司都有自己的价值、特色和优势。

中国市场广阔,潜力巨大,中国经济的高速发展为不同的公关公司提供了竞争和发展空间。就像宝洁旗下有众多洗发、护发、洗涤等品牌,深受消费者青睐。然而任何企业都是在动态环境下发展的，只有与时俱进，赢得客户，才能长远立足。

闻道 PR： 当下的公关与传播、广告、营销之间的边界日益模糊，您认为公关的核心价值和能力是什么？

于爱廷： 数字化社交媒体的蓬勃发展，对传统公关和广告、营销行业等都产生了深远影响。现在随着时代的发展，公关行业也逐渐趋向融合发展，例如更加数字化、创意化、视频化、元宇宙化等。

尽管如此，我以为公关的核心价值依然在于我前面谈到的对公共价值和利益的关切。而公关的核心能力在于 communication（沟通），看一下 communication 这个单词，字根来自 common（共通）。community 就是指一群有共通性的人。

而沟通是一个人努力想要跟他人或公众分享他的价值观、洞察、判断与情绪的行动，采取对方能接受的态度和方式达成共识，沟通才算成功。

闻道 PR： 作为中国扶贫基金会合作伙伴战略顾问、利智公益组织理事，请您谈谈最令您难忘的 CSR 案例。

于爱廷： 企业社会责任 CSR 和近来上市公司要求的 ESG，一直都是我们为客户提供的一项重要服务，我在伟达负责企业传播方面的工作，为许多品牌策划和实施了公益项目。这些项目结合中国政经环境、社会需求并兼顾品牌自身使命和特点，取得了良好的环境收益和社会口碑，企业品牌也得到了提升。简要分享一下。

"自然之道，奔驰之道"，这是奔驰与联合国教科文组织共同发起的保护在中国的珍贵世界自然遗产地项目，我为这个项目取名为"自然之道，奔驰之道"，就是想表达任何企业的发展必须道法自然。1886 年，奔驰发明了世界上第一辆汽车，它给世界安上了轮子，从此世界开始了高速运转，滚滚向前。在汽车高速发展带来便利的同时，接踵而至的有环保、安全、资源等各种问题。经过百年发展历程，作为汽车的发明者，奔驰回归起点再出发，唤醒自然之道才是奔驰之道，只有保护好环境，符合自然规律，才能永续发展。

该项目我联系了联合国教科文组织，对在中国的世界自然遗产地，从世界瞩目的四川雅安国宝大熊猫栖息地开始，到四川都江堰、喀斯特地貌的贵州荔波、重庆武隆，再到风光秀丽的江西庐山，道家圣地三清山，还有三江源等世界自然遗产地开展广泛的保护教育工作。让中国这些名山大川、世界自然瑰宝得到很好的保护，造福社会，赢得广泛社会反响和好评，以及诸多奖项。通过与联合国教科文组织合作该项目，奔驰还扩大了世界影响力，登临纽约时代广场大屏，昭示全球对自然生态环境的保护意识。

我们还与中国扶贫基金会共同发起了宾利汽车的乡村教育计划。宾利汽车，大家都知道是成功人士乘坐的那种高档的汽车。在选择公益项目的时候,我们从宾利车主的意愿——希望自己家乡的孩子们，特别是边远地区那些品学兼优的孩子能够不因贫困阻挡他们对梦想的追求——出发，通过建立"宾利自强班"，资助贫困学生上高中、大学和就业，这可谓雪中送炭。智力扶贫、人才培养，真正帮助了乡村走向脱贫致富，走向共同富裕。

当"宾利乡村教育计划"走进云南、四川、安徽等地的边远山村时，梦想的种子散播在中华大地上。在"宾利自强班"的开班仪式上，孩子的铮铮誓言和发愤图强的决心，让人无不动容。宾利品牌以"达则兼济天下"的情怀，为孩子们带去最真挚的鼓励和支持，这也让在乡村公路上行驶而来的宾利车标熠熠生辉。

取之于社会，用之于社会，兼顾公共利益是众多品牌的经营之道。在参与万达集团的扶贫、可口可乐的水资源保护、BP的生物多样性、利星行"惠泽桃李教育计划"、福特环保创新实践等各种公益项目过程中，我们也被品牌方共享价值、共创美好的动人故事所感动。

闻道PR：您曾为不少中外客户提供公关培训，请您谈谈针对异质化的企业，如何为它们量身定制培训方案？有何通用的培训法则？

于爱廷：每家公司的目标、使命、企业文化和面临的挑战都不同，如中国石油天然气集团公司、捷豹路虎汽车有限公司、福特汽车公司、宝洁公司、利星行汽车、中国建设银行、佳能集团、阿里巴巴集团控股有限公司，我们的公关培训服务自然也不一样。需要说明的是，我们的客户都是国内外一流企业，它们都是行业佼佼者，我们也在和客户交流中学习。

我们的培训经常是两个团队的工作坊，我们会协助企业对标，主持讨论，推动分析，梳理品牌核心信息、公关体系、陪练、反馈发言表现等。在此过程中，我们的客户往往是主角，我和我的团队常常是助推者或者教练角色。客户专注在自己的核心领域，它们希望通过第三方专业公司，帮助它们梳理传播沟通方面的短板，提升品牌形象和品牌价值，我们的任务是做好调研，提供分析框架，分享相关案例，配合情景演练，及时点评反馈。

例如，我们在给佳能公司培训前，我作为主培训师和我们服务团队密切配合，了解企业现状和公众对品牌形象的认知，结合每位高管的背景、职责和个性以及企业的目标，进行有针对性的舆情分析，相关问题演练和情景模拟，有针对性地从实战出发讲解演练，收到良好的客户反馈。

如果说有什么通用的法则，那就是"精准施策，学以致用"。我们可以通过问卷调查了解客户或每一位参与培训人员的诉求，有针对性地开展理论探讨和情景演练，让培训具有实操性，达到举一反三，行之有效的效果。

闻道PR：中国企业是国家形象的重要代表，您对于中国企业走出去有何建议？

于爱廷：其实不妨学学跨国公司如何进入中国的经验。跨国公司在进入新市场前，会首先学习了解或通过聘请专业公司深入了解当地的政经、文化、社会环境等背景，老话说，出门问禁，入乡随俗。了解当地政府、社区、市场、公众最关注的问题，有针对性地做品牌沟通，而不是无视当地关切，按我们的主观意识行事，这样才能融入当地，树立形象，打造品牌，建立声誉。

这些年中国企业在走出去的宣传方面越来越重视，我们的对外沟通宣传也更加出色。

2021年9月，我有幸与一家央企做中国企业走出去培训交流，尽管许多中国海外负责人不是专职新闻发言人，更多的是整个工程的负责人或项目管理者。然而，只要给他们提供国际媒体的背景，特别是当地市场对中国企业的舆情，包括一些偏见或误解，他们就会在对外沟通中，有的放矢地快速调整相关信息，有效针对当下语境做出回应。

比如，以前公司在宣传时更多强调工程中的中国速度、多快好省以及我们开创的世界之最，然而国际上更多关注中国企业在走出去中，我们项目对当地生态的影响，对当地员工的关爱等方面议题。尽管企业在这方面做了大量工作，但没有重点传播。于是企业在介绍项目对当地的重要意义的同时，更多地以人为本，强调了企业积极融入当地社区，为当地员工提供保护措施，这让更多媒体和当地群众对中国企业大为赞赏，也让交融天下、建者无疆的企业形象更加深入人心。通过沟通，中国企业彰显出责任与担当，以及作为人类命运共同体，携手共建美好未来的愿景。

闻道 PR：您在甲方和乙方都工作过，您认为甲方和乙方的关系该如何定义呢？公关公司作为乙方该如何发挥作用呢？

于爱廷：甲方和乙方都有自己的使命、目标和挑战，地位平等，各有侧重。甲方和乙方作为公关合作伙伴，优势互补，相得益彰，携手共进，互利共赢。

然而甲方毕竟有其核心业务，公关是围绕其核心使命的支持性业务部门，说白了是花钱的部门，而乙方是以服务甲方为依托，必须挣钱才能生存。有人说，世界上最难的事有两件，一是把自己的思想装进别人的脑袋，二是把别人的钱装进自己的口袋，这就给公关公司的价值服务带来了真正考验。

目前，公关公司提供的服务包括品牌战略咨询、政府事务、企业传播、可持续发展战略传播、数字化传播、市场营销沟通传播、创意设计、活动执行、危机应对等。为了更好地满足不同客户的需求，公关公司也在不断提升服务，融合创新，彰显自己的专长和外脑的溢价能力。许多人认为公关公司仅仅提供了体力服务，其实许多公司独具特色，提供了高性价比的特色服务。

数字化传播时代，对甲方和乙方都提出新的挑战，线上传播成为新趋势。过往一般甲方主导，乙方接招，甲乙双方相爱相杀。在新时期，有可能攻防转换，没有永远的甲方、乙方，关键在于乙方能否掌握"独门绝技，盖世武功"，掌握了方能平步青云，笑傲江湖。年轻人若能有机会在甲方和乙方都体验一下，体验从不同视角看待问题，并感受大不相同的企业文化，相信会对今后的发展大有裨益。

闻道 PR：20世纪90年代您曾任梅赛德斯－奔驰（中国）总裁助理兼公关经理一职，负责奔驰品牌对外沟通和品牌传播等职责，被媒体誉为汽车公关界的"五朵金花"之一。请您谈谈汽车公共关系有什么特殊性？

于爱廷：汽车行业涉及面极广，如钢铁、电子、能源、智能交通等行业，以及设计、生产制造、销售等多个领域，是国民经济的支柱产业，关乎国计民生。特别是20世纪90年代，汽车即将走进中国家庭，大家对即将进入寻常百姓家庭的汽车翘首企盼，汽车行业受到国家的高度重视，媒体和大众也对汽车行业极为关切。这种情况也给新兴的汽车行业公关带来挑战：必须具有对经济的宏观视野，对政策法规的前瞻和思考，对中国汽车市场媒体环境洞悉，以及对品牌核心信息的把握能力。在国家领导人亲临展台、各部委领导与品牌沟通交流中，在央视新闻和各地电视台接踵而来进行采访时，公关部门能够为公司高管提供完备的情报、相关背景和媒体信息等。

汽车作为耐用消费品，生命周期长，价格相对较高，涉及前沿科技和时尚设计等，在公关宣传方面必须兼顾理性分析和感性决策。为此，我们的公关团队也是多样化组合，团队成员分别负责策略分析、文案策划、文章撰写、创意设计、活动执行、预算控制等。汽车作为交通工具和美好生活的载体，活动半径大，车轮连接世界，为此汽车公关活动可谓天地大、跨度广、任务重、情感深。

首先，活动区域在全球。当时国际 A 级车展都是重头戏，如法兰克福车展、底特律车展以及北京和上海车展，成为厂家竞相角逐的舞台。当时国内试车尚未像今天这样蓬勃展开起来，基本都在国外，比如我们的全球采访和新车试驾，往往从奔驰总部德国斯图加特到瑞士阿尔卑斯山或是意大利佛罗伦萨小镇，从洛杉矶好莱坞到美国东南部亚拉巴马的新车实验场。

其次，跨度广。活动包括组织总部生产线参观、各大汽车赛事观战、全球总裁采访、品牌设计师与工程师等访谈以及各种明星代言交流，活动异彩纷呈。

再次，任务重。一场活动下来好几天，连同准备基本一个多月，然后又是下一场活动。我当时作为奔驰（中国）总裁助理兼公关经理，有一次带领中国媒体团队，从中国到欧洲又飞美国，在纽约精彩绝伦的棒球赛场上，我们基本累得坐着就睡着了。

最后，情感深。汽车公关，人前风光，幕后悲催，跑前跑后，累并快乐着，我们的团队在一场场艰难的"攻城拔寨战役"中，结下了深深的战斗友情，我们聚是一团火，散是满天星，共同的奋战经历让我们任何时候相聚都是满满的回忆。同时，在活动中，我们也开阔了视野，结交了许多真诚的好朋友。有一次，我们在德国南部黑森林试车中，我与同行的中国几大主流媒体知名记者朋友忙里偷闲在森林漫步，仿佛走在哲学家康德和黑格尔的哲学小路上，聆听到了贝多芬的田园乐章。有位媒体朋友奔波劳累不小心摔了一跤，裤子有了草绿，我随口说 German green（德国绿），大家不觉会心一笑。

汽车行驶在路上，涉及上万个零部件，质量缺陷、交通事故、环境污染等各种潜在问题都可能导致危机的发生。而一旦发生危机，关注度极高，影响甚远。汽车公关人尽管平日有备战训练，然而危机来临，还是汹涌澎湃、刀光剑影。

大家可能通过媒体报道，看到拉横幅、拿大锤砸汽车、驴拉车、车顶哭等画面，这对品牌公关人来说可谓压力山大，一场硬仗下来，身心俱疲。汽车公关让人欢喜让人忧，本人没有经过公关科班专业学习，被媒体誉为"五朵金花"之一，其实我是凭着一腔热情"野蛮生长"的自然之花。

时至今日，汽车公关人有离开的，有坚守的。我曾在奔驰公司工作近10年，后来在公关公司又参与许多汽车相关品牌的客户服务，想想也许汽车轮子是圆的，一份情缘未尽，总能江湖再见。

闻道PR：您一直服务于外企，外企的这种全球化与本地化是如何协调的？可否分享一些典型案例呢？

于爱廷：简而言之就是秉持跨国公司品牌或企业的全球化理念，而落地时因地制宜，要与各个国家本土情况相结合。例如，全球知名日化消费品公司宝洁的品牌主张是"亲近生活，美化生活"，公司为其全球公益基金提出的原则是，帮助全球0—13岁儿童生活、学习和成长！这是宝洁的全球框架。为了落实全球理念，经过大量调研访谈，宝洁公司在20世纪80—90年代最终认定，在中国最具感召力的希望工程符合定位。该项目由中国青少年发展基金会发起，资助中国贫困地区儿童的教育普及，得到社会和公众的热烈反响，当时乡村学生苏明娟的一双求知的眼睛唤起了无数人对贫困地区儿童教育的关注。

于是从20世纪90年代起，宝洁就开始参与这个项目，至今在中国建立了超过200所希望小学，让更多乡村落后地区的孩子有了学习机会。后来随着社会的发展，又有了快乐篮球场、清洁卫生间、营养午餐、快乐音乐课等项目。这些项目符合宝洁全球公益基金的理念，同时与当时中国社会需求有机结合，实现了政府满意、品牌提升、社会受益的多赢结果。而在东南亚一些国家，宝洁更多关注的是当地女童项目，在非洲是为儿童提供纯净水项目，这些都是全球同一理念在不同国家和地区落地的表现。所有项目都折射出宝洁同一公益理念和原则，所有项目都闪烁着全球公益之光。

闻道PR：您认为社交媒体时代的新闻发言人培训和以往相比有何差异？您认为危机沟通培训的要义是什么呢？

于爱廷：众所周知，社交媒体时代，速度加快，声音放大，全民参与，舆情复杂，对危机应对者提出新的挑战。过往可能还有24小时应对危机，现在几个小时甚至几十分钟危机就能全网络发酵，处理不及时，就会陷于被动。尽管如此，危机应对的实质并没有改变，简要总结为SSRS。

Sincerity——真诚，在社交媒体环境下，危机应对也就是公开、透明解决问题，企业的态度是否真诚，媒体和网民心明眼亮。态度决定一切，以公共利益为核心的价值观将决定危机应对的策略和结果。

Speed——迅速，出现问题，快速研判，及时回应。许多公关公司都研发了网络手机危机模拟演练软件，让客户体验危机发生情况下各种舆情的风起云涌，如在媒体、网民、消费者、行业协会、经销商、专家、投资者、政府相关部门等各方面发出声音的高压态势下，客户体验危机发生带来压力下的应急处理过程。

Responsibility——责任，俗话说：沧海横流，方显英雄本色。企业危急时刻的责任担当，诉诸有效行动，才能真正赢得民心。

System——危机，危机应对需要系统性思考和研判，兼顾企业外部沟通和内部员工沟通，以及危机前、中、后各时期的重点工作。

最后，我依然想强调，世界上最好的危机管理永远是预防危机的发生。根据海恩法则，应及早发现潜在问题，化危机为转机，俗话说，上医治未病。为此，我们要从战略上加强危机意识，提前防范危机，减少危机发生的危害和影响力；从战术上加强危机应对程序建设和系统演练、危机预案准备。树立正确的价值观，真诚沟通，负责任，及时应对，重在行动，依然是危机应对之要义。

闻道 PR： 您多年担任中国大学生公关策划创意大赛的评委和辅导讲师，您对于以后从事公关职业的大学生有何建议呢？

于爱廷： 非常荣幸有机会担任多届中国国际公共关系协会举办的中国大学生公共关系策划创意大赛的评委，我非常珍惜走进校园与当代大学生交流的机会。对于我来说，这也是难得的学习机会。青年人朝气蓬勃，他们是与互联网一同成长起来的新一代，他们思维敏锐、见多识广，并且富有独立思考、勇于担当、迎接挑战、付诸行动的良好品质。与他们交流让我感觉青春焕发，启迪良多。

我认为无论今后是否从事公关职业，我们都不妨了解公共关系思维并掌握更多公关技能。公共关系作为跨学科融合发展的应用性学科，需要从业者掌握形势分析能力、逻辑思考能力、解决问题能力、语言表达力、传播能力、任务执行能力、反思复盘能力等，这种综合素质对青年人的未来发展大有裨益。

前一阵我参与了一家创业公司的品牌调研访谈，在与三位联合创始人的访谈中，我问 CEO，你们三位都是精密仪器方面的技术专家并一同创业，为何你被投票推举为 CEO？他说：他们认为我更善于沟通，特别是对外与投资人、媒体和合作伙伴的沟通，这对于快速增长的企业十分重要。目前，该企业在业务突飞猛进的同时，也得到国内外头部知名投资机构的青睐，获得了多轮投资，上市前景一路向好。我相信这位 CEO，同时也是公司的 CCO（Chief Communication Officer），在其中发挥了重要作用。

我多次见证具有公关思维和素养的学生，在职业发展中稳健成长，无论是在面试中，还是和老板及团队的交流中，抑或在对外合作中，他们都能充满自信，同时又能与团队协同共赢。未来我们将进入更加精彩纷呈的高科技发展时代，AI、5G、新能源、元宇宙纷至沓来，我们应学会应用数字化科学和融媒体沟通之道。我相信具有公共关系思维会让同学们在未来的职业发展中志存高远，稳健进取。

闻道 PR： 最后，请您简要概括公关的功能与价值。

于爱廷： 公共关系经历了百年发展历程，特别是进入中国后，伴随中国改革开放 40 多年的高速发展，更加科学与细分，成就斐然，令人瞩目。

公关人都有难以割舍的公关情结，新时期面临新挑战，我认为若能升维思考，回归本质，从企业的核心使命，即从企业发展、存在的意义和价值角度来正视和发展公共关系会更有新意。公关重在协调公共利益，通过新媒体和数字化科技开展有效沟通，与利益相关者建立良好关系，提升品牌形象，营造企业发展良好氛围，更好地协助企业实现使命，助力企业基业常青，实现可持续性发展。

文字整理校对 | 许梦婷 王景琦

杜凌：
通过传播，让品牌更有深度，有灵魂，有力量

专家简介

图1 杜凌照片

杜凌（Linda Du），闪时（Wehour）创始人兼首席执行官。闪时是一家创新型的品牌战略传播和营销咨询机构，服务涵盖品牌营销与传播、企业传播、危机管理、新品牌塑造和企业出海等5大核心业务板块，并经营企业服务产品化平台Wehour.com，在互联网技术的支持下按需为企业匹配全球多国公关和营销人才作为顾问。目前，闪时已为超过50个国际、国内品牌提供专业服务，涵盖金融、医疗、家居、快消、互联网科技、餐饮、美妆、旅游、化工等重点领域。

创业之前，杜凌曾任美国安可顾问（APCO Worldwide）中国区总经理，为众多中外知名企业提供传播和营销战略咨询，如强生、沃尔玛等500强企业，优步（Uber）、爱彼迎（Airbnb）等创新型技术公司，她更经常以新闻发言人的身份亲自参与和指导大型跨国企业在华的危机管理。

加入安可顾问之前，杜凌在法国阳狮集团旗下明思力（MSL Group）担任中国金融和企业战略咨询总经理，管理的领域包括企业品牌定位与传播、危机管理、企业社会责任、创办人和高管形象、内部沟通、公司并购/合资/撤资、上市和投资者关系及企业社交营销与传播等，曾指导可口可乐、亿滋、宜家等公司在华的品牌战略。

此前，杜凌为美国雅虎效力多年，在雅虎硅谷总部担任国际公关高级经理，领导其欧洲、美洲、亚太和拉美等全球20多个国际市场的公共关系业务，为雅虎在全球市场的业务拓展、品牌传播和新产品发布提供传播战略指导。杜凌亲自参与了雅虎的许多重大企业传播项目，如公司机构改革、国际市场拓展、多国裁员等，处理了20多个国际并购案，其中包括全权负责雅虎投资阿里巴巴的战略传播，并亲自回到中国做中文发言人。

> 杜凌是界面新闻的优传播大奖、金旗奖、中国创新传播大奖（蒲公英奖）的评委，复旦大学管理学院MBA客座讲师、香港城市大学EMBA班客座讲师。杜凌曾在蒲公英盛典上获得"中国十大传播人物奖"。她拥有美国华盛顿大学MBA学位。

摘要：通过聆听发现传播品牌背后直击心灵的故事和其倡导的价值，通过传播让品牌更有深度，有灵魂，有力量。

访谈正文

闻道PR：Wehour是一个跨亚、欧、澳和北美洲等10多个国家和地区的创新型品牌战略传播和营销咨询机构，请问您创办这个咨询平台的初心是什么？与其他公关或咨询公司相比，您的公司有何USP（独特销售主张）呢？

杜凌：我在硅谷工作期间产生了创业的想法。回国后回归咨询行业，我发现整个咨询行业的商业模式在过去的100年中并未发生很大改变。制造企业为客户提供产品，其产品通常是标准化的，咨询企业为客户提供的产品是它们的服务，但是非标准化的，如不同的人会写出不同的新闻稿。好的咨询公司提倡提供个性化服务，但是因为个性化意味着非标准化，所以很多精英级别的咨询公司都非常小。

但在当今时代，现代技术尤其是互联网技术可以颠覆很多行业的传统做法，咨询行业同样如此。在从事咨询行业20年以后，我有一个很大的感触，即要做好咨询，最稀缺的是人才。人才的培养过程非常漫长，因为人才是由机会、企业、个人能力成就的，而精英人才是可遇而不可求的，也是不能够完美复制的。在我离开安可顾问后，也就是我认为我的职业生涯在甲乙双方、国内外都发展到一定程度时，我觉得可以利用技术以及我的专长再次探索营销咨询行业新的突破。因此，我创立了Wehour公司，希望用专业洞察驱动传播实效和商业价值。

Wehour公司是一个双模式公司，由侧重高端咨询服务（VIPhour）模式和侧重产品化服务（Wehour）模式共同组成。Wehour采用互联网模式运营，即我们会对接全世界的优秀营销公关咨询人士为全世界的甲方提供服务。通过Wehour平台，企业可以便捷地找到跨领域、跨产业、跨国家和地区的公关精英人才和资源，无须在世界各地雇佣固定的人员；同时，这也将是一种未来的生活方式。未来大家或许都不需受单一的朝九晚六的工作时间束缚——优秀的人才只需安坐在电脑前，就可以为世界各个类型的企业服务。这种模式是一种共享咨询模式。将来无论是中国企业出海还是外国企业进驻中国，都能实现人才共享。

闻道PR：您任美国安可顾问中国区总经理期间，曾为众多中外知名企业提供传播和营销战略咨询，涵盖了医疗保健、零售、文化娱乐领域公司与创新型技术公司，您认为不同行业之间的传播和营销战略有何相似点和不同点呢？因之前的嘉宾较少有同时服务这么多行业的，您可否就其中的客户领域分别分享一个案例呢？

杜凌： 它们的传播需求差异非常大，很难一语概括。企业的国家背景、对标的市场规模和成熟度、企业自身模式（上市或私营）、企业发展近况及所在行业的竞争性和敏感性等诸多因素都直接影响传播和营销战略。

每个企业的成熟度决定它的需求的深度、广度。我服务过一家全球领先的连锁零售企业，当时这个企业的品牌在中国的发展还处于早期，因此我们主要是帮助这个品牌挖掘它和中国息息相关的故事，让大家了解它。而服务另一家世界领先的饮料企业时，国人对它的品牌已经很熟悉了，我们则需要采用战略的方式来挖掘它新的故事。服务这家连锁零售企业时，我们帮它进行卖场微博运营的工作并不难，经常发布打折等促销信息似乎就可以，公众也十分欢迎这类型的信息。但如果讲好了企业层面的故事，是不是更能让公众关注企业层面的实力和优势，帮助其提升业务呢？作为一个零售品牌，营销方面可以宣传自己的货品丰富和价格优势。但是在企业层面，则需要告诉公众，品牌拥有丰富货品和优势价格的原因。例如，某个品牌可以提供很具竞争力的价格，但是成就它的低价的是投资完善的供应链、自营进出口和仓储等诸多的企业背后实力。只有依靠综合的战略投入，该品牌产品才能以具有优势的价格在市场销售。

如果企业能够将这样的故事讲好，那么企业故事的深度和企业形象就会上一个层次。想要听原因的公众与想要打听信息的公众是不同的，但一个要去应聘的员工、一个合作伙伴或者一个行业分析师听到这些故事就会感动，因为他们能感受到一个企业在背后付出了如此多的努力才保证了运营。

还有一家世界领先的饮料企业是大众所熟知的，我服务这个企业时，它的传播需求是非常多元的，也是充满深度和广度的。当时这个企业为了维系受众对饮料的好感度，破除公众对于饮料品类的误会，决定通过力挺品类的健康来拓展市场宽度，彰显一种健康的生活方式。

除此之外，这家企业是在改革开放的早期进入中国市场的，因此也肩负着拓展中国市场宽度、建立良好的企业形象的责任，于是，我们便开展环境保护和公益活动，启动中国长江的水源保护计划，同时不断地向灾区捐水，并将饮料瓶改造为可以降解的瓶子，在这个过程中，我们需要不断挖掘新的品牌故事进行企业传播。

而随着企业在中国市场份额的扩大，品牌的传播就需要覆盖企业发展的各个方面，比如企业的战略并购、企业产品和饮料行业领导责任形象的树立、企业风险控制和产品创新等，作为一个进入中国的标杆性企业，它肯定会面临更多挑战。虽然这两个同样是来自美国的企业，但是它们涉及的产业非常不同，这对我们团队而言则需要快速学习，需要一定的思考与深耕。我们希望通过聆听发现传播品牌背后直击心灵的故事和其倡导的价值，通过传播让品牌更有深度，有灵魂，有力量。

闻道 PR： 您认为在自媒体时代，危机常态化的当下，新闻发言人相比在传统时代，工作模式、理念等方面有何变化？

杜凌： 提到新闻发言人制度，我认为它是我们在公关工作中经常运用的一种沟通形式。无论是过去还是现在，它最重要的作用是为品牌赋予一个人性化的声音和形象。因此，无论是在当下还是过去，新闻发言人都是非常重要。当然，在当今时代，许多信息由发言人传播已经来不及了，部分信息在第一时间就通过其他渠道向外传播了。

但另外，新闻发言人的角色也更需要结合新的时代来演绎，我认为今天的发言人更需要有同理心，即人性化的声音。在社交时代，我们需要真情实感，需要用平等的、人性化的表达与公众进行沟通。因此，我认为当今时代的新闻发言人不仅要代表企业形象，传递企业让人值得信赖的声音，更重要的是能够真正赋予企业一个非常亲切、真实的人性化形象。

闻道 PR： 不管是国内企业还是很多跨国企业，还有一些国外高校，都存在去公关化的倾向，不把"公关"叫"公关"了，就像您刚才说的那些内容，您把它叫作"咨询"，或者是"战略传播"，或者有的高校把它改为"公共传播"。您怎么看待这个现象呢？

杜凌： 我把公关叫作咨询是因为我是乙方，我是做咨询工作的。公关在不同的公司因为侧重不同的工作内容而被赋予不同的名称。我觉得国人对公关有一些误解，很多人觉得公关不能够完整地代表它的战略传播高度。在 Wehour，我们会帮助企业从战略层面考虑公关策略，提升传播的战略高度。实际上，战略性思维是未来公关人才要具备的一个重要能力。我个人觉得，如果公关行业越来越规范，大家就越来越能够完整地认识到公关到底是什么样的一个行业。很多人对公关有负面的理解，主要原因还是公关在实操层面尚有一些灰色地带。无论是战略传播还是品牌传播，抑或营销，其实都是公关职能的一部分，没有太大的差异。总而言之，我个人认为中国的公关任重而道远。

至于为什么很多企业把它的公关部叫战略传播部，非常重要的原因就是公关部可能在那家公司被认为是专门做战略层面传播的。而公关的含义，众所周知，是非常广泛的。因此，首先我不认为单一的名词能够改变这个行业的任何现状，它只是让企业更加清晰地看到职能的作用。我并不认为这是一种"去公关化"。

闻道 PR： 您是界面新闻的优传播大奖、金旗奖、中国创新传播大奖（蒲公英奖）的评委，您认为创新传播的关键是什么？什么是您眼中卓越的公共关系案例？

杜凌： 关于创新，首先我们要定义创新在传播行业的具体内涵。我认为现在很多同行对创新的理解就是，我有一个特别新的 idea，或者是用了一个新玩法，比如说 VR。我觉得创新当然需要细节的提升，但"卓越"的创新应该是整体理念性的创新，也就是看创新能让公关起到什么关键性的价值提升。

这个方面其实大家可以更多地去思考，我觉得理念的创新可以给企业带来看得见的价值，如销售、品牌溢价或是信任度的增长。所有沟通平台的创新、技术、玩法、运用的创新、跨界合作的创新，归根结底就是公关通过沟通和互动影响受众的认知。

对于品牌而言，重要的就是在受众心中树立正确的认知。这个过程中采用何种形式并没有严格限制，不管是用游戏的形式，还是用活动的形式，抑或用微电影的形式，又或者用某个社交活动的形式，这些都不重要，但一定是用了非常巧妙的内容去打动你的受众，让他们理解你、信任你、喜欢你，形成正确的认知。因此，最终结果的创新一定是综合性的。从对公关价值和理念认知的创新，到战术和技巧的创新，再到执行的创新，最后到整个环节的创新，这就是我对创新的感悟。

闻道 PR：目前，公共关系的案例库是没有的，但是 MBA 案例很多。您觉得公共关系案例库有没有价值或者是有没有实现的可能呢？这也是扩大公共关系影响的一个很好的路径。

杜凌：我觉得如果这些企业真正授权披露很多细节，那么案例是可以有的，如哈佛商学院的案例写得非常深刻。例如在"3·15"，大家都想知道专家是怎么看待"3·15"晚会的，我会做少量趋势性案例的点评，但不会大量地做。非常重要的原因是，你没有在危机指挥所，真的不知道这家企业决策中的难点和价值取舍是什么，没有具体的情景和数据，案例和分析很难展示深刻见解。

我亲身经历过大量在危机指挥所帮助企业进行危机决策的重要时刻，我发现很多时候不是企业不知道该怎么做，而是企业做不到。2000 年我有一个客户，从董事会讨论要不要召回一个产品到批准召回只用了 4 个小时，即使后果是损失好几百万美元。但是最后他们决定不做召回，因为他们没有执行召回的能力——人手不够，而且担心在召回的过程中若再出现纰漏（比如没办法快速召回所有产品、出现退款挤兑或其他问题）就会造成第二轮危机、第三轮危机……

企业在决策的过程中有很多微妙之处，它不像外界所看到的那样简单。作为公关人员，我们可能需要发第一轮声明、第二轮声明、第三轮声明……我们的每一轮声明都配合着企业的决策。很多精妙的战略如果能够被授权公布，且第一执行人愿意把这个过程中企业的决策考量披露出来的话，我国的公关案例将会是极其精彩的。

闻道 PR：您在雅虎硅谷总部担任国际公关高级经理，负责过公司机构改革、国际市场拓展、多国裁员等，处理了 20 多个国际并购案，您如何看待企业对内和对外公共关系的异同点呢？

杜凌：我国的公关事业从 20 世纪 90 年代中期才真正起步，和世界很多国家比起来，与互联网的历史一样并不长。

我到美国的雅虎（当时是世界最大的互联网公司）感到震撼的一点就是，专业的人成就专业的事。我们中外的传播人都非常重视媒体关系，但西方媒体有它们的专业和体系化的东西。

我们看到西方媒体的专业性，比如说我们可以给它们独家信息，可以跟它们签保密协议，可以把很多机密性的商业信息提前给记者，这样他们才能预先做独家性的内容。西方媒体采获的信息可以公开发布，但不披露消息源，或者信息仅供记者了解背景情况，不予公开发布。在中国，我们敢于这样合作的媒体就不太多。

在西方企业内部，有效沟通的价值巨大。雅虎是一个互联网公司，"fun"（有趣、好玩）是公司的几大文化之一，但这并不是一个仅仅停留在纸面上的所谓"互联网文化"。公司里所有部门都看重并且拥护"fun"文化。

当时我们在互联网上有很多服务器。服务器会发热，需要空调大力地制冷才能够降温，从而保证安全。很多大型的互联网公司其实都是耗电大户，大家在观念上是支持"碳中和"的，非常在乎企业活动对环境的影响，减少耗电量是雅虎很想做的事。

硅谷的夏天特别热，耗电量大，但我们希望整个夏天能把耗电量降下来。当时老板就问我们应该如何跟员工沟通，才能让他们自发省电，从而达到减少耗电的目的。

因此，我们就去做了一个调研，问员工要怎样才能让公司减少耗电量。他们说如果两个创办人杨致远（Jerry Yang）和大卫·费罗（David Filo）愿意在公司的中央草坪上进行相扑对打。他们就愿意在整个夏天想尽办法省电。我们去问两个老板愿不愿意这样做，老板们说："如果他们能把用电降下来，我们俩就去直播对打。"

在那之后，员工想尽各种办法省电，比如大家白天不愿意开灯，尽量用 IM（即时聊天工具）不用电话，一栋楼只开一部电梯，甚至下午 3 点就把电脑的电源拔了。最后，我们办公区的耗电量下降了 20%，两个创始人如约在公司的中央草坪上对打了三局。

我们的直播特别有趣，老板有啦啦队，还有人在房顶上看，有很多自拍的相片流传到硅谷的博客网，大家都去宣传雅虎如何奇迹般地把电费降下来的故事。其实我们的成本就是"fun"，只是好玩，你只要做到足够好玩就行了。

Wehour 团队的大部分成员都有在甲方工作的经历，这是做内部传播非常重要的一点。如果员工没有在甲方企业工作过，而只是从顾问的角度出发，就很难深入理解一个大型企业调动员工、创建文化、拉近各级别距离的过程。通过这个过程，公司的战略能够真正落实到员工的行为上。这个过程需要做许多事情，包括情感和行为上的指导和沟通。

内部沟通对企业来说非常重要，因为当士兵跟将军是一条心的时候，才能打胜仗。当一个企业的每一名员工都能够用同样的思维、同样的价值观、同样的目标去合作，企业才能实现价值最大化。

因此，在西方的内部沟通中，并不只是用员工小报之类特别中规中矩的东西，还会做非常多有趣的事情——这些事情不见得花很多钱。

我刚才给你说的这个故事，非常重要的一点就是高高在上的高管被拉到了地平线上，他们以榜样的力量去带动公司员工，因此，这些案例蕴含着更多的温度和情感，它其实跟钱没什么关系，但是一个非常有趣的示例。

然而，中国很多企业的内部传播还停留于在墙上写一些企业文化的标语，做企业的员工报纸或者在每年年尾的时候搞一个大的聚会、抽奖等常规活动。

但是作为一个良好的企业，它的文化应该是非常多元的，通过各种不可思议的故事，让员工了解公司的价值观和战略是怎样推广、落实的。实际上内部公关在中国是一个非常有发展空间的领域。

闻道 PR：企业的声誉管理和国家品牌的形象管理也是息息相关的，您刚才所讲的基本都是帮跨国企业进驻中国的形象或者危机管理。如果反向而言，即对于中国企业走出去的声誉管理，您有什么建议呢？

杜凌：我们可以帮助一些中国的品牌走向世界，我们团队为此感到非常自豪。现在我觉得中国的企业也越来越有实力在国际的舞台上去竞争，我们帮助过的出海企业，一种是央企或者是大型的国企，另一种是民营企业，还有就是创业型企业。

但是我们服务过的国企、央企比较少，主要是做一些培训和经验的分享。我们的央企、国企其实面临着特别独特的挑战，因为你会看到中国石油、中国石化等企业的名称上带着"中国"二字，而很少看到其他国家的企业会带国名的。这是中国国企、央企的企业特色，它们的品牌在出海的过程中鲜明地打着中国的标签。

另外就是一些民营企业，大到华为、阿里小到传统家电企业等也开始积极地做全球战略布局和运营了。

它们出海的方式除了产品售卖，还有做并购投资，做大型产业的引导和创新，我觉得中国企业出海布局越做越大胆。中国企业家早期的出海策略很多时候都按传统的思路，比如先出去卖货，待有人来买东西，再在海外投资搭建团队，之后才开始重磅投资这个市场，很多早期的中国企业出海都是产品先行。

但是在新的时代，我们特别建议企业品牌先行，品牌一定要走在产品之前或者是陪伴产品，才能有综合效应。一个企业不光要走出国门，还要真正地走进当地的文化和市场中去。

当一个企业作为一个行业的领先者到西方大国去，不能只说你的技术怎么好，还要告诉当地人你准备肩负什么样的责任，让技术落地和推广。如果你不具备驾驭这个话题的能力，或者你不关心人家关心的话题，你去了以后就只能是自说自话，是没有办法跟当地的产业和受众进行有效的情感沟通。

管理层在每个国家、每个地区的关注点（例如市场状况和社会发展状况）、都是不一样的。因此，在这个过程中，中国企业家如果想走好出海这一步，就需要有非常国际化的人才，而且要有国际化的视野，这样品牌才能很好地落地。

这是一个极其有挑战性的工作，我们在做品牌出海的时候，一直坚持当地的人做当地的事，而我们之所以能够说服客户去理解海外的一些落地项目，就是因为我们有中国与海外的 24×7（24 小时 ×7 天，全天候的意思）跨时差双服务模式，我们的人才具有丰富的跨国文化沟通和跨国品牌管理的经验。

我的同事在中国了解到中国老板的需求，理解他们的心理，然后再去帮他们解释和让他们了解品牌怎样才能在国外真正落地。

闻道 PR：您正好把我想问的与全球本地化有关的问题也谈到了。正如您所说的，关于本地化和全球化的协同是个永恒的难题。您曾指导可口可乐、亿滋、标致、宜家等企业在华的品牌战略。可否举例说明跨国企业如何解决本地化和全球化的协同问题？如何处理政府公共关系呢？

杜凌： 先说政府关系，这不是中国市场独有的难题，有人觉得中国政府挺难合作，也有人觉得中国政府很好合作。我认为世界各国企业其实在政府关系方面都会面临很多挑战，无论是在发达国家，还是在一些发展中国家，比如像俄罗斯、越南、泰国、印度等，其实政府对企业发展的影响是非常鲜明的。

关于本地化和全球化的协同问题，在我 20 世纪 90 年代入行到中国 2001 年加入 WTO 于北京工作的那段时间，我大部分的工作是帮助刚刚入华的外国品牌打开中国市场，安全落地。

我认为非常重要的一点就是品牌确实不能把国外的做法直接照搬到中国，也就是要有一个深度的本地化过程。

我们当时做得很多的就是帮助这个品牌去了解它的受众，了解它的商业环境，了解它的竞争环境，从而真正地让它去了解经营的环境和经营的核心受众。

微软刚刚进入中国的时候，它的软件卖得非常贵，说句实话，中国老百姓没有几个人能够买得起正版的软件。实际上我们都认同创新知识产权需要被保护，知识创造需要被尊重。但是那样的一个价格设置和市场环境，确实早期对微软的企业形象产生了非常大的负面影响。因此，在这些企业进入中国后，我们也需要不断地帮助它们进行战略调整。

在不断地试错或了解这个市场的过程中，品牌也在不断地建立它的知名度。很多企业都是多品牌的，它们会带着第一批品牌进入市场，在测试以后，它们对品牌策略、产品、定价、渠道有了更多了解后，才会不断地让新的品牌进入市场。

文字整理校对 ｜ 李作屏 谢铭璐

李国威：
做有"道"且接地的公关人

专家简介

图1 李国威照片

李国威（Geoff Li），北京闻远达诚管理咨询有限公司创始人，资深公关人和媒体人，网名姐夫李，新闻发言人、品牌公关和危机管理的课堂培训讲师和一对一教练，中国国际公共关系协会理事，香港大学中国商业学院公关课程讲师，《国际公关》杂志专栏作者，多项营销和公关大赛评委，他运营的"姐夫李"微信公众号是国内品牌公关界有影响力的自媒体。

2002—2016年担任通用电气（GE）中国品牌与传播总监，负责通用电气在中国的广告、公关、企业社会责任、声誉管理、雇主品牌和危机传播管理。1996—2001年分别在通用汽车（中国）、华晨汽车、生力啤酒公司担任公关传播职务。1989—1996年在新华社国际新闻编辑部、新华社伦敦分社、新华社河南分社担任编辑和记者。国际关系学院英语系学士，中国社会科学院研究生院新闻系硕士。著有职场畅销书《金领手记：领导为什么不生病》（2010）、专业技能书《品牌公关实战手册：姐夫李的20年公关方法论》（2018）、《跑赢危机：全媒体时代的公关自救指南》（2021）。

摘要：公关帮助解决商业解决不了的问题，公关用免费传播推动商业发展，用对话促进社会进步。

访谈正文

闻道PR：您1989—1996年在新华社国际新闻编辑部、新华社伦敦分社、新华社河南分社担任编辑和记者。新闻是基于事实的报道，公关是基于事实的巧传播。尽管现代公关史上，公关人源自新闻从业者，但新闻人被赋予无冕之王的美誉，而公关人被认为只是受雇于甲方的代言人。您如何看待新闻人与公关人之间的关系呢？您提到过，在您从事过的两个职业——记者和企业公关人员中，您更喜欢后者，为什么？

李国威：记者是高尚的职业，记者的天职是追求真相，发现真相。公关人员受雇于甲方，代表特定群体的商业利益，企业需要与公众对话，除了销售产品，还需要建立企业声誉。与公众对话需要把握企业与公众之间的"间接诉求"，企业公关人员会用媒体的思路，找到公众关心的话题，激发公众的参与热情。

很多优秀的企业公关人员来自媒体，公共关系早期的创始人，如艾维·莱德拜特·李、爱德华·伯纳斯等，都是媒体人出身。企业公关不仅对企业有价值，还对社会有价值。我们看这两年华为公关部门安排大量国际媒体采访企业领导人，在行业大会、产品发布上讲述华为的基础研究、芯片和操作系统的突破。华为公关人员把媒体和公众关心的话题——中国工业的未来突破点、中国的全球企业应该具备哪些硬实力和软实力、爱国与文化包容等——通过自己的媒体和政府官方的、社会的媒体广泛传播。这种传播绝不是仅仅对企业本身有好处。企业公关人员把不同的需求连接起来，形成对企业、对公众、对社会有益的传播，这就是企业公关的价值。

闻道 PR：现在您也做新闻发言人培训，有专家认为自媒体时代不是传统的信息不对称时代，政府或企业新闻发言人的重要性被大大消解了。对此，您如何看待？发生危机时，政府和企业的新闻发布会经常是槽点颇多，您认为造成这种现象的根本原因是什么呢？

李国威：新闻发言人的作用不是念稿子，如果完全按稿念，直接发通告发声明就好了。新闻发言人、新闻发布会的主要作用是解答疑问，是对基本文件的深入解读，体现发言人代表的机构与公众真诚沟通的愿望。当前发布会的过于保守和经常出现的翻车，总体原因是发言人能力不足，更深刻的原因是发言人有绝不能出错的心理障碍。推荐一本书《我的对面是你：新闻发布会背后的故事》，里面有大量生动的故事，讲述了傅莹如何学习掌握发言人技巧，最终成为中国形象代言人的。

闻道 PR：您 1996—2001 年分别在通用汽车（中国）、华晨汽车、生力啤酒公司担任公关传播职务。面对国内外汽车和外资啤酒这两个完全不同的领域的公关传播，您有何心得分享？在快消品牌的拟人化传播较为常见的情况下，您认为非快消品牌在建立消费者关系时应当注意什么呢？

李国威：快消品因为产品本身与消费者互动的频次较高，产品传播更适合使用广告、种草、新媒体投放等手段。举个例子，喜茶的产品传播，基本上用自媒体内容适当地投放，不是严格意义上的公关。但是喜茶和同行一起推动新茶饮行业标准，与社会机构合作推动环保、可持续发展，就是典型的公关行为。不同行业，狭义公关发挥的空间不同，技术类企业发挥的空间更大，快消品行业发挥的空间小。如果从企业传播效果和公关人职业发展看，公关人要保持核心能力，也需要拓展边界，学习广告技巧，帮助企业实现商业和社会责任目标。

闻道 PR： 您在 2002—2016 年担任通用电气（GE）中国品牌与传播总监，负责通用电气在中国的广告、公关、企业社会责任、声誉管理、雇主品牌和危机传播管理。通用电气经营的产业包括电子工业、能源、运输工业、航空航天、医疗与金融服务等，非常庞杂。请问您如何统筹通用电气在中国的这些业务类型呢？如何在盈利、企业社会责任、品牌传播、利益相关者关系等诸多方面达成动态平衡呢？

李国威： 企业的业务繁杂，但是一定有主线，就是解决社会的某一类问题。对通用电气来说，主线就是提供交通运输、能源电力、医疗这样的技术设施；对一些互联网公司来说，主线就是提高交易的效率，让人们生活更方便；对制造业国企来说，主线就是体现"大国重器"，做精密设备，挖隧道建高桥。公关人在企业与社会需求的结合点上与公众沟通。

闻道 PR： 通用电气的中国业务与其在美国有何不同呢？如何做到国际化与本土化的有机结合？能否分享一个案例？

李国威： 中国的市场与美国的不同点很多，比如对工业设备，中国客户认为从你那里买的，你就要负责维修，对美国市场习以为常的"长期服务合同"概念中国客户有一个接受过程。中国有更明显的政策驱动影响，国企客户要考虑国家政策，比如强制减排、产业升级等，公关人要了解这些需求，做有针对性的传播议题。企业公关空间特别大，大企业甚至还有跟政府直接签署谅解备忘录，获得政府背书的机会，比如通用电气在中国的关于环保、减排、工业互联网等的一系列议题的设置。

闻道 PR： 您担任多项营销和公关大赛评委，您认为营销与公关的相似点与不同点是什么？面对广告、公关和营销的日趋融合，您怎么看待三者之间的边界呢？您认为好的广告、好的公关、好的营销的标准分别是什么？

李国威： 营销是一个更广的概念，包括广告和部分公关，包括付费传播和免费传播。好的广告能够引发免费传播，具备公关特质；好的公关原则上通过议题设置获得免费传播机会，但是不现实；好的公关借用广告投放的力量，公关不是不花钱，而是少花钱撬动大传播。

闻道 PR： 您是《国际公关》杂志专栏作者，您创办的"姐夫李"微信公众号是国内品牌公关界颇有影响力的自媒体。作为一个身经百战同时又笔耕不辍的公关人，让人感佩。请问您认为写作带给您什么裨益呢？不少推文 10 万+ 的阅读量，您认为文章的 USP（Unique Selling Proposition，独特的卖点）是什么？

李国威： 对我来说，写作不是为了走红，要走红一定要做能让很多人感兴趣的内容。我的公众号目标用户就是公关人，题材偏窄，破不了圈。我没觉得不好，能够获得 1000 人真正的共鸣，比 10 万+ 的点击量更有价值。

闻道 PR： 您是香港大学中国商业学院公关课程的讲师，在内地高校，公关经常被设置在新闻传播学院或者公共管理学院。美国则将公关专业设置在新闻传播学院或商学院。您如何看待公关的属性呢？您的课程注重培养学生的什么能力呢？

李国威： 我在港大讲的公关，课程就叫"实效公关"，更多讲公关实战。我在理论方面没有什么基础，这方面还是要依靠高校的教授和专家。我看到公关教育界有一些教授把自己的某些课程做成理论+实战模式，高校老师和一线企业公关高管共同为学生授课。公关教育应培养具有理论水平和实战能力的高素质人才。

闻道 PR： 尽管公关的本硕博培养体系在西方发达国家，尤其是美国非常盛行，但在国内高校，公关被视为实务性很强的专业，在 985 和双一流高校开设公关专业的少之又少，甚至有人认为将公关变为职业教育专业。您怎么认为的呢？

李国威： 公关需要与时俱进，公关专业设置不是没必要，而是新的学科成就太少，加上社会各种观点认为公关就是实战，没有理论，更加剧了公关行业特别是公关教育领域的困惑。我看到不少高校的公关教育走出自己教学的小圈子，与企业、公关公司、舆情监测公司、大数据公司合作，开展消费者行为、公众舆论、营销科学方面的研究，我认为这非常鼓舞人心。其实，过去 30 年国外对于公关的基础理论研究也成果寥寥。最近厦门大学邹振东教授的《弱传播》研究对我启发很大，行业应该有更多这样的基础研究。把公关归在职业教育领域下，会贬低公关的价值，向行业释放错误的信号。必须明确，公关是战略，公关是管理，公关需要接地但不是单纯发稿，拉关系，做活动。合格的公关人是深谙道的战略家，不是只钻研术的匠人。

闻道 PR： 您著有职场畅销书《金领手记：领导为什么不生病》（2010），专业技能书《品牌公关实战手册：姐夫李的 20 年公关方法论》（2018）、《跑赢危机：全媒体时代的公关自救指南》（2021），能分别谈谈您的创作初心吗？

李国威： 10 多年前我写的《金领手记：领导为什么不生病》是一本职场杂文集锦，现在书差不多绝版了，淘宝上可能还有 Kindle 版可以下载。这是当时应一位杂志主编朋友之邀，在工作之余一篇一篇写的，到今天我对这本书还非常喜欢。因为有一种生活态度、生活情绪在书里面。后面的两本书得到公关界小伙伴好评，但是内容比较"严肃"，书中内容固然有我对行业的思考，也会有价值，但是我希望多写让大家读得轻松的内容。写作是我的生活，我的口号是我写故我在。《三体》中作者一句漫不经心的话让我很受刺激——一个世纪前，以文字为基础的叙事文学就消亡了，但文学和作家仍然存在，不过叙事是用数字图像进行的。

闻道 PR： 有人认为品牌和公关有区别，有人认为品牌涵盖了公关，您怎么看待二者之间的关系？

李国威： 品牌是品牌主希望成为什么和受众怎么看它两个映像的结合；品牌是一个里程，公关着眼于长期，品牌和公关密切对应，品牌是心智目标和心智印象，公关是用对话经营心智印象。在营销、市场、品牌、公关这些边界模糊的概念中，品牌和公关这一对结合得最好。我的第二本书《品牌公关实战手册：姐夫李的 20 年公关方法论》，也是希望把两者的相关性讲清楚。美国定位理论创始人阿尔·里斯和他的女儿劳拉·里斯一起写的

《公关第一 广告第二》中,关于"公关建立品牌,广告维护品牌"的结论对公关人也很有启发意义。

闻道PR:在危机成为新常态的当下,您认为法律、公关、理性和情绪分别在危机管理中扮演什么角色?您在新书《跑赢危机:全媒体时代的公关自救指南》中谈及新媒体环境下舆论规律的变与不变以及危机中有所为有所不为、弱传播理论,可否结合案例具体谈谈呢?

李国威:公众是不理性的,舆论是不理性的,"后真相时代"人们不再关心真相,因为真相太难了。你从哪个角度解释那些混乱的事实,谁能完全不持任何先入立场地从事实解读事实,从而找到真相?信息太多了,人们太忙了,简单判断,简单下结论就好,这是时代的趋势,也是我一直对这个世界严重悲观的理由。

我们学习公关,强调事实维度和价值维度,你主张保护女性权利的价值观维度,你就关注女员工是如何被欺负的;你主张维护所有员工包括女员工男上司的公平权利,你就关注男上司妻子的发声。

闻道PR:您的新书中还谈到事实判断、价值判断和利益判断,您如何看待三者之间的关系呢?

李国威:我在《跑赢危机:全媒体时代的公关自救指南》中引入了事实判断和价值判断之外的利益判断,讲的不仅是财务利益,抑或危机当事方经常下的"都是竞争对手雇人在搞我们"那种利益判断,还有互联网全媒体时代的各种利益补偿。攻击者可能没有得到钱,他的出发点可能是声誉补偿——我出名了,成红人了;或者心理补偿——名人看你嘚瑟,你也有今天。有人想红想得疯狂,他们会不考虑眼前财务利益猛烈攻击某个组织或者个人,如控诉明星男友对自己"冷暴力",代表消费者"坚决维权,彻底维权"。这些现象都是以前我们关注不够而引发的危机,以及危机发生后做基本判断的要素。

闻道PR:作为危机管理专家,您如何看待我国在国际舆论场中长期存在的"声誉危机"呢?例如,"一带一路"倡议被指责为推销过剩产能。

李国威:讲好中国故事不能靠单一声音,单一形式。传播这件事的复杂性和魅力,就在于不统一和不可控。中国需要维护国家根本利益、强硬发声的官方渠道,也需要促进国际交往的民间组织、智库,以及李子柒视频这样的媒介润物细无声地传播中国文化。讲好中国故事的重要主体是中国的全球企业。华为、小米、吉利汽车、宁德时代这些优秀的中国企业都有大量的机会还没有被挖掘。全球公司在中国的分部也是讲好中国故事的主体之一,它们本身具有全球化基因和中国本土经验。这两年因为国际政治局势变化莫测,这些企业传播中国故事的积极性受挫,这是一个很大的遗憾。

闻道PR:您是国际关系学院英语系学士、中国社会科学院研究生院新闻系硕士。您认为在加强国际传播能力方面,公共关系界可以有何作为?面对传而不达、传而不受的困境,您认为应当如何破局呢?

李国威：公关的思维方式是站在对方的角度考虑问题，国际受众所处的政治文化环境复杂，不能用内宣的方式做传播。公关的"大处思考、间接诉求、设置议题、倡导对话"的思维方式和方法论，应该在当今复杂的国际形势下做深入细致的研究和实践。

闻道 PR：您认为全媒体时代需要什么样的公共关系人才呢？业界和高校在协同培养公共关系人才方面分别应该扮演什么样的角色呢？

李国威：公关需要与时俱进，公关教育应培养具有理论水平和实战能力的高素质人才。高校的公关教育应该走出自己教学的小圈子，与企业、公关公司、舆情监测公司、大数据公司合作，开展消费者行为、公众舆论、营销科学方面的研究。

闻道 PR：一些业界人士反馈，很多行业都在裁员，但公关行业还在持续招人。您认为原因在哪里？当下，公关的契机与风险在哪里？

李国威：商业环境越复杂，公关就越重要。公关针对的对象——公众舆论、公众态度，变化多端、不可控制。简单说，企业招公关，一定是遇到了商业本身解决不了的问题，花钱解决不了的问题。公关的价值就是帮助企业解决商业无法解决的问题。企业公关人的责任是连接企业与公众，你是企业的雇员，但是要维护公众的利益。最近媒体报道的这两年企业公关因参与企业违法行为而被判刑的案例触目惊心，公关人如何保持个人价值观底线，保持公关行业道德底线，的确令我们深思。

闻道 PR：请您用简短的话概括公关的功能与价值。

李国威：引用中国人民大学胡百精教授的公关定义：对话以形塑认同和成就共同体。这个定义值得反复深入理解，在我看来，公关解决商业解决不了的问题，用独特的连接能力、引导对话的能力，推动商业发展和社会进步。

文字整理校对｜苏祺

谢景芬：
只有提升公共关系核心能力才能创造卓越

专家简介

图1 谢景芬照片

谢景芬（Xie jingfen），广东方圆公关管理顾问有限公司董事总经理。毕业于中央广播电视大学汉语言文学专业，香港科技大学高级工商管理硕士，高级广告设计师。

谢景芬曾任广州造船厂团委书记，共青团广州市委统战部部长，广州市青年联合会秘书长。从事青年组织对外联络、交流工作。1985年参与筹办穗、港、澳青年大联欢等大型活动。1986—1989年先后策划实施穗、港、澳、狮青年作家文学营，全国首创广州杰出青年评选，穗港青少年工作研讨交流会，关心伤残青年等大型社会活动。1989—1991年借调全国青联《中华儿女》杂志社任海外版助理社长。

1991年起，谢景芬从事专业传播管理及管理顾问服务工作，为政府、企业和非营利组织提供整体战略咨询、顾问服务及项目策划、执行管理服务。服务机构包括广州市科技局、规划局，广东省旅游局，香港特区政府及驻粤办等政府职能部门；美国德州仪器、丽珠集团、广药集团、神州股份、顺德农商银行；德国先灵药业、OTIS（奥的斯电梯），Nu Skin（如新）、中国香港中华煤气、中国香港中钢控股、汇丰环球客户服务中心等中外资企业；香港科技大学、霍英东基金会、中山大学管理学院、广州市老人院等非营利组织。服务行业涉及医药、消费品、化妆品、机械、房地产、煤电、燃气、金融、旅游等领域。擅长大型公众活动策划及执行管理。服务领域包括战略管理、政府关系、媒介关系、营销传播、财经公关、会议展览、人力资源管理、危机传播和风险管理等。

谢景芬兼任多所大学客座教授，持续二十几年在中山大学、广东财经大学、华南理工大学、华南农业大学、暨南大学、中国传媒大学、中国计量大学、广东省社会科学院研究生院、汕头大学、中国人民公安大学、海南大学、浙江传媒学院、浙大城市

> 学院、香港浸会大学、香港中文大学、台湾世新大学、澳门大学等讲学及讲座。讲授课程包括"大型公众活动策划与执行管理""战略性公共关系""公共关系与企业竞争力""公共关系与危机传播""冲突管理""企业文化""CSR""销售管理""商务谈判策略""战略性人力资源管理""创建学习型的团队""卓越项目管理""商务（公务）礼仪"等。其中，"大型公众活动策划与执行管理"课程持续十几年在中山大学公关本科专业作为专题讲座内容,该课程被列入网络教育学院公共关系专业12讲课程。
>
> 谢景芬先后在大学校刊、国际论坛发表论文及杂志文稿数十篇。2012年,《大型公众活动风险管理策略》在台北举行的第五届公关与广告国际学术研讨会上获教师组优秀论文奖。1998年,谢景芬所著由中山大学出版社出版的《大型公众活动策划》,是全国首部研究大型活动的专著,2001年再版。1999年,谢景芬参与国家职业资格工作委员会公共关系专业委员会组织《公关员职业培训教材》的编写工作,《大型公众活动策划》主体框架被列入教材重点章节。
>
> 2018年,谢景芬出版个人诗、摄影集《风光赋：谢景芬诗和摄影作品选》。
>
> 谢景芬还先后应邀为海关总署广州教育培训中心等政府职能部门、企事业单位讲授公关管理课程,是第3、4、5、7、10、11、12、13届中国最佳公共关系案例大赛评委,第4、5、6、7、8届中国大学生公共关系策划创业大赛评委。
>
> 2018年,谢景芬获中国公共关系协会颁发的"改革开放与公共关系"影响力公共关系人物；2019年,获第七届中国大学生公共关系策划创业大赛"杰出贡献奖"。其创立的方圆公关亦先后获颁"1996第二届中国最佳公共关系案例大奖赛金奖""2007中国公共关系事业杰出贡献奖""2011中国杰出公关公司奖"。

摘要：专业技术是公共关系人才的核心能力。培养大师,培养领军人才,多出研究成果是公共关系教育核心能力。

访谈正文

闻道 PR：您具备汉语言文学专业和工商管理专业双重教育背景,又是高级广告设计师,横跨了文学、商学和艺术学学科。您认为这些学科对您从事公关职业有何裨益？您理想中的公共关系人才画像是什么样的呢？

谢景芬：我觉得汉语言文学、工商管理和广告都是公共关系专业人才要掌握的基础知识,尤其是公共关系业界管理者要掌握的基础知识。我的汉语言文学是在中央广播电视大学学习的。当然,毕业后一直没有停止继续学习。文字是工作语言、沟通语言,公共关系策划、创意都得通过文字展示、传递。不仅是公共关系从业人员,对于公务员、高级管理人员,写作能力都是极为重要的基础。

我的工商管理硕士课程是在香港科技大学工商管理学院完成的,那是全球领先的商学院。课程名称叫 IEMBA，I 是 International，EMBA 是高级管理人员工商管理硕士。这一经历对为客户服务太重要了。现在企业高管、公务员等大多是高学历人才，没有这样的教育背景，如何能够胜任专业顾问服务！

在组建方圆公关公司的同时，我们还组建了广告公司，从事广告设计、制作及代理业务。我的广告专业技术职称是在从事广告工作时期，从初级广告员、中级广告设计师，到广告审查员、高级广告师这样一步一步接受培训、考试获得的。因公共关系专业一直没有职称评审，广东省人事厅比较务实，把公共关系纳入广告技术职称评审范畴。中山大学廖为建教授、吴柏林教授当时都是评委成员。

如果我给公共关系人才画像，我认为应该是这样的：公共关系专业人员是组织的环境研究者和监察者，公众关系的协调者，传播管理的技术人员，信誉管理的专业人员，公共关系解决问题方案的战略专家。

闻道 PR：什么原因促使您放弃公务员待遇选择公共关系的职业道路呢？您对非相关学科背景和中途变道步入公共关系行业的"新人"有何建议？

谢景芬：我从事公共关系职业，首先是受改革开放大潮所吸引，那段背景大家都清楚。还有一个原因是我国做青年工作到一定年龄都有一个转业的问题，就是重新选择工作岗位。我是 1991 年下海的，处级干部下海算是比较早的。那时注册公关公司还真不容易。因为我们办的是中外合作公关公司，不符合当时国家对制造业投资指引，几经周折才办成。

我习惯每 5 年抽时间对过去经历做一个回顾反思。在反思过程中我发现，过去的工作岗位大多同"传播"这个关键词有关。做青年工作、媒体工作的关键词都是传播。最典型的是统战工作，从事特定组织与特定公众的关系管理工作。我那时候还是省有关部门特聘的宣讲员，介绍我们的国体、党、人大、政协在国家管理中的职能，介绍中国青年工作、改革开放成果等。因此，我当时就决定"公共关系，我来了！"当然，加入公共关系行业，持续学习是不可或缺的。我这人其他优点不多，好学倒是一以贯之的优点。

我觉得大学学习的是认识问题、解决问题的能力。有太多跨学科创新成功的案例了，因此，专业背景不重要，学习才最重要。坚持公共关系理论和实践学习几年，一定有好处。有一点值得分享：在碎片化信息传播的环境下，善于系统化整理学习，必定成功。

闻道 PR：请您举例说明政府、企业和非营利组织中的公共关系的异同点。

谢景芬：政府、企业和非营利组织中的公共关系工作的确有异同点。相同点是公共关系专业理论及专业特点，不同点包括以下几个方面。

（1）政府、企业和非营利组织三者的环境、资源、主体、客体都有不同，因此目标、战略、定位、手段会有不同。

（2）政府公共关系工作的重点是传播公共政策、公共事务、公共信息。定位是进一步提升政府信誉和传播服务功能。比如我们涉及比较多的科技进步、工业设计、防震减灾、打击走私贩毒等。执行一项"防震减灾的传播项目"，从防震减灾国家政策到专业知识，都有一个学习的过程。因此，我十分强调从业人员对执行个案知识的学习。政府公共关系的语言、文化有其独特性。比如公文写作，跟市场化组织是完全不同的风格。政府职能部门都有一个争取成为政府职能标杆的愿景。而且，工作人员一般具有自信的主导传播的风格。因此，从业人员需要对时政有更耐心的专业解读能力。

（3）企业公共关系工作基于本质特征，与经营效益成正相关关系。期望对生存环境的有效管理，重视问题管理，重视不断评估及反馈调整是企业公共关系部门的风格。手段多为形象传播（CIS）、营销传播、品牌管理、会展、危机传播与企业文化建设等。与企业社会责任（CSR）、投资者关系交叉甚多。企业案例就更多了，我们从事医药传播（坊间称医药公关）超过30年了，非常成功的是参芪扶正注射液医药传播的案例。这是一个处方用药，全国唯一一个中药提取的滴注的药物，产品品质和生产厂家信誉十分重要。因此，医药传播必须坚持信誉传播的原则。项目中的第三者背书都是中国工程院院士级别的。传播策略必须多元化，针对不同的目标公众。医药传播的公众是医生、医院。因此，花扶正先后赞助了全国癌症协会、中西医结合协会等。

（4）我国的非营利组织（NGO）与外国不同，多为公有制或有政府背景。比如各类社团组织、基金会等。对非营利组织的公共关系工作我们做得很深入，比如广州工业设计协会，我们通过策划、承办广州工业设计大赛，组织香港工业设计考察，在市政府会议大厅组织系列工业设计讲座等活动之后，组建了广州工业设计协会。我还是这个协会三个创办人之一。

我们还为中山大学工商管理学院做过20周年系列活动。有论坛、校友活动、研讨会，拍了专题片。2006年、2007年两年时间内，我们策划及承办了10期国际性的"南沙科技论坛"，为香港科技大学筹建广州校区奠定了良好的基础。

非营利组织公共关系工作主要目标是为特定公众服务，非营利组织公共关系工作以促进特定公众信任，争取更多志愿者，扩大影响力为己任，促进公众对组织的认同、创造筹资环境。政府、企业及非营利组织的公共关系工作有不同的能力需求，工作方法也不尽相同。

闻道 PR： 您认为什么原因造成国内一些非营利组织的公共关系工作遭遇声誉危机呢？对此，您有何建议呢？

谢景芬： 遭遇声誉危机不仅仅非营利组织才有，只是因为非营利组织的公共性质，大家更关心而已。非营利组织的声誉危机不应一概而论，具体个案有其具体原因。当然也有一些共性原因：比如"二政府"思维（缺少为人民服务的思想），忽略利益相关者需求，谋小团体私利等。我也遇到过。2020年底，有个诗词网站征诗词稿件，我有写诗习惯，就尝试登录投稿。投稿以后，电脑跳出一个界面，要求投稿者自己拉人点赞。而且，主办方设计了一个九宫格的点赞模式，点赞者每点一赞，需支付几元至两百元不等的费用。这样就是非信誉传播，能不出危机吗？借此机会我呼吁，以网络拉票为评选条件是完全没有意义的，建议政府部门要管管了。长此以往，浪费网络资源，培养造假行为，浪费社会CSR资源，甚至滋生贪腐，应当清理！鲁迅先生说过，捣鬼有术也有效，但以此成大事者从来没有。

言归正传，我曾经主管社团工作并做过深度调研。调研结果显示，第一，社团要有清晰的主体定位；第二，社团要成为利益相关者与专家沟通的桥梁；第三，社团的生命在于活动。这是社团工作成功的经验。非营利组织有相当一部分是社团，因而上述三点也适用于非营利组织。从公共关系维度，非营利组织需要信誉管理和信誉传播。

闻道 PR： 您如何看待公共关系在国家战略与政策推广方面的作用呢？（例如，增强国际传播能力、乡村振兴战略、推行三孩政策等。）

谢景芬： 增强国家国际传播能力的主力当然是国家外宣部门，因为这是政策性很强的工作。比如"孟晚舟事件"的国际传播。公共关系当然可以也应当在国家战略与政策推广方面扮演积极的角色。最理想的是企业或其他组织在具体项目中适时传播中国正能量的信息。

讲故事固然是个好方法，但我不认为刻意地组织讲故事活动有好的效果，而应该是针对特定事件或者在特定场合讲述中国故事，才能收到事半功倍的效果。例如，云南亚洲象群"旅行"一事，无论事件处理还是宣传报道，都是出色地讲好中国故事的国际传播。这说明国际传播符合国际场景的思维和语言很重要。国际传播应该"随风潜入夜，润物细无声"。

遗憾的是，公共关系专业在国际传播方面能力薄弱，有待加强。就公共关系而言，我觉得补上"环球公共关系"一课至为重要。

闻道 PR： 您认为一个具有公众影响力的企业领袖对于企业文化的打造是否具有决定性的作用呢？如果企业领袖属于内敛不喜欢和媒体、公众打交道者，您要如何为其打造企业文化呢？在企业文化的对内和对外传播方面，您有什么通用的原则可供分享吗？您认为什么样的企业文化是优秀且适宜的呢？

谢景芬： 企业文化是我很感兴趣的议题，因为我常年跟企业打交道。每到一个企业，我都会很认真看企业的宣传壁板、光荣榜（英雄观）、管理制度以及企业成员彼此的沟通模式。不同企业有很大的差异。很多企业管理者认为打造几句高大上的口号就是企业文化，其实这是壁报文化，缺乏个性或并不符合企业实际场景，难以接地气。也有的管理者认为文娱活动就是文化，或者单一强调领导人主观意志的文化就是企业文化。

企业领袖内敛，不喜欢和媒体、公众打交道，这是两码事。内敛是个性特征，是企业领导人的风格，非关文化，不属于企业文化的议题。不喜欢和媒体、公众打交道，准确地说是公共关系问题。舆论环境是企业重要的生存环境，企业不能不关注。因此，这类企业需要补的是公共关系的知识。

优秀的企业文化应该是，领导人倡导、员工经过长期工作实践培育起来并共同遵守的目标、价值观、行为规范。成功的企业都拥有强大的企业文化和形成文字的企业理念，而且这种理念为企业成员和市场所熟知。企业文化核心构成包括：价值观、英雄观、文化网络、亚文化、管理流程及仪典。

我们刚刚完成了一个外企饮料分装厂的企业文化项目。开始甲方只想请公关公司为他们考虑一句可以落地的企业文化口号。我们介入以后，提出企业文化根生企业内部，不存在落地问题，在诊断自身企业文化基础上拟定的理念，才能接地气。

我们先后做了高管和主管企业文化管理工作干部的深度访谈，分别召开中层干部和一线员工代表企业文化焦点小组会议，做了员工敬业度和组织能力问卷调查并运用管理工具做了分析比较，从中找出了几十个企业文化关键词，然后才是文字工作。回应了刚才说过的那句话，企业文化是员工在这里的做事方式。

闻道 PR： 您在大学及海关系统讲得比较多的课程是"战略性公共关系""公共关系的核心能力""公共危机管理"，您如何看待近年来频出的高校危机公关事件呢？对于海关群体，您授课的侧重点是什么？可否详细阐述？

谢景芬： 危机管理、危机传播的确是近年公众关注的热门话题。这是因为我们所处的时代，用薛澜教授的话说处于人均收入3000美元的时期是危机高发期。高校当然也不例外。传播比较多的危机，比如北大校长鸿鹄的"鹄"字念错，清华大学横幅把"热烈"写成"热列"，引起了社会一片谴责之声。从危机管理角度看，当然是学校成员的能力素质、管理流程出了问题，危机预警管理没有做好，危机发生后实时管理也没有做好。对学校的声誉影响很大，但这样的危机是不应该出现的。这里倒是引出了一个高管教练的议题，从管理学角度看，高管教练是标配。

说到海关系统，方圆公关有20余年从广州海关到海关总署广东分署到海关总署的服务经历。我授课主要是在海关总署广州教育培训中心处级干部培训班，偶尔也有科级干部培训班课程。第一，海关属于公务员序列，内容主要讲述"公共危机管理"。第二，大量课程案例都是海关系统的公共危机事件。在这些案例分析中阐述危机管理理论。危机管理的最高境界是预防危机的发生，对此，我详细讲述了海关"来往港澳小船监管系统"案例，这是获得科技进步二等奖项目。通过这个案例，我既带出了在海关中途监管中危机处理的成功经验，又展示了预警管理的创新经验，颇获主办方和学员好评，2019年连续讲了七期，每期学员给老师的评分都接近满分。透过其中故事，您应该可以看到，为了收集海关系统的危机个案，要做多少调研和整理、备课。还好，我们有长期服务海关系统的经历。

闻道 PR： 自媒体时代，各种危机猝不及防，不论是政府、企事业单位、社会组织还是个体，都常觉如履薄冰，您认为造成危机常态化的根本原因是什么？是否存在通行的公共危机法则呢？您在香港中文大学讲"内地冲突管理"，可否分享经典案例？

谢景芬： 根本原因是，我们处于危机频发时期，传播技术尤其是互联网技术快速进步，许多组织仍未适应。理论上的公共危机法则当然有效，如目前大多数危机仍未超出奥图·勒班杰(Otto Lerbinger)对危机的突发性（无法预料、措手不及、难以控制、急需做出决策）、不确定性（连锁反应）、公众性（新闻性，容易产生负面影响）、风险性（危险和机遇）、社会价值观受到威胁（可能危及社会及组织的信誉和基本利益）等特性的定义。

危机管理的定位仍然是最大限度地减少危机对组织的伤害，帮助组织控制危机局面，尽最大能力保护组织的信誉。危机管理基本流程、原则等在现在是完全适用的，但是要提速了。

我在香港中文大学的讲座属于校企合作项目。在黄懿慧教授的课程中给硕、博士研究生开设"内地冲突管理"讲座。讲座以案例学习方法进行。我专门为课程写了教学案例和讲授提纲，案例交给同学研讨。我除了讲述相关基本理论，主要抓住两个要点。一是课前让同学组成小组预习，讨论并准备课堂分析报告；二是讲座中在案例分析过程中详细讲述危机事件发展的逻辑线路，导入冲突管理知识点。

黄懿慧教授的研究生能力很强，为案例研究做了很多贡献。黄懿慧教授觉得我对"王老吉品牌之争"案例讲得透彻，蕴含的理论与她的课程知识点高度吻合。因此，连续几年都要求我一定要讲"王老吉品牌之争"案例。加多宝时期的王老吉，成功运用了公共关系、企业社会责任（CSR）和品牌营销整合战略，取得了良好市场效果。

闻道 PR：2019年香港特区政府咨询多家跨国公关公司，希望改善国际形象。您如何看待这一事件呢？政府危机公关在多大程度上是可为的呢？

谢景芬：香港特区政府的确就"香港重新出发"宣传计划招标，而香港的公关公司都没有投标，后来是一家名为 Consulum FZ LLC 的外国公关公司以4900万港元的价格拿到这个项目。项目做完后，社会反应大，说这家公司收费高昂，但又不见成效，批评政府花了这么多钱。政府解释有合约，都是按合约办事，将逐步在全球推出宣传计划。

我想，这不是一个危机事件。香港特区政府一直有效地宣传香港城市品牌。我们也一直有承担香港特区政府在内地宣传香港的项目。例如"见·识香港"展览、香港回归祖国周年活动等。我讲"城市形象传播"的课程时，也经常讲述香港城市形象传播的案例。就这一事件，香港特区政府有向公众发布信息，项目是按照规范招标程序、工作流程持续开展的。为何香港本土公关公司没有去投标，究其原因，一是受香港"2019黑暴"事件影响，二是能做这样的全球传播计划的公司本来就不多，大家估计这个项目很难做。当然，也说明公共关系专业机构承担国际传播的核心能力有待提升，需要培养具有国际服务能力的公关集团。

闻道 PR：您受香港方志中心的邀请，就其中的设计、广告等提供专家审稿意见，能否谈谈详情？您认为地方志在塑造地方品牌形象方面有何助益？

谢景芬：方志是记述地方情况的史志，编修方志是中国悠久的文化传统。我和香港崔绮云老师受香港方志中心的邀请出任《香港参与国家改革开放专志》外发审稿专家学者，审核修订《广告与公关》志稿。这一项目是由"香港明天会更好基金会"主办的。以方志这样严谨的形式，把香港在国家改革开放以来广告与公共关系的历史记录下来，的确是好事。录入方志的内容都要有严格考证。例如，我们方圆公关是第一家内地与香港合资的公关公司，需要以当时的全部注册资料、投资证明等作为依据。相对权威，不是张三、李四写一本历史书那种格局。在这个过程中，我们纠正了不少像谁是广告教父、谁是公关教父这类似是而非、没有事实依据的史实。方志对历史研究，为行业、专业发展研究，为城市品牌研究等提供了严谨的事实依据，做方志是一项有意义的工作。

闻道 PR：尽管公关的本硕博培养体系在西方发达国家，尤其是美国非常盛行，多达 300 多所高校开设公关专业，但在国内高校，公关被视为实务性很强的专业，在 985 或双一流建设高校开设公关专业的少之又少，您认为是什么原因造成了国内公关教育的发展困境呢？国家政策鼓励培养紧缺和高阶的职业技术人才，有人认为可将公共关系变为高级职业教育专业，您怎么认为？

谢景芬：我觉得反思国内公关教育的发展困境应该从公共关系专业自身找原因。你有没有不可替代的专业核心能力？公共关系自身核心能力不强是重要原因。看看其他学科的核心能力可以证明。经济学凭一条曲线道尽变化，甚至就是这条曲线可以进行战略决策分析，这是经济学的核心能力之一。

管理学和市场营销专业有组织能力模型、供应链模型、战略地图；市场营销有 4P、4C、4R、4I，产品生命周期计算，盈亏平衡计算，市场细分和定位战略工具，品牌价值计算，市场潜力计算，市场增长市场份额分析，各种比率关系计算方法，太多了。广告也有，它的创意设计能力是核心能力。

闻道 PR：公关、广告和营销的界限日益模糊，请您谈谈何谓公共关系的核心能力？很多国外高校把公关关系更名为战略传播或战略公共关系，您如何看待这种转变呢？

谢景芬：专业边界模糊很正常，许多学科都有这样的现象。管理学有种理论希望淡化边界，关键是每一个专业学科要有自身核心能力。什么是公共关系的核心能力？我认为公共关系思维、专业技术能力和公众关系管理能力是专业能力。培育大师，培养领军人才，多出研究成果是公共关系教育的核心能力。核心能力是不可复制的能力。

我用图片的形式将作为公共关系核心能力的公共关系思维、专业技术能力、公众关系管理再做分解，看看公共关系核心能力构成，具体如图 2 所示。

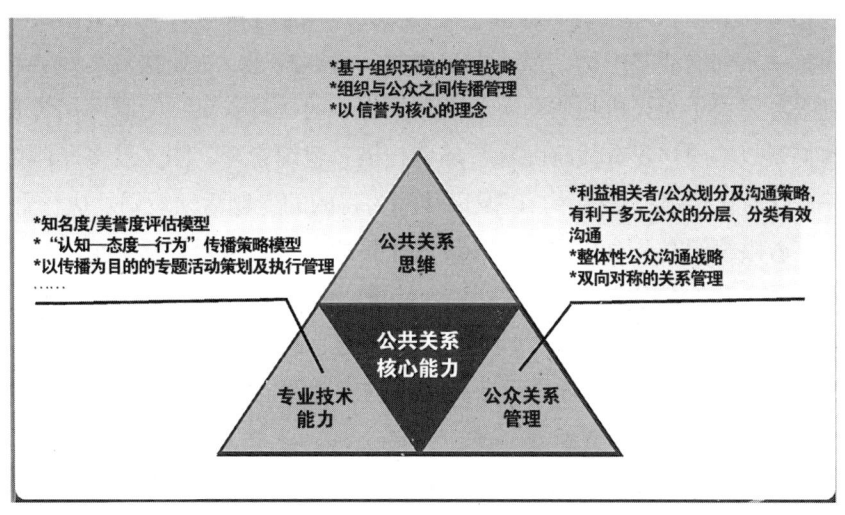

图 2　公共关系核心能力构成

公共关系思维：

* 基于组织环境的管理战略；
* 组织与公众之间的传播管理；
* 以信誉为核心的理念。

专业技术能力：

* 知名度 / 美誉度评估模型；
* "认知—态度—行为"传播策略模型；
* 以传播为目的的专题活动策划及执行管理。

……

公众关系管理：

* 利益相关者 / 公众划分及沟通策略，有利于多元公众的分层、分类有效沟通；
* 整体性公众沟通战略；
* 双向对称的关系管理。

够了吗？当然不够，差距在于缺乏数据化指标，比如信息挖掘、AI 的应用。期待更多的学者从组织实践实证研究中总结。应该看到，核心能力是不可替代的专业能力，有了强大的核心能力，何须惧怕被裁减。

战略性公共关系概念很重要。战略包括规划和实施策略，是一个系统两个不能割裂的方面。和明代哲学家王阳明说的"知行合一"道理是一样的，道和术是统一体。战略性公共关系着眼于组织实现长期信誉管理目标，通过环境扫描、资源配置进行规划、决策与实施、评估及回馈调整的管理过程，关键是战略能够转化为行动。著名的战略管理学者迈克尔·波特教授，创立战略地图理论的罗伯特·卡普兰教授以及斯各特·卡特里普都认为"战略的本质存在于活动之中"。

战略包括战略及其战略配称。比如，中国 2021 年前消除绝对贫困是伟大的战略。战略实现必须有一系列的战略配称：第一书记进村、易地搬迁、企业扶贫车间、农业技术服务站及农机服务公司（无人机喷农药）、大数据中心的扶贫资讯、互联网销售农产品……同理，公共关系战略同样要有战略配称：环境扫描、组织管理、图文及多媒体传播。特别是如何在碎片化时代传播技术变革，以及以传播为目的的专题活动策划及执行管理，等等。公共关系战略着眼组织与公众长远目标，形成完整的专业架构，包括组织环境管理、公众关系、战略传播、信誉管理、品牌管理、整合传播、企业社会责任、企业文化、议题管理、危机预警管理及危机传播等。战略管理包括战略制定、战略实施、战略评价及回馈调整。

闻道 PR： 请您谈谈新文科背景下公共关系的发展路向。专业理论与实践性教育（包括案例教学的议题）如何结合呢？

谢景芬： 我觉得教育部倡导的新文科教育体系挺好。因为拍摄新工科专题片的原因，我深度考察了深圳南方科技大学新工科教育模式。我们拍的 5 集南方科技大学 CDIM 新工科专题纪录片，被教育部网站两次刊载。结合我长期的关注及参与大学教育经历，我觉得这是非常好的教育改革模式。

新文科改革方案与新工科改革理念是一致的。比如"夯实基础学科，发展新兴学科"，亦有人建议把公共关系变为高职教育。其实不然。高职教育重点培养学生的技术能力。而公共关系教育应该定位培养专业领军人才（注意，是领军人才）。世界 500 强企业，许多政府职能部门都设有公关部，转变为高职教育当然没有可行性。推进公共关系创新教育需要老师与之相适应。举例说明，香港科技大学工商管理学院的教授任教 EMBA 课程前，会被要求先去学习一个 EMBA 课程。

我想，学习南方科技大学 SDIM 新工科教育模式，公共关系创新教育发展路径可以这样设计。

第一，以学生为中心，以培养公共关系专业的领军人才为目标。强调通才教育，毕业生既可考公务员，也可到企业、非营利组织去，还可以创业。

第二，夯实学科专业理论及实操能力培养。学科专业理论的学习要根据专业需求配置完整的课程体系，包括公共关系、新闻传播学、管理学、心理学、形式逻辑等。实操能力培养包括提供环境扫描等课程，传播管理的专业技术（重要）包括中文和英文写作能力、摄影技术、多媒体技术、人工智能、大数据、大型活动策划及执行管理能力（专题活动项目管理）技术。

第三，加强公共关系实践性教育。实践性教育模式可以从多角度探讨。

（1）建立项目导入式学习模式

方法一，推行项目导入式学习方法，推动融合式学习模式，促成学生主动式学习氛围，让学生成为学习的主角。精心设计蕴含专业学科知识的项目，项目是为课程模拟设计的，关键是要在项目学习过程中展开专业理论的教学。比如，一个危机传播的模拟项目，可以展开相关学科理论的教学。

方法二，建立公共关系实践项目库，让学生在实践项目中学用结合。中国大学生策划大赛创造了一个很好的模式，可以在日常教学中导入这一模式。学校向企业要教学实践项目，建立教学实践项目库。这一举措有利于推动公共关系学界和业界交流与合作，可以实现产、学、研一体化，有利于培养一批有影响力的教学领军人物。

两种方法均有利于理论教学与实践教学的融合，有利于学生在应用中学习。

（2）推行具有实质意义的案例教学模式

案例教学不是举例说明，不是学术论文的个案研究，而是运用隐含了学科理论的教学案例进行教学，对培养学生解决复杂问题能力十分有效。我们在 EMBA 课程里，曾经分析的案例有上千个。建立真正意义的案例教学，应该建立中国场景下的案例库，推动有偿使用案例机制。

闻道 PR：公关学界和业界的交流与合作还远没有到新工科教育实现产学研一体化的

理想境地,您认为他山之石能攻玉否?高校和企业在培养高级公关人才的时候应分别扮演什么角色呢?

谢景芬: 他山之石当然能攻玉!十几年来,香港科大运用新工科模式培育了粤港澳大湾区大疆无人机、云洲无人船,以及广州、东莞、深圳一大批无人机、机器人、黑科技公司,说明新工科创新教育的成功。实际上,排除专业的差异,各学科的教育有共同之处。我建议把培养"高级公关人才"转变为培养"公共关系专业领军人才"。

高校和企业在培养公共关系领军人才中是合作伙伴关系,可以取长补短,还可以资源共享。从技术的角度,企业一定比学校先行,因为它要实时处理市场的挑战。从理论的角度,学校一定比企业强,因为它系统地梳理与研究专业理论。因此,各自的角色十分清楚。我早年就看到大学的船、机、电工艺教材几乎全都是由大型企业的专家编写的,而造船理论教材则是高校老师编写的。分工很明确,合作天衣无缝。毕业生到企业后马上就能适应。

我在调研、拍摄新工科教育的专题纪录片时,看到了校企相互的需求。企业愿意资助学校,开发新产品。在中国大学生公共关系策划创业大赛中我同样看到企业有对大学参与公共关系项目策划的需求,关键是要有像中国国际公共关系协会这样的角色把这种合作组织起来。总之,前景是光明的。

文字整理校对 | 袁锦娟 谢铭璐

陈特军：四个维度、六大职能，建构组织的"大公关"体系

专家简介

陈特军，骏丰健康首席市场官，士力清护眼科技创始人，蓝莓会会长，暨南大学终身创业导师，中国新营销100人，2023年度匠心营销领袖。曾任汤臣倍健首席品牌公关顾问，百果园首席营销顾问，榄菊集团首席品牌公关顾问，天草集团品牌顾问。曾任职伊利集团、立白集团、汤臣倍健等知名企业，为立白集团与汤臣倍健建立全面品牌声誉与危机管理体系。主编图书有《重新定义营销：移动互联时代营销大变局》《爆款文案》《销售攻心战：第一次销售都是一场心理战》。

图1 陈特军照片

摘要：大公关体系要从四个维度和六个职能去解决问题。

访谈正文

闻道PR：您的经历非常丰富，从雀巢、伊利的营销基层做起，26岁就成为伊利最年轻的全国行销经理，加入立白集团后开始负责公关传播。从营销到公关，您在这个身份转换中最大的感悟和体会是什么呢？

陈特军：从营销到公关首先是沟通的对象发生了一个重要的改变，销售主要面对的是顾客，主要分为两类，一个是B端的渠道客户——经销商。另一个是C端用户，也就是消费者。之前做销售的时候主要考虑这两个沟通对象，对经销商渠道要讲盈利的点，对消费者就要提供给他们更好的产品和服务。品牌公关沟通的对象是社会公众和企业利益相关方。这个是不一样的，公关人员的沟通对象是整个社会，整个企业的利益相关方；销售人员是特定对象，即渠道合作伙伴和消费者，这是第一个区别。

第二个区别是同样在做推广，卖东西，但售卖的东西不一样了，做销售的时候，主要推广的是产品与服务，但是做公关的实质推广的是企业和品牌，一个是商品，一个是认知。

第三个区别是沟通的方式发生了重要转变，在做销售的时候，沟通主要是通过软、硬广告来实现的，而公关主要是通过新闻传播和全社交媒体的内容口碑来实现的。

两者各有各的挑战，销售相对纯粹，主要是策略与战术层面的思考与执行，考虑的更多是企业当前面临的问题。公关则涉及企业战略，比如企业自身价值定位、企业文化、社会责任、危机管理这些涉及企业健康可持续发展的根本问题。

闻道 PR：就等于从有形到无形，从短期到长期？

陈特军：对，可以这样理解。销售更多的是商品输出；做公关传播的更多的是价值输出，销售实现的是短期目标，公关实现的是企业长期目标，核心点就是要让各利益相关方认同企业的品牌理念和价值文化。

闻道 PR：好的。利益相关方的构成虽然更复杂，但顾客仍是主要群体。在面对顾客的时候，营销传播和公关传播有什么不同呢？

陈特军：做商品销售的时候，对消费者传递的更多的是产品的现实功能，比如这个商品能为你解决什么问题，有清晰明了的产品广告就可以。在做公关传播时，要输出品牌理念和价值文化，要进行情感交流，需要全方位、多维度的公关传播。

闻道 PR：好的，您在立白曾负责奥运推广及公关传播。立白是 2008 年北京奥运会的洗涤用品供应商，您能否分享立白在北京奥运会上做出了哪些举措，取得了什么样的成效呢？

陈特军：首先，奥运是全球最顶尖的赛事，口号是"更快、更高、更强、更团结"，追求的是一种极致，是非常有品质和高度的赛事。立白赞助奥运是想宣传立白追求极致、追求质量的品质，这与奥林匹克精神内涵一致。做了奥运推广，得让公众知晓。当时我们出了奥运主打款的去渍霸洗衣液，也是奥运的专属款，在洗涤效果和品质方面我们就提高了一个档次。我们把奥运元素加在终端和我们全渠道消费者能看见的地方，让消费者能够更快地知道立白是奥运的供应商，从而产生立白奥运级品质的品牌联想。

闻道 PR：立白也在东京奥运会上赞助了女子重剑。当然，北京奥运对我们国家有特殊的意义。

陈特军：对，第一次承办奥运会，是我们中国形象走向国际的一个关键的里程碑式的事件。

立白当时做这个事情有两个方面的考虑，第一个是奥运对立白产品品质的背书，能提升立白品牌形象，第二个是尽一份企业的社会责任，为中国举办奥运出钱出力。

闻道 PR：一些品牌在进行奥运宣传时曾"翻车"，因为涉及价值观。请问立白有没有遇到过这类挑战或困境呢？

陈特军：由于立白提前做好了比较充足的准备，因此并不存在这样的问题，而且奥运赞助商本身的品牌形象、企业形象与产品形象就需要与奥运精神相吻合，在质量把控和对外内容输出方面要求更加严格。"翻车"的原因是企业价值理念与赞助对象价值理念不吻合，或者输出内容不匹配。我们通过对外内容输出的严格把控和将奥运精神的诠释与企业结合在一起实现了品牌传播，以稳为主，因而没有发生"翻车"事件。

闻道 PR： 您加入汤臣倍健后，处理过的几个危机事件都可以列入中国近年来最成功的危机公关案例。您认为在危机管理中，企业最应具备的战略思维是什么？如何提高危机预防、危机管理的水平呢？

陈特军： 汤臣倍健的危机能成功处理首先主要还是企业文化的胜利，其次才是处理策略的成功。汤臣倍健一直都以"诚信比聪明更重要"作为企业的经营理念，产品品质有口皆碑。

对于企业最应具备的危机战略思维，我认为可以概括为两个点，第一个是道重于术，第二个是防大于治。

第一个"道重于术"，危机战略、企业文化比危机的处理策略重要。"道"是企业价值、企业文化。企业如果价值观不正，企业文化不良，就会导致整个企业从上到下的行为发生偏差，每一个偏差都会导致危机的发生，从而企业危机层出不穷，危机处理者防不胜防，疲于奔命。价值观和文化可以保证企业从主观上不犯错，不会从主观上去伤害利益相关方。

企业文化不是虚幻的，它会体现在你具体的行为里。如果企业文化很端正的话，企业发生危机的可能性就小。如果企业只追求自身利益，就可能做出很多损害其他利益相关方的行为。

因此，我认为企业文化是危机管理的"道"。那企业文化是什么？我认为主要由三部分构成：愿景、使命和价值观。

如果企业忽略企业文化的建设，只是一味追求利益和管理技巧，那就是舍本逐末。"道"（企业文化）出问题了，用"术"（技巧、策略）是很难弥补的，这就是"道重于术"。我举个例子，谷歌的价值观叫"不作恶"，稻盛和夫的价值观是"敬天爱人，利他之心"。当企业秉承这个的时候，犯错的可能性很小，公众自然对企业尊重、认同。

闻道 PR： 汤臣倍健的价值观和口碑都是很好的。不过社交媒体时代危机往往是突发的，很难杜绝所有的危机。

陈特军： 所以我说它是"道重于术"，并不是说"术"不重要。文化理念都要通过体系和行为准则来保障，这就是"术"的层面了。"道"是根本，在这个基础上"术"也要做到位。这两个不是非此即彼，而是先后关系、表里关系。除了"道重于术"，我们还需要坚持"防大于治"。

"防大于治"指预防大于处理，危机在未发之前预防和刚发生时及时处理是比较重要的，一旦爆发后再来处理是很难的，只能通过正确的策略部分挽回。

史蒂夫说过，危机发生有四个阶段，从潜伏期、爆发期、持续期到痊愈期，各个阶段都有各自的特点。

在潜伏期时它不容易被发现、察觉，但很容易处理。例如安全门、消防门被关是小事，不易发现与察觉，而一旦发生火灾就可能要人命。但如果一开始做好预防，及时检查，是很容易解决的，你把锁打开就好了，一旦发生火灾，人们很快能逃生。这就是在潜伏期要及时发现、及时处理。

而对企业来说，一定要做好外部的舆情监测以及内部的危机筛查，这两个动作一定要做。外部的舆情包括媒体报道与公众口碑，要勤于收集各个利益相关方对公司的看法与反馈。

很多人认为舆情仅限于新闻媒体的报道，其实除此之外的利益相关方对于企业的评论和评价也都应称为舆情。常做合作伙伴、股东、顾客、员工、供应商满意度调研等是有助于把握舆情、消弭危机的。

如果员工满意度低，这时就要剖析为什么员工满意度低，出在哪一个问题上。如果顾客满意度低，就需要考察产品质量、包装设计、使用体验、售后服务等是否出现问题。发现问题、解决问题，危机发生的概率就会变小。

如果能做到这样，企业口碑以及整个舆情环境对企业来讲都是有利的，即使客观原因有疏忽，但大家对你的印象很好，你处理起来也很容易。但如果大家对你已经很有意见了，只是敢怒不敢言，这时再发生危机，肯定是墙倒众人推，大快人心。优秀的企业即使偶尔犯错，公众也倾向于原谅它。

这是外部的舆情方面，接下来说内部的危机。每一个企业内部都会有很多可能爆发危机的点。平时我们如果不刻意去做危机预防的话，完全依赖管理者的专业性，只靠员工的自觉和部门负责人的专业性是危险的，应该通过组织体系去保障。

在汤臣倍健，每3个月我们会做一次内部危机源筛查，让每个部门把其负责领域可能发生危机的点列出来，每个季度对照清单进行筛查。

比如说我们的消防要检核，消防器材、安全门检查，员工培训，消防演练等，这样能降低发生危险的可能性，即使发生的话你也可以及时解决。

再如仓储，要防火、防潮、防虫、防疫及进行消防安全检查，这些工作都是可能产生危机的关键点，这些点也都是日常容易疏忽的。但如果制度要求负责人把可能出现的点全部列出，每个季度检查一遍，就很容易发现问题，可以预防。

因此，我们要有危机意识，要警钟长鸣。危机管理是什么？海尔张瑞敏说战战兢兢、如履薄冰，华为任正非在他如日中天的时候提华为的冬天，这些优秀的企业家都有极强的危机意识。《中庸》说"预则立，不预则废"，我们也都知道千里之堤溃于蚁穴，这就是"防大于治"。

闻道PR：没错，企业的公关理念应该贯穿于企业管理的各个层面。您在汤臣倍健构建起国内上市公司第一个大公关体系。我们应如何理解大公关这个概念呢？

陈特军：大公关体系要从四个维度和六个职能去解决问题。我们先说四个维度。四个维度包括危机战略、组织保障、危机意识、公关体系。

首先是要有危机战略。比如汤臣倍健的核心方针政策就是"道重于术，防大于治"，我们对整个企业的价值观进行了梳理，对于危机进行了预防。这就是第一个，从战略层面要重视。

其次是要有组织保障。比如公共事务中心在汤臣倍健是一级部门，与销售中心、市场中心并列。此外，汤臣倍健还有一个危机管理委员会，这是组织架构的最高层，类似于企业战略委员会。设立危机管理委员会在中国的上市公司里面是不多见的。其中，危机管理委员会对危机战略和重大问题进行决策，然后公共事务中心作为一级部门是一个日常的执行和实施部门。此外，我们在各分公司里面还设有公共事务专员，这就保障了我们从组织层面能够既有决策又有执行落地，然后有一个比较高层级的部门去统筹，这个体系非常完备。

再次是要有危机意识。汤臣倍健每年都要进行全员的危机管理培训，从高管到基层员工都会进行定期培训，使危机意识能贯穿全员。

最后是要有公关体系，这具体涉及危机管理的日常职能和措施，这里又涉及六大职能，分别是新闻传播、公关事件、企业文化、社会责任、关系管理和危机管理。

第一部分是新闻传播，即持续使公司保持阳光透明的状态，把公司的一举一动呈现在公众视野中。企业越透明，公众对企业的信任度就越高，企业发生危机的可能性就越小，因此，新闻传播职能是我们公关体系的第一个职能。

第二部分是公关事件，即公关传播。我们会主动发起一些体现企业社会责任、企业价值观、企业爱心的公益活动和事件，然后进行内外传播。这对建立良好的企业形象很重要。

第三部分是企业文化。汤臣倍健的企业文化是价值优先，由公共事务部门统领。在梳理完企业文化之后，则需要全员贯彻，而非一纸空文。

第四部分是社会责任。一家能够对利益相关方负责并与其保持良好沟通关系的具有社会责任的企业，发生危机的可能性很小。

第五部分是关系管理，即与政府、媒体等各方保持良好的沟通关系，如此能够使各方更充分地了解企业，同时在发生问题时企业可以有多方的沟通渠道。因此，关系管理是一个很重要的环节。

第六部分是危机管理，即对于危机的预防、响应，以及危机发生之后的处理与改进，还有品牌声誉修复等。

大公关体系具体如图2所示。

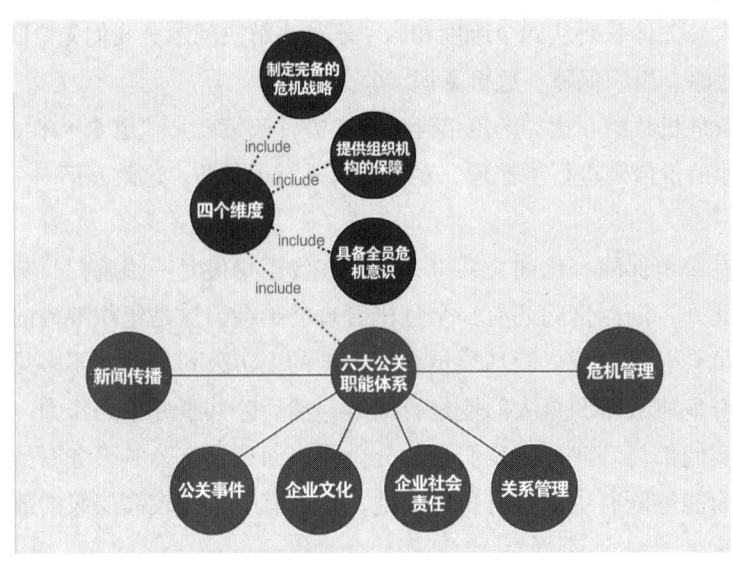

图 2　大公关体系

闻道 PR：这是一个非常全面的大公关体系了。您觉得大公关思维适合所有的企业吗？是否也可以应用到其他组织，比如非营利组织和政府机关呢？

陈特军：我觉得大公关思维可以用到所有的组织里面，只需要对四大维度、六大职能做一些适配性的调整，大中型企业和上市公司完全可以借用。

小型企业，即便没有这样的能力，也可以抓大放小，把主要的框架建立起来，适当合并一些职能，比如企业文化、企业社会责任就可以合在一起，新闻传播跟公关事件可以合在一起，便于小企业运作。整个框架不但适用于所有企业，甚至也适用于一些政府机关。

闻道 PR：可以把它内化成一种思维，可能不一定说要全部具有，但是如果有这种思维的话，对于任何一种类型的企业都会是非常有帮助的。这个体系跟您所说的"做势"的理论体系是否存在关联，能否谈谈您提出的做势理论体系呢？在实践中，我们应如何"做势"呢？

陈特军：大公关体系有助于确保企业安全和企业可持续发展，从这个层面上更多的是社会对于企业的认可，但是做势可能更多地用于创业型企业和新项目这一块，因为我们知道很多项目和创业型企业从沉默中开始，也在沉默中结束。

甚至一些大组织的新项目，从立项到关闭也是静悄悄的，为什么呢？其实是没有做势思维，它没有把这个"势"调动起来，成功的概率就小了。

这个做势，我把它分成了五个部分，第一个部分叫取势，选择很重要，选择比努力更重要。如果你选择了一个错误的方向，基本上不管怎么努力都是事倍功半的，但如果你选择了一个好的、对的方向可能就会事半功倍。

有什么样的方法来保障我们这个取势是正确的呢？

对标全球先进的和可行的东西。我一直在讲"发达市场的今天就是我们的明天"，市场在不断升级，大家越发关注基本需求之外的东西，它们从哪里来？很多源自一些发达国家和地区，我们通过对标全球，跟上时代的势头，甚至能后来居上。

我 2008 年在立白的时候，做洗衣液的 3 年规划。当时我看了北美的数据，洗涤市场的构成是洗衣液占主导，洗衣粉是小部分，而洗衣皂市场份额非常小，而中国当时洗衣粉占主导，洗衣液和洗衣皂是小部分，几乎完全相反。

我们就据此预测未来发展趋势是洗衣液为主导。现在十几年之后，证明当时的这个方向是对的。互联网对标全球的例子更多，比如腾讯的创业史就是一部把全球最先进的互联网应用平移到中国，再通过创新超越的例子。

对标全球是迅速发展的一个方式，在选择取势的时候，要对标全球发达市场，视野要放宽。

取势之后，即使选择同一个方向，也有的企业成功，有的企业失败，这涉及第二个部分，叫作蓄势，就是练内功。

你要有内功，方向对了之后，你的体能跟不上，比方说我们要跑个马拉松，如果你的体能储备不够，你的后勤物资保障不够，你是很难跑到终点的。因此，我们就要蓄势，产品和渠道是蓄势的核心，有好的产品是根本，我们这个产品指的是广义上的产品，包括商品、服务、培训教育等。

同样的产品你卖 10 块钱卖不出去，我卖 60 块钱都能卖出去，这是因为产品的品质、产品的附加价值是不一样的。我的产品可能定位很精准，功能很强大，品质很好、附加价值很高，这样我们产品贵别人才接受。你的产品卖得便宜，但是大家都不接受，是你的产品本身品质不好。这是内功，没有好产品就没有内功，你的招式再花哨也是没有用的，这就是蓄势。

有好的东西得有好的渠道，要找到适合的地方卖，你要么自己掌握资源，要么能找到这个资源而且搞定这个资源。你要找到你卖货的地方，让消费者能见到它才能买到它，这两个维度是蓄势最核心的部分。

第三个部分是做势，有了好产品、有了渠道也要做好品牌定位，搞清楚你卖给谁，这是第一点。比方说要做一款给年轻人的饮料，但是你的渠道是在超市、食杂店，那你可能卖不了。现在年轻人都喜欢去便利店，如果你找到便利店，找到 711、全家这种年轻人爱逛的店，或者线上电商的渠道，那可能消费者就接受了，因为年轻人都喜欢在便利店和线上购物。

精准定位是品牌的核心，要定位精准、目标人群清晰，再找到心智标签，把心智标签打到你的目标客户心里面去。

比方说我的头发油并且头屑多，海飞丝打的去屑正好匹配了。我去屑就想到海飞丝，我有去屑需求就会找海飞丝，但是如果我的头发没有头屑的烦恼，我希望它柔顺一点，那个时候会买飘柔。我希望留香效果好就选阿道夫，我喜欢浪漫就买寇斯汀鲜花洗发水，等等。把你的人群定位和你的心智标签匹配起来，你的产品就做对了。

第二点，你在赋予品牌功能价值的时候，还要赋予它情感价值，有情感价值的品牌要有高度和温度。第三点，高度。高度是指品牌的价值观。比如汤臣倍健的价值观是为健康人管理健康，这是一种高度。温度就是情感温度，飘柔能使头发柔顺，我的洗发水也能，为什么就选飘柔不选我的呢？因为用飘柔让消费者更自信，所以要有情感上的关怀和交流，这是品牌的温度。

第四点，品牌构建厚度，即构建信任背书。有历史背书，比如九芝堂、同仁堂、陈李济；有明星背书，比如姚明、蔡徐坤给汤臣倍健代言；有科研背书，比如华为拥有核心科技。

第五点，品牌要有热度。要持续曝光，要传播，要有存在感。如果大家都不知道，没听说过你的好，你所有的背书，所有的高度、定位，包括你所有的温度，都是自嗨。没有把这些东西传递给消费者，消费者会喜欢你吗？会用你的吗？不可能。

热度就是传播和沟通，这些通过好的内容，再找到适合的媒介渠道来实现。因此，你要热度，就要不断通过公关、媒介、口碑等各种传播方式，让大家始终能感知到你、记得你，在有需求的时候能想起你，这很重要。

第六点，黏度。要和用户发生持续连接，不是买一次他就走了，你从此以后跟他没关系了。怎么连接上用户，持续和这个用户发生关系，这一点很重要。

做势的核心是品牌，而品牌是由精度、高度、温度、厚度、热度、黏度这六个度建立起来的。

做势讲完之后就是第四个部分借势，借势其实主要就是公关了。借势，第一，借时之势，比如奥运就是个"时"，它也是个"势"。比方说现在处于一个爱国情绪高涨的时间点，那讲爱国、讲国潮就是借时之势。

第二，借事之势，如奥运会、亚运会、世锦赛这种大赛事，或者其他众所瞩目的大事件。比方说鸿星尔克，河南水灾捐了5000万元，结果卖断货了，这个就是借事之势。

第三，借人之势，这个人既可以是权威专家，又可以是大众明星，还可以是普通人，像明星、关键意见领袖（KOL）、专家代言，都是借人之势。再如"百万妈妈的选择"，这个是普通人代言但是人数多。这个也是借人之势。

第四，借平台之势，成功的可能性很大。微博热的时候做微博，公众号热的时候抓住公众号，抖音火的时候，做抖音，品牌都很容易借平台之势传播。抓平台的红利能让企业事半功倍。但如果已经变成一片红海了，再去平台发展就很难成功。

第五，借跨界之势。跟知名企业做有创意的跨界合作很快就能把品牌带出来。跨界主要是跟有关联点的异业合作，比如成人口腔护理品牌舒客，它提金眼银牙？要看得清吃得香，这样它就可以与眼科、牙科跨界合作。小品牌找知名品牌跨界，立马就把小品牌档次和知名度拉上去了，这就是借势的5个方法。

第五个部分是定势。当你通过前面四个"势"把企业已经做到一定高度的时候，有两个任务，第一个是要防范危机，第二个是要构建"护城河"，延展上下游和横向的生态，纵向把上游的供应链做强，把下游的渠道做强，把用户的黏性做强。横向即做布局，将产品线扩充延展。这样能把企业壁垒做得更高，所以你要把"防火墙"和企业的"护城河"。

危机防范，前面已经讲了。做企业做品牌就是这样——建好10年搞坏10天。比如某洗发水品牌做了十几年，但是就一个莫须有的致癌风波，就让自己受到很大的打击。虽然，最后胜诉，是香港《壹周刊》诽谤，但是因危机处理力度不足，大家仍然不知道真相，还是很多人相信这个洗发水致癌。

闻道 PR：对，星巴克也有相似的争议，也是有消息说它致癌，但是星巴克危机管理就做得很好，及时澄清了。

陈特军：对，所以说定势就是两块，一块是构建"护城河"，另一块是做好危机防范。这个就是我的营销"五势"，合起来叫"做势理论体系"。

闻道 PR：您的职业生涯跨越了品牌营销、公关传播领域，如今您创始的蓝莓会也在推动这些领域的无界融合。您觉得营销、公关、广告融合的契机和切入点分别是什么呢？

陈特军：其实跨大营销的几个职业领域的话，我觉得核心点还是基于人性和价值。第一个是人性，营销的岗位会变化，时代会变化，工具会变化，但人性是不变的。人性有光明面和阴暗面，消费者心理学、消费者行为学其实琢磨的都是人性。公关、媒介、危机管理、营销，这些领域都要把握人性的特点。

第二个是价值。满足目标对象的需求和特点，是企业的行为准则，是它的价值。营销是相通的，开发好的产品，就是为他人创造价值，要利他、诚信、有责任、有担当，不管在哪个领域都要保证这些价值层面的东西。

闻道 PR：您创始的蓝莓会，按我的理解，旨在打破孤岛状态，形成企业共享的大社群网络。您能否具体分享一下蓝莓会的理念与构想呢？

陈特军：蓝莓会是一个社群，社群不是建个群就是社群了，社群得有主题、核心价值、共同特质和温度。人以群分，物以类聚，蓝莓会就是把营销人聚在一起，因为大家需要互通有无，相互关爱，抱团取暖。做蓝莓会平台就是让大家能够在营销的议题上相互交流、交朋友，做有温度的连接，大家能在一起抱团取暖、相互吐槽、互帮互助，有一个情感的宣泄口，有一个交流的通道。另外，在这里可以联系生意，连接资源，帮企业营销人员迅速打破壁垒。

闻道 PR：您这个无界融合的理念和教育部提出的学科交叉融合的趋势不谋而合。在这样的融合背景下，培养公关、营销、广告等领域的专业人才是否还有必要呢？

陈特军：我觉得这个是有需要的。因为尽管底层的逻辑是一样的，但细分的技能还是有差别。我觉得可以培养一专多能型人才，就是在某个领域特别专业，其他的也懂一点。公关也好，广告也好，营销也好，传播也好，媒介也好，其实都需要一专多能型人才。

具体培养方式可以把学科分为基础学科和专业学科。基础学科主要介绍消费者心理和消费者行为等，广告、营销、公关、媒体的从业者都需要掌握消费者心理、消费者行为。

人性是哲学层面的，各个专业是相通的，基础学科一定要学扎实。基础学科你要懂，专业学科帮你养成职业习惯。有时候道理懂了，但是没有形成职业习惯，有可能出现听懂了却做错的情况。对专业要形成本能性的反应，不断去巩固，最后才能把它做对。因此，各个专业存在仍然有必要，但是既要有交叉融合的部分，又要有专业擅长的部分。我建议培养一专多能型人才，学术也不是一个孤岛。

营销跟很多学科都有一定的相通性，营销还是很多学科的交叉领域。比如现在数字化时代，移动互联网对数据、对技术的依赖更强了，懂技术的人才更受企业青睐。因此，公关对一专多能型人才是尤其需要的。

闻道PR：其实公关还是很符合这个趋势的，因为它是一个交叉学科，营销、广告、传播、心理学、消费者行为学、组织行为学，都与公关是有交叉的。

公共关系学在西方是上升势头强劲的朝阳产业，数据显示，中国公共关系行业也在蓬勃发展，对人才的需求十分旺盛。然而，国内开设公共关系学专业的高校很少，还有很多学校在裁撤公共关系专业。您怎么看待这个反常的现象呢？

陈特军：在国内，对于公关的概念、地位，大众的认知已经产生了一定程度的偏移，可能大家对公关带有一定的偏见。以前大众会产生两种误解，第一个公关是搞关系的，第二个公关是救火的。其实普通大众甚至有一部分专家的理解，都有偏差，如果你把它当作搞关系的职业，很容易产生抵触情绪。

公关是一种沟通的工具、手段，它是为了企业拥有一个良好的内外部环境，它是为了企业能够良性发展、防范危机、端正价值、创造文化。从这个层面来讲，公关的定义、范围就广很多。

现在公关界的关键问题是招收什么样的人才，招收的人才能不能胜任工作，以及公关的从业者、学者、高校是否给整个社会公众一种正确的导向，这点很重要。是否能让公众明白，公关不是负面词。如果公众对公关持续产生认知偏差甚至负面情绪，公关人才也会受到歧视，高校就觉得这个专业没有价值，跟它们培养人才的方向背道而驰。

因此，院校、专家、公关从业者都要为公关去正确地发声，让大家对公关产生正确的认知和理解。

另外，高校设置的公关专业，其学科设置是否合理，能不能满足社会的需求。前面说过公关的基础学科是消费者心理、消费者行为、社会舆情研究等。这些学科设置是否到位，知识培养扎不扎实，能不能跟上新的形势，都影响着公关学科的发展。比方说，现在公关很重要的一个职能是沟通，即沟通企业内外利益相关方。当沟通的工具发生了很大变化，从报纸、电视到微博、微信公众号，再到现在的抖音、快手等，人才培养是不是与时俱进？专业是否与社会接轨？人才能否适应和匹配职业发展？如果匹配不了，用人单位对于公关专业人才的期待跟实际水平产生反差，可能就会认为培养的人不好用。

这些方面都是需要考量的。第一个是大家意识的改变；第二个是我们学科的设置；第三个就是人才培养的观念，是否要和企业共同来培养。产学研的结合是不是做得足够通畅？这个是有很大关联度的，一旦脱节、观念发生偏差或学科设置不合理，产学研没有形成一个贯通，可能对于学科的发展，对于这个专业的人才的未来成长都会产生很大的影响。

闻道 PR：是的，我觉得这也是一个恶性循环。如果我们继续取消公共关系学专业，那大众对公共关系的认知就会越来越有偏差，因为真正知道公关是什么的人就会越来越少。对于我国的公关教育与公关实践，您还有什么其他的看法与建议吗？

陈特军：我觉得首先是知行合一，就是学习和实践要能够真正地融合和结合起来，高校和企业在公关专业设置和企业的需求方面要高度交流互动。学生不能只是一门心思读书，要多参与社会实践。在实践中发现解决不了的问题后，再从理论方面加强，这样就会形成一个良性循环，这是第一个方面。

第二个方面是高校公关专业之间的学习交流。各院校都关起门来自己搞是不行的，我觉得还是要开放。

第三个方面是我们的院校和相关的销售专家，应该更多地为公关代言和为公关发声，让大家对公关产生正确的认知。

闻道 PR：是的，其实您说的这三个方面也正是我们现在想努力的方向，比如说校企合作。有时间可以多探讨，争取合作的机会。

访谈者｜黄琼瑶　文字整理校对｜王晟楠 郑子涵

王兵：
公关思维下沉和前置的最佳状态是效能直达一线

专家简介

图1 王兵照片

王兵（Mark Wang），拥有超过19年全媒体传播、品牌公关和数字营销实战积累，及高校教学研究的沉淀，是横跨业界与学界颇受欢迎的咨询与培训顾问之一，擅长跨界整合和实用性方法与工具总结、提炼，授课风格兼具案例典型性、互动趣味性和实操指导性。

他所创办的独立智库品牌"首席赋能官"，倡导、研究与实践"品牌公关赋能"理念，主张品牌公关的边界融合，品牌公关思维应普及、渗透至组织的每个经营环节，下沉、前置，直面一线经营的品牌公关问题。与该理念匹配的公共关系赋能伙伴（Public Relations Empowering Partner）已经成为诸多组织在品牌营销、公关舆情方面的全新运作体系。

摘要：新型公共关系人才应是复合型的，要具备跨界运营能力。

访谈正文

闻道PR：您从公关公司高管到独立公关人的最大体会是什么呢？

王兵：关键就在"独立"这两个字。"独立"不仅体现在身份上，更是反映到业务模式中，进而传导至专业价值的实现路径上。相比于在公关公司和企业内部的公关部门，作为独立公关人，我只需要抓住"策略是对的"这个核心问题，不用有其他方面的顾虑。

不像在公关公司，提出策略的时候要兼顾如何争取策略背后所能带动的生意和收益。这样的话，策略的准确性就会受到干扰。也不像在企业公关部门，在给决策者提供公关建议和接受公关指令时，多数情况下会受制于上下级关系和职场生存的无形压力。我经常会和所服务的企业说，并非我更高明，而更多的是视角不同。

闻道 PR：您拥有超过 19 年的全媒体传播、品牌公关和数字营销实战积累，您认为政府、企业、社会组织和个人的公关需求分别有哪些特点和共性呢？

王兵：有两个现在仍然比较突出和典型的情况。

其一，事后救火的思维更多，事先防范意识不足。往往是发生了公关危机之后，才觉得公关有必要、很重要。不发生就心存侥幸、麻痹大意、疏于防范，平时不主动进行公关思维、能力的培养和机制的建设与部署，一旦遭遇危机就表现得手足无措，胡乱行动。

其二，习惯于归咎于外因，对内因的主动审查、完善不够。我曾经就一个问题做过多次调研：为什么现在舆情风险和公关危机频发且难以有效处置呢？在给出的几个选项中，大部分人都会选择"媒体环境发生了变化，每个人都是媒体"，而很少有人会选"企业对自身经营中的风险重视不够，缺乏主动审查与完善"。

闻道 PR：您所创办的独立智库品牌"首席赋能官"，倡导、研究与实践"品牌公关赋能"理念，主张品牌公关的边界融合，您能具体谈谈公关思维如何普及、渗透至组织的每个经营环节，如何下沉和前置吗？

王兵：我想用两个关键词"一线"和"边界"，来谈这个问题。

公关的风险和机会，其实大部分都来自经营的一线，公关思维下沉和前置的最佳状态就是直达一线。那么，公关运行的机制就必须进行改变，公关的边界要进行延伸。首先，公关不能只是作为公关部门的专属职责，而是要发动全员参与公关行动；其次，公关与品牌建设、营销、服务、运营等经营行为的融合应该更加全面、深入，而不是相互割裂；最后，公关的对象不能仅仅是狭义的媒体，还应包括所有利益相关方。

这几年"首席赋能官"持续在帮助一些企业提升全员尤其是一线岗位人员的公关素养，比如银行的营业网点、汽车 4S 店、物业服务公司、商场超市运营团队等，效果是非常好的。

闻道 PR：在危机常态化的当下，您认为危机公关扮演什么样的角色？是否人人都需要具备危机公关素养？如果是，您认为什么是危机公关素养？对于政府而言，您认为如何提升官员的危机公关能力？对于企业而言，您认为如何提升企业的危机公关水平呢？

王兵：人人都具备公关素养是终极的理想状态。那时人们不仅能够预防和处置危机，还可以实时运用好公关思维，优化工作质量。比如，提升客户满意度甚至促进营销转化、顾客复购与推荐。

不管是企业人员，还是政府部门人员，在这个"人人皆媒"的时代，我认为，他们首先要成为合格的"媒"，除了是信息沟通的通道，还能进行专业内容的输出，更能自觉承担公共责任。

很多人，所谓的公关能力不足，其实是离一个合格的"媒"的要求还差得太远。因此，对企业或政府来说，提升危机公关水平，最容易实现的也是最有效的办法，就是切实帮助更多人成为合格的"媒"。我曾经给一些企业公关部门的负责人建议，把企业公关运行，由一个专业部门的中心化、"救火队"模式，转变为充分调动、提升全员的个人品牌塑造和声誉风险管理意识与能力。这样的话，企业整体的公关能力也会提升。

闻道PR：您能否分享一个您处理过的最为难忘的危机公关事件？

王兵：我讲两个例子吧，这是两个对比非常鲜明的例子。

第一个例子是之前还在公关公司的时候，当时有一个企业遭遇了比较严重的舆情风险，当天晚上还没演变成公关危机。我快速以口头方式向企业的公关负责人提出了几条关键的处置建议。但是，这位负责人在请示后，被要求撰写PPT方案，等第二天领导开会讨论确认后执行。后面的情况是，半夜舆情就发生了变化，第二天成了非常严重的公关危机。再想采取应对措施，基本意义不大，因为错过了最佳时机。

第二个例子是去年的，我为一家企业突发的危机提供处置策略。企业负责人一开始不太愿意听我的，开会的场面僵持了半个多小时。后面我用一个问题打破了僵局，我问这位负责人："您觉得在公关危机处置方面您更专业，还是我更专业？"他被我这么一问有点蒙。我接着说："如果您更专业，我来就是个错误。那么，我马上收拾东西消失。如果您觉得我更专业，那么，您的企业遇到了危机，您把我找来，却又不愿意听我的，这符合做决策的基本逻辑吗？"随即这位企业负责人向我道歉，并当场要求大家都听我的安排。后来危机处置较顺利，基本上企业所担心的各种坏的可能都没有出现。

我为什么要提这两个例子呢？我自己比较深切的感受是，专业经验和建议的价值，在独立身份下，有其得以实现的独特条件。之前在公关公司，我是无论如何不可能用真正对等甚至强势的态度和企业沟通的。大部分情况下，甚至连直接和企业决策者对话的机会都难得有，即便我处在公关公司的中高层职位。

闻道PR：作为横跨业界和学界的咨询与培训顾问，您认为，对于大学生而言，最为重要的公共关系核心能力是什么？

王兵：对公关人的职业能力和心态方面的建议，我曾经总结过一个"413"修炼的模型。其中，逻辑沟通力、洞察创意力、团队行动力和创新学习力，我认为是公共关系从业者应该具备的核心能力。

创办独立智库"首席赋能官"之后，我以这"四力"为基础，设计了一套公关人胜任体系，用于部分公关公司人才管理的能力评估。

逻辑沟通力是基础。为什么强调"逻辑"，而不只是"沟通力"，是突出对沟通质量和效率的重视。同理，洞察创意力所指的不单是"创意力"，更强调"洞察创意力"，即策略、创意，以及传播内容、媒介架构等的形成，必须依赖相应的、完整的、深入的、严谨的调研与洞察，而非基于漫无边际、毫无章法、莫名其妙的简单推理。创新学习力是对职业发展潜力的要求，包括对新知识、新事物充满强烈的学习意识与热情，有持续学习、分享的行动，有完善个人及团队能力结构、有针对性地运用于工作的惯性与能力。

团队行动力是指团队的、集体的协同合作能力或力量，而不是个体的、单人的行动能力或力量。

闻道 PR：公共关系本科专业在教育部学科归属上属于公共管理学，但国内大部分公共关系专业有的归属于公共管理学院或管理学院，有的归属于新闻传播学院或文学院，您觉得公共关系学的学科归属是什么？

王兵：公共关系本科专业的归属，可能和不同的公共关系理论学派有关，比如管理学派、传播学派等。在我看来，不同学派只是视角不同，应是统一和互补的，而非割裂和对立的。

我们的公共关系专业需要有自己的理论体系和学科使命，应根植于中国特色社会主义核心价值观，在新时代学科体系建设的总体格局下，以服务中华民族伟大复兴为目标，以着力建设国内、国际两大传播阵地和线上、线下两大舆论场为抓手，以培养新型公共关系人才为任务，不断拓宽学科建设思路，持续提升专业生命力，彰显更强学科价值。

比如说，"讲好中国故事、传播好中国声音"的行动不断深化，"一带一路"上升到国家战略层面，对构建人类命运共同体的中国方案进行丰富、创新和传承，对高层次、高水平国际传播人才培养提出全新要求的同时，还要给他们创造更广阔的发挥空间。这既是公共关系学科的天然优势，也是不可推卸的专业职责。

此外，"国家品牌日"已经到了第 5 个年头，更多中国品牌，无论是走向国际，还是扎根国内市场，都为公共关系人才提供了更有潜力的职业前景。公共关系在品牌建设中的价值和作用日益重要，这已经是从国际到国内、从政府到企业、从业界到学界、从组织到个体的共识。

再者，不论是各级政府部门、基层单位，还是各行各类企业，抑或社会组织，包括高等院校。一方面它们的品牌意识快速觉醒，它们对品牌传播人才的需求非常旺盛，另一方面创新型公关，如新媒体传播、财经公关、舆情和危机处置、声誉风险管理等岗位的配置，几乎成为组织创新架构和高效运行的标配。

2021 年，中国银行保险监督管理委员会、证券监督管理委员会先后对银行、保险、基金、证券等行业的声誉风险管理提出更高要求。可以预见，更多行业性的声誉风险管理将陆续铺开。

我想表达的结论就是，公共关系专业的发展，不能太受制于学科归属，而应有独立的发展策略，我甚至认为，有条件的情况下，可以将其作为通识教育进行普及。或者一方面招收培养公共关系专业学生，另一方面将公共关系课程开放为全校公共选修课，并行探索。无论采取什么样的策略，公共关系教育应大力发展，是毋庸置疑的。

闻道 PR：您前面提到"新型公共关系人才"，请问您如何界定这个说法的呢？

王兵：既然是新型，就有新旧转变。我觉得主要体现在这样几个转变上：一是由媒介依赖为主转变为内容创意为主；二是由战术执行为主转变为战略驱动为主；三是由单一传播向复合跨界运营转变；四是效果评估由定性向定量转变。

闻道 PR：教育部《新文科建设宣言》中提出的交叉融合趋势和大文科视野，您觉得这对我国公共关系教育有什么契机与挑战吗？

王兵：正如前面所说，交叉融合趋势和大文科视野，具体到公共关系专业，其实是为它提供了更广阔的发展空间和路径。就以基层单位来说，随着国家治理的下沉，街道居委会、村镇机关、医学科普与卫生防疫、法治教育与援助、乡村振兴等各条线，在岗位配置上，对具备公共关系素养的人才青睐有加。因为他们的日常工作，需要承担大量的实时沟通任务，而且在人人都是媒体的大环境下，应用得好，对工作成效的积极影响会非常显著，反之，稍有不慎即会触发来自一线的舆情风险。

我的团队整理的 2020 年度危机公关案例（个人声誉风险）中，有一组比较典型的公务员作为事件主体的案例，其中有边防检查站民警、乡镇干部、检察官。

我建议公共关系专业教育可以在垂直场景上多下功夫，充分下沉，提高针对性和实践性。

闻道 PR：数据显示，我国公共关系业界对人才的需求是非常旺盛的；但国内开设公共关系学专业的高校很少，还有很多学校在裁撤公共关系专业。您怎么看待这个反常的现象呢？

王兵：我算得上是一位"老公关"，在近 20 年的从业过程中，我一直受到公共关系人才供给不足的困扰。这个情况，最近几年越发严重，而且是行业普遍性的问题。同时，我也关注到几个现象。

一是国内公共关系服务业的市场规模，中国国际公共关系协会发布的调查报告显示，2020 年已经达到近 700 亿的量级，最近几年基本都保持了超过 15% 的复合增长速度。

二是越来越多的企业，包括中央企业、地方大型国企、民营企业、合资企业，设置高级公关岗位，如公关总监、公关副总裁、公关合伙人或同等职级的岗位。而且，开出的年薪额度屡创新高。比如雄安集团在成立初期就启动了公共关系总监的招聘工作。

三是在政府部门、中央企业、地方大型国企，有越来越多的公关从业背景的干部，像公关总监、公关副总裁、新闻发言人，晋升到更重要的领导岗位上。

四是我最近几年陆续接到一些学生的咨询，询问出国攻读公共关系相关专业硕士、博士的问题。在国外，公共关系专业呈现出极其活跃和繁荣的趋势。

那么，在这样的背景下，我们原本就不多的公共关系专业却在裁撤，这是难以理解的事，是逆势而为。且不说，现在高校自身的公共关系能力和水平亟须提高，比如自身品牌传播。随便翻翻一些高校网站上的新闻稿，写得甚至连内刊水平都达不到。这样说可能得罪人，不过，是实话。还有部分高校舆情频发，而应对很是让人着急，有的舆情处置，就说写的声明吧，堪称火上浇油、"自杀"式的。比如黑龙江某职院的"学姐查寝"事件、甘肃兰州某高校学生遇害、北京一高校学生被快递货车撞倒碾轧身亡等事件，在突发事件出现后，高校处置方面存在诸多不足。作为公共关系业界的普通一员，真心希望高校的决策者能从自身提高公共关系素养，如果真的要裁撤专业，强烈建议先对这个专业做更全面的了解，避免简单化。

闻道PR：有的人认为公共关系专业实务性强，只适合大中专院校开设，您怎么看呢？

王兵：这个问题，可以通过一个现象来论证，我们可以看看外交部新闻发言人都是什么学历。有大专或者中专的吗？各中央部委、省市自治区政府的新闻发言人呢？各中央企业的新闻发言人呢？那么，他们是不是在做实务？他们的实务能力强不强？我们不能简单地把实务和理论对立起来，这本身就违背教学研究的基本精神。我想，实务需要有深厚扎实的理论作为根基和土壤，理论也需要在实务中不断验证和创新。就说我自己吧，做实务快20年了，一直在坚持充实自己的理论知识。

而且，人才培养需要考虑梯队性和特色化。同样是公共关系专业，开设在不同的学校，可以有差异和特色，而不大可能是同一个模式，这恰恰是公共关系专业的魅力之一。比如我接触过的，有侧重国际传播的，有与财经、金融、健康、旅游、司法等行业结合的，有的重点发展新媒体，有的深耕区域、服务地方，有的聚焦舆情和危机……办出特色，恰恰是公共关系教育创新升级，跟上媒体发展新形势和经济社会发展新要求的机会与选择。

如今，越来越多的政府部门、企业组织在有计划地开展公关素养、舆情管理、新闻发言等方面的培训，表现得更加活跃。大家对公共关系理论和实践的系统知识的产生也更期待。公共关系教育的主体和客体都更为丰富、广泛，并呈现出全生命周期的特征与趋势。高校没有任何理由放弃自己已经耕耘了多年的阵地。

闻道PR：面对公关学界和业界不同的话语体系和存在的壁垒，您认为应如何才能加强公关学界和业界在产学研方面的深度合作呢？

王兵：这个问题，近年来在不同场合讨论颇多，我个人有几点不成熟的设想，可以通过不同的形式来尝试。

第一种是比较理想的状态，我认为，有条件的学校可以开设一个专门的"公关实务"必修课，请业界资深人士来授课。

第二种是邀请多位经验、知识互补的业界人士组成实践教学研究小组，采取轮回讲座和指导实习的方式，加强实践内容。

第三种是学校设立模拟实操的"公关公司"，进行实践探索。可以邀请业界人士提供部分项目、进行指导。

第四种是教师带领学生组队进入公关公司或企业公关部门进行一定周期的实践，有些企业本身还没有设置公关部门，这是有操作可能的。

第五种是我正在准备启动的。2021年底，我推出了一项"H3+"计划，其中包括接受一批有意毕业后从事公关工作的在校学生，进行小班辅导，主要教授公关实践内容，然后把他们推荐给有用人需求的企业。不过，这个计划的首期规模较小，而且对想加入这个计划的人会进行严格筛选。这个计划实施产生的大部分成本，我想尽量争取由用人企业来承担。

文字整理校对 | 苏祺 郑子涵

黄玲忆：
破圈而出，公共关系新蓝海

专家简介

黄玲忆（Ivy Huang），朋百沟通公司创办人。担任国际4A广告公司营销部主管12年，拥有亚洲营销及公关实务18年经验。服务过国际及国内品牌包括特斯拉(Tesla)、苹果(Apple)、诺基亚(Nokia)、雅虎(Yahoo)、三星、腾讯、丰田(Toyota)、迪士尼(Disney)、福斯汽车、奔驰汽车、喜力啤酒、湾仔码头、白兰氏、联合利华等。荣获2018国际艾奇奖(ECI Awards)年度营销创新人物、2018台湾杰出公关经营人成就奖。担任国际艾菲奖(EFFIE Awards)评审、国际艾奇创新奖评审、营销传播杰出贡献奖评委、杰出广告人暨终身成就奖评委、资策会(Mega Team)资深企业管理顾问、台湾/台北市国际公共关系协会(TIPRA)第八届理事长(现任荣誉理事长)。

图1 黄玲忆照片

摘要：越是在一个不稳定的状态，越是能够出现大创新。

访谈正文

闻道PR：您在国际4A广告公司营销部任主管12年,有亚洲营销及公关实务18年经验,同时担任企业营销顾问。请问您如何看待公关、广告与营销的关系？您认为大陆和台湾在公关、广告与营销方面有何共性和差异？三者的边界越来越模糊，对此您怎么看呢？

黄玲忆：就大陆跟台湾来说，我们都有一个共同点，就是对于政治氛围的敏感度高。敏感度不高，就很难在这两个市场着力，不管面对的是一般客户还是政府，各方面都无法避开。

还有一个是对华人文化底蕴的理解度，很多国外的公关公司会有适应不良的问题。对于华人文化底蕴的理解不是那么深入，我觉得大陆和台湾在这方面存在高度的共同性。

而就差异性而言，从现实客观的环境来说，因为台湾面积小，属于一种浅碟形的经济，又因为本地市场容量不够，在内需消费没有办法支撑太大市场规模的状况下，就必须往外走，靠出口。这种浅碟形的经济，只要外部有一点改变，都会影响到小碟子的波动，这也是台湾和大陆的差异。

大陆本身是一个完整的大市场。14亿多人口，这么大的市场规模，就拿人们基本的衣食住行来说，本身就自成一个大市场，在思维和运营等方面大陆和台湾相对也会有差异的。大陆和台湾在公关、广告与营销上也反映出这样的区别。

至于你提到的公关、广告、营销三者边界模糊的问题，其实也是另外一个必然的结果。我必须说这不是现在才出现的，以我个人过去服务的经验，大部分是国际客户，这些国际客户通常都会以整合营销的思维去思考、拓展市场战略。也就是说，整合营销的概念落实到市场差不多有20年的时间，可以很清楚地看到，融合的现象和这个趋势都一直在持续，我认为这件事情其实是往好的方向在发展，这代表公关人的就业市场在扩大，有一个更广大的发展机会。

我提一个实际的数据给各位参考，来印证这个现象。2019年，一份针对整个大中国市场的调查报告显示，有高达74.3%的企业希望公关公司可以提供传播策略的相关服务。过去传播策略都是广告公司在做，可是现在不同了，甲方希望公关公司在市场上扮演更积极的角色，这表示我们的角色跟重要度是往上提升的。

闻道PR： 您认为公关和促销应该分开吗？公关着重于美誉度提升，促销更多的是归于营销广告的范围。

黄玲忆： 肯定是完全不同的。可是促销和销售又是不同层次的业务，通常像"双11""6·18"等大促期，基本上都是品牌折扣战。品牌方不可能365天都在促销，这样品牌可能就毁了，如果没有降价，人家就不会买，就没有品牌效益。因此，销售和促销是不一样的。

以我们的客户为例，从诺基亚做到苹果，它们都是以品牌为基调再搭配其他的营销方案，这样品牌才能为产品带来更高的溢价空间，才会带来溢价效应。品牌会是一个公司能够有持续性的较高获利的重要"护城河"，而公关就是帮助建立品牌的重要推手。

闻道PR： 那可否理解为，公关虽然着眼于品牌的建设，但其实最终的目的还是会体现在销售的通路上呢？

黄玲忆： 对。就如品牌会员，当顾客变成会员时，和品牌的距离会变得更近，需要花在这个人身上的广告成本也更低，此时，在品牌认同的层次互动就变得更重要。这个人通常会给品牌带来熟人营销，会把品牌下的产品介绍给朋友。品牌因此获利，也便越来越能够理解公关在销售上的重要性。

以喜茶为例，喜茶的会员数高达千万，它需要花在广告上的成本就大大降低了。而如何维持会员数以及和会员之间的良好关系，这就需要公关方面的一些操作。就像瑞幸之前发很多免费券，最后却产生了一系列问题。回过头来看，甲方需要通过公关的操作手法去运营和消费者之间的良好关系，进而更好地促进销售。公关人可以在很多不同的地方发挥所长是肯定的。

闻道 PR：您说的边界模糊我可否理解为三者之间是相互作用、相互配合的，共通性会更大，但其实三者还是有各自定位和自身特色的？

黄玲忆：对，没错，你说得很正确。

闻道 PR：很多从业者会更加信奉"销售为王"或者说是"眼球为王"的理念而忽略伦理价值观。您怎么看待公关的"道"和"术"，怎样才能真正地实现有机融合呢？

黄玲忆：有关道德的问题，其实一直贯穿于整个市场，只是现在比以前好很多，但是这个问题确实依然存在。因为它是整体全面性的问题，需要一些时间去慢慢改变。

至于公关的"道"与"术"问题，还有前面谈到的伦理道德，这个我必须稍加琢磨，我提出下面的数据给大家参考。

2020 年世界广告商业联合会（WFA）和 2CV 提出了一份重要的报告，即《首席营销官难题与寻找独角兽营销商 2020》（*The CMO Conundrum And The Search For The Unicorn Marketer 2020*），它涵盖了全球三十几个国家的协会组织，683 位企业首席营销官、高级营销人员参与了这个调查，所有的协会组织都极具有代表性。在报告中有几个重要的数据，这里我提出来给公关人参考。

其一，面对三个融合的问题，最广泛的一个共识，高达 87% 的受访者认为数字营销技术很重要。

其二，有 85% 的受访者认为资料分析洞察能力很重要，同样的数据，对于广告人或者市场调查人员，他们洞察到的信息和公关人看到的可能就不一样，这是整体的数据。

其三，落到分项中，有两项对公关人很重要。一个是有关怎样平衡技术的实践跟营销的理论。例如掌握技术的能力，对于市场的理解程度。在调查中，对于这些新技术的认同高达 88%，与我们前面谈到的高达 87% 的受访者认为数字营销技术很重要相一致。可是有高达 80% 的受访者认为文化的敏感度很重要，这就是我前面提到的公关人的强项之一。第三个才是商业的敏感度，有 78% 的人认同。然后是创业的精神，有 75% 的人认同。整体来看，在这几个数字中，不管是文化的敏感度，还是企业家精神，这些对公关人是很有利的。

但是也存在令人担忧的地方，就是在受访者当中，只有 31% 的人认为学习一些理论很重要，可能我们未来在教学上需要注意走学术路线和走实务路线的平衡。

闻道 PR：采访的主要是公关的从业者吗？

黄玲忆：不只是公关从业者，还有各企业的首席营销官或者高级营销人员，这些人都是在更高阶层管理广告、公关、营销的人，他们的回答基本靠近决策者的声音。

另一个面向的是个人方面，这些老板和重要的主管在聘用一个人的时候，重视的是什么？这对我们也很重要，除了外在的技术面，还有内在以个人特质为中心的方面。

有高达 94% 的受访者认为灵活性很重要。接下来是好奇心、活力和热情，它们大概都在 91% 左右的占比。第三个是道德，占 88%，你能想象吗？把这两个非常有趣的数据提出来跟大家分享，它和我们想象的不太一样。

全世界的整个营销市场的高级主管，对于道德都是非常看重的。

闻道 PR：ECI（艾奇）年度创新人物奖，被称为"全球创新界诺贝尔奖"，旨在表彰全球数字经济创新领域的引领者与推动者，并持续影响促使未来人类社会进步和文明发展的创新者。您作为 2018 国际 ECI Awards（艾奇奖）年度营销创新人物，请您具体谈谈获奖的原因并举例说明您如何看待创新在营销、公关和广告中的作用。

黄玲忆：我想应该主要是因为我长期担任企业辅导及创新导师，我很幸运很早就开始从事公关、广告和营销工作，较早接触数字技术，也有机会接触一些国际客户，他们需要衔接其他国家的运营和营销，因此，我一直有机会在实际案例中大胆地尝试不同方法的交叉运用。

像上面提到的从诺基亚到苹果，在市场都还不清楚 3G、4G、5G 的时候，我就已经了解了这些技术知识，不管是技术还是应用层面。我也很早就接触到区块链和 AR/VR 元宇宙的客户。

你问我为什么会得奖？我觉得是因为我很幸运能够很早就接触到许多前沿的技术及市场营销概念，然后有机会把所学运用在辅导企业和新创公司上，这种传承是很令人开心的事情。

至于如何定义创新，我引用 ECI 的口号——"Defined the Future"（定义未来）。创新往往或多或少地会破坏现有体制，越是在一个不稳定的状态下，越容易出现大创新。因此，创新对于公关人、广告人跟营销人而言，是一个必然结果。

闻道 PR：台湾在文创方面发展得非常好，农产品文创品牌化是台湾乡村振兴的核心引擎。大陆正在推行乡村振兴战略，您是否能分享台湾在乡村振兴方面的成功经验呢？

黄玲忆：这个问题问得非常好。农民工能够有安稳的工作，是保持国家稳定的重要基石，因此，我把你这个问题放在非常高的层面上来看。

政府的工作基础，是从乡村开始推广乡村转型、乡村振兴。公关可以有力地推动国家战略的发展，可以产生一个很好的效果。然而这个问题又不只是农业技术的改良，或只是农村增加收入这么简单，我曾经辅导过台湾一个叫作宜兰的地方的乡村振兴，就是一个非常成功的案例。

我们首先设定的目标也是核心目标，是提升农村生活品质，必须以提升质量作为核心目标的前提下发展其他项目，一旦走偏，它就不是一个成功的案例和对的方向。因此，提升农村生活品质是最核心的目标，在这个核心的目标之下再去扩展。

另外，就是包括你刚刚提到的农产品文创品牌化成功的要素，我就快速地整理出几个重点。

我刚才提到的一些数据重点"有持续性",也就是强调永续是必然的。这是第一个条件。因为永续会倡导对生态的关注,就会强化地方特色,它不会是昙花一现的单次活动,不会是某一场单独的跑步运动等,而是系列性、整体性和长期性的。

乡村振兴要取得成功,必须强调可持续发展,关注生态文明,它并不是一个大规模的地方硬件建设,而是软硬件兼顾的生态发展,最后发展出可持续的多元生态样貌。

其次,当地的农特产品发展,包括农特产品的优化,以及原始的一些农作物的开发、新产品研发。

以宜兰为例,宜兰的三星葱知名度提升以后,一斤可以卖到100多元,当地也因为三星葱变得有名。从三星葱可以发展出更有经济效益的农特产品,第一个成功的是葱油饼,只要是挂上三星葱的葱油饼,就卖得特别好,一系列高附加价值的三星葱相关产品陆续被开发出来。

如何优化当地农特产品?有一些是本来就有的,比如说台湾凤梨酥,原本只是岛内普通甜食,我们怎么帮助农村实现农特产品发展呢?

我举一个有趣的真实故事,台湾凤梨酥知名品牌"微热山丘"的老板,本身是做高科技产业的,因为老父亲种的凤梨严重滞销,他就把扎实研发高科技产业的精神应用到凤梨的售卖上。

他开发出馅料及口味超乎寻常的高级凤梨酥,"微热山丘"这个品牌渐渐地发展成国际知名品牌,也就有了后来一连串带动当地凤梨农业发展的美事。这就是把原始的农作物开发出有高附加价值的新品,或是优化既有的产品的案例。

台湾文创很不错的一点是,它结合了人文资源。我们常言"要说故事",可是有些故事就被说得很假,觉得是硬塞,对于人文资源,要去盘点可连接之处,这是成功的第二个条件。

第三个是要当地的人积极参与。当地人积极参与农村有序发展的要件,就是年轻人愿意回乡工作,现在已经有很多成功的乡村振兴的案例。

大陆也应该创造一些好的地方环境,让年轻人愿意回乡工作,甚至让乡村环境能吸引到外地的年轻人,让他们也愿意到当地工作。

这些年轻人有些是承接父母的农地耕作,通过农业改良研发单位的指导,用更科技的手段帮父母的农地种植再升级。甚至有些回去开民宿,做文创,开餐厅,因为现在5G通信很发达,网络也很方便,年轻人回乡既可以照顾父母,又可以做一些其他工作。因此,基础建设很重要,可以让这些年轻人在家照顾父母的同时又兼顾自己的兴趣。

台湾云林县古坑乡的咖啡和最近发展特别火的台湾池上乡,就是很好的发展多元生态的成功案例,这里就不再赘述了。

闻道PR:您作为台湾/台北市国际公共关系协会第八届理事长及现任常务理事,请谈一谈台湾公关业界的现状和未来的发展趋势。

黄玲忆： 台湾的现状是处于破坏与创新的阶段，大家都在找机会，我们现在也一直在探索未来的发展契机，以及智能工具在公关产业上应用的场景和机会。你必须设定一个它可能的应用场景，如它的消费者使用场景或者客户使用场景，它才能够导入生根，至于这些技术应用在什么样的场景会比较好，现在我们也一直在探索。

好消息是台湾的智慧营销（MarTech）和公关科技应用（PRTech）是近年来我们协会一直在推广的事，而且我们会定期开会研究和举办相关论坛。在协会中大家都要贡献一些心力和时间，才能够把这个产业发展成一个生态。也就是说一定要有人走在前方，这也是台湾 / 台北市国际公共关系协会应该做也正在做的事情。

闻道PR： 您反复提到公关的生态，您觉得一个比较良好的公关生态应该是什么样的呢？

黄玲忆： 一个好的公关生态，它必须能够与广告营销传媒及 ESG（Environmental、Social 和 Governance 的缩写，是一种关注企业环境、社会、公司治理绩效而非财务绩效的投资理念和企业评价标准）或 SDGs（Sustainable Development Goals，联合国可持续发展目标）等其他领域交互或融合，就是说我们的角色放在不同的领域，它都能够很自然地生成它的效益。我说的效益不是只对自己，包括对社会大众、环境等。生态有内有外，我们需要更多不同专业的同仁一起协作。

现今的公关公司比如蓝标，它也引进很多不同的人才。必须健全人才的多样性，才能建立有未来性的生态。再者要有更开阔的视野。

过去的本位主义思想必须打破，你必须有开放性思维，一讲到生态就应该想到它是更多元的，因此你必须用更开阔的视野去看待和学习其他的产业。公关人的特质应该更宽大包容，要把这个特质放大到看待生态、建立生态上，这要从改变心态开始。

对内有公司多元人才库或资源库的建立，对外在面对客户、社会、环境上有更开阔和前瞻的视野。此外，我们需要新的手法，通过科技应用实现公关的创新。不管是 3D 的虚拟环境或多合一的平台运用，还是说我们常用的视讯会议或活动管理的软件等。

大家可以参考下面这张公关技术生态图，它在社群媒体经营、新闻内容产出、新闻追踪、公关效益衡量等 13 个公关产业最需要的服务面向分类整理出一个关于科技应用的简要蓝图，以帮助我们了解现在全球在不同阶段或不同运用场域当中有哪些创新的公关软件服务，但本图非最新版本，列举的公司仅供参考。

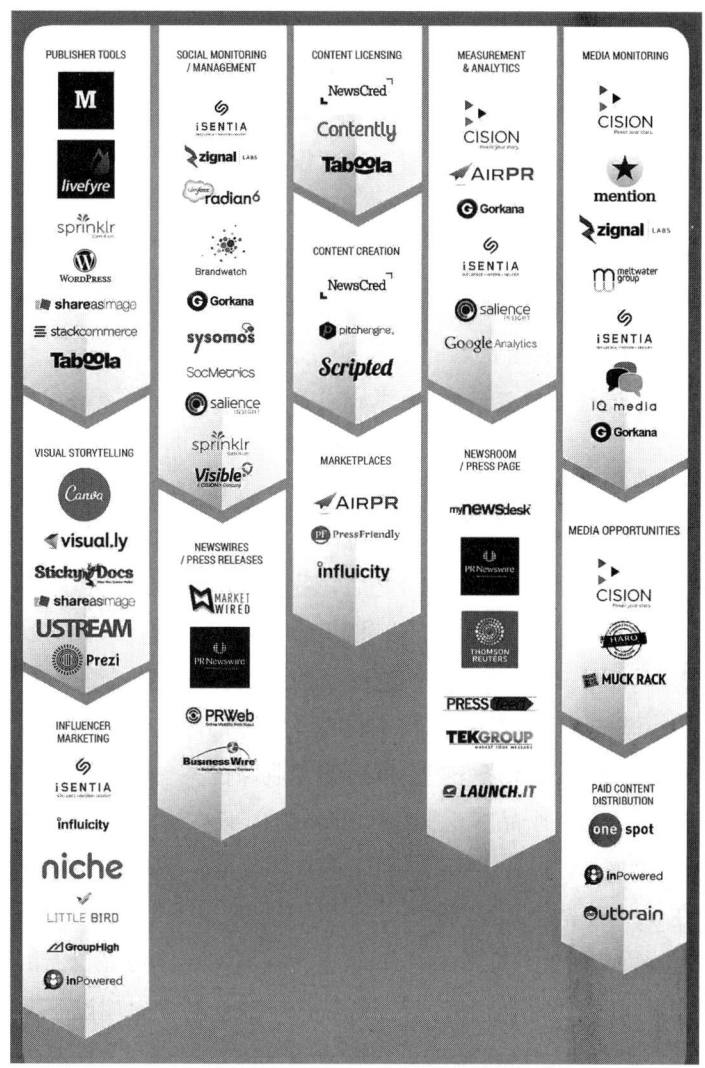

图 2 公关技术生态图

闻道 PR：您具有公关、营销和广告三重从业经历，请问您认为高校的公关专业应该培养什么样的人才才能适应业界的需求呢？您认为高校有必要分开设置公关、广告和营销专业吗？还是应当合并三者形成一个新的专业（正如有的专家提倡的，可以设立一个品牌专业）以适应当下专业融合的趋势呢？

黄玲忆：我分成三个层面来思考。这件事我没有一个肯定的答案，因为我个人的想法不等于是一个好的解决方案。

首先，公关本科专业如何定位自身的发展是第一位的。这是第一个要思考的。

在战略光谱上，每个高校自身的现实情况与特色都不同，你希望哪一个强项被看到，这就是你的光谱位置。例如，你是财经类特长的高校，可以将公关与财经相结合。

当我们思考了定位变化，要从哪里移动到哪里，就像探照灯，你的光谱是从 A 点移到

B 点，或是在原来的 A 点上下扩大到第几层等，想清楚之后再往前走。

其次，我们要确认"边界"，所有科技类的新创公司之所以能够成功或专案能够达标，首先必须设定产品的"边界"，比如说我们刚刚讲的光谱，当战略的光谱移动到了 B 点，我设定第一个阶段的边界在哪里，我才能知道要做哪些事情。比如说我要去南京玩，只有一天的时间，我就要想这一天怎么规划。

因此，一定要先设定边界，从了解你的战略光谱的位置变化到设定边界，你才能大步迈进。假设是 5 年一期，每 5 年定一个目标。这是很实际又科学的，达到了这个目标再往下一个目标走。

每一个学校要先找出自己的特色，再来思考公关相关科系应该增减哪些课程及努力的方向和目标。

同样的，我们也在思考现代公关业界的生态边界，以及在既有的服务项目中如何破圈。

我们都有一个舒适圈，学校的公关教育应该也有，但我们都必须破圈而出。

最后，我们往下思考，增减这些科目之后，我要找哪些老师，也就是执行面的事情。对于高校，我们有必要分开设置公关、广告和营销的专业的问题我真的没有一个固定答案。有不少专家提出来要设立一个品牌专业，这就是为了适应三者融合的趋势。

从我个人的观点来说，当我们在学校本科专业学习的时候，第一年会有共同科目，基本都应该学习，之后慢慢就会选修一些更深入的专业课程。

其实我个人觉得融合成一个品牌专业是不切实际的，现在不论公关、广告或营销，你想想这三个领域，每一个领域都经过几十年的淬炼，各自都有非常专业并且经过考验的基本科目。

一个大学生在 4 年的学习生涯当中，怎么可能把这三个领域的基本项目通通学会。这应该是不现实的，反而应该允许三个科系的学生在前面两年学习完自己的学科课程之后，到大三大四时开放交叉学习不同学科知识，然后在毕业证书上附加说明辅修项目。

我们可以做这样的设定，这也增加了年轻人未来的发展空间，而且不会浪费过去所学习的知识。

闻道 PR：伊利诺伊香槟分校就是这样做的。

黄玲忆：这个符合未来发展的趋势，而且是可以落实的方式。

闻道 PR：包容和多元也容易让公关的边界变得难以确认，大众可能会认为学公关、广告、营销或新闻没什么区别，您认为公关的核心竞争力或边界是什么？

黄玲忆：这就牵涉到实际执行层面的问题，现在市场产生的变化是什么？未来发展有哪些机会？在一份全球的大调查中，我们看到了"可持续性"和"全渠道战略"的重要性。

在上文提及的全球调查中，全世界 30 个国家的高阶市场主管被问到你觉得未来 5 年市场上有什么会是比较重要的，或者说会变得更重要。第一个就是刚才提到的永续发展，也就是可持续性，而且支持率高达 80%。

闻道 PR：可持续性是指什么呢？

黄玲忆：疫情造成了所有的企业以及消费者对于地球环境的关注。例如德国的水灾，当我们提起德国时，会觉得这应该是发展得很好、建设得很好的国家，还有美国德州的大停电，都处于前所未见的非常状态。

大家对于地球、环境、与生活有关的这些议题变得更关注。因此，对于可持续性，消费者能切身感受到。

我们看到的所谓的永续指的是整个地球自然、文明的永续，不论是环境的永续还是企业的永续。所有的消费者也开始会去看这个企业是否对环境议题有着力，或者它的产品是否环保，或者它是否有为社会公益尽一些力。消费者更愿意花钱去支持这些公司。非财务ESG议题风险，呈现逐年上升趋势。

在过去10年中，顶级风险的轮廓已逐渐从传统的经济考虑转变为强调ESG问题。谈到"风险管理"有哪个行业比公关更专业呢？

企业未来能不能持续性地发展和生存，已经不是单靠每年的财务获利，同时还必须兼顾ESG或SDGs的风险管理。

我个人认为ESG或SDGs的发展一定是公关人要看到的，公关的职能设定和战略定位都必须关注这两个指标，你要在ESG或SDGs中看见公关的生态，也就是我们的战略定位必须要紧密结合ESG或SDGs。

这是我的建议，也是我最近与台湾一个ESG平台在研究以及实际落实到各方面的一项重要工作。

闻道PR：现在ESG很热门，以此为主题的会议层出不穷。

黄玲忆：实际上与ESG有关的工作职位也很多。在北欧已经有相关的工作职位，有很多公关人已经在业内上班了。这需要做跨领域学习，这些产业都很需要大量的沟通人才。实际落实到产业的人才运用方面，北欧、西欧的几个国家发展得比较快速，而亚洲相对发展得较慢；但是，我们整体来看的话这方面的工作机会是非常多的。

闻道PR：太棒了，又多了一个新的就业领域。

黄玲忆：也许ESG及SDGs可以是接下来研究的项目，加强公关人才对这方面的知识学习。

闻道PR：尽管中国公关业界发展得欣欣向荣，但是中国高校公关教育的发展举步维艰，您认为公关教育的式微会对业界的发展产生什么样的冲击呢？

黄玲忆：冲击挺大的，短时间看不出来，长期来看就会变成一个很严重的问题。以国家传播来说，就我看到的一些数据，有些国家的民众对于中国的印象急转直下。这就需要靠民间，靠软实力和软沟通，为我们在全球的中国印象传播带来较好的影响。

公关人才的培养，大到对一个国家的国际观感，小到对一个产品的推广，都需要有这方面全方位的良好沟通能力。而这就是公关人可以着力的地方。

因此，人才的培育很重要，我觉得中国公关教育举步维艰，可能是我们较少跟外面做交流沟通，需要让不同领域的领导者更了解怎么活用公关，这就需要创造很多不同的接触机会。

现在中国还是有很多人误解，以为公关都是抹胭脂擦粉的事，这种误解我们应该想办法化解。我们需要创造一些光环，让政府、客户或大众感觉到公关的重要性。

我们需要创造企业决策者或者政府的决策者跟公关教育可以连接起来的机会，能够很自然互动的机会，如跨领域的各种议题的论坛或比赛，让我们跳脱出同一圈层，跟不同业界有影响力的决策者更深入地沟通。

闻道 PR： 您认为台湾与大陆的学界和业界应该如何共同开展协同育人，共同推进公关人才的培养呢？

黄玲忆： 除了像我们现在一直在进行的交换学生实习，企业界给一些实习机会，让台湾和大陆的学生都有机会实习，还有让他们参与比赛、主题公关的创意活动之外，尤其现在很多家庭都比较富裕，我建议台湾和大陆的学校和协会共同组建一个海外学习营，比如说去参观美国 CES 大展或日本东京国际动漫博览会，去参观一些有前瞻性的大展，特别是业界前沿品牌的展览。

像我刚刚说的美国 CES 展，不仅可以看到最前沿的科技，还会有论坛和座谈会，甚至有科技公关方面的专题论坛。我们可以安排学生组团参加，一方面了解不同的科技产业发展，另一方面参与论坛，让台湾和大陆的学生快速交流融合，有开展工作的机会。

比如说我个人很喜欢的艺术收藏，2021 年全球艺术市场大幅增长了 61%，这是很惊人的数字。以巴塞尔艺术展为例，它由瑞士发展到全世界，是全球最具名望的艺术展之一。

单看亚洲香港巴塞尔艺术展，它为香港带来很大的产值，艺术公关是非常高端而且高利润的一个产业，而中国位居全球第二大艺术市场。这也是公关另外一个蓝海，要及早培养。艺术市场的人才常态性稀缺，猎头公司在这个领域的利润也非常惊人。

闻道 PR： 那么艺术公关跟普通的策展人有什么不一样呢？

黄玲忆： 很不一样，策展人是针对艺术本身，而艺廊或艺术展需要宣传，就需要所学的公关知识。很多艺廊举办展览或签约某些艺术家，艺术家的作品需要让更多人知道，让全世界不同的收藏家看到。

透过公关的运作、媒体的采访等，艺术家广为人知。人们所能想到的公关技巧，在这里都可以运用到，艺廊经营者往往没有办法帮这些艺术家做全方位宣传，很多还是必须通过公关人的操作。

像刚刚提到的巴塞尔这种展览，会找专业的公关公司来协助做展览的推广，但是平常艺廊与艺术家的小型展览，要安排不同的记者采访，公司就非常需要有公关能力的人才。以上只是提出我个人的一些观察。毕竟我在产业界，提出的建议会比较偏向学生将来如何落位在市场，以及怎样有不同的发展机会。

闻道 PR： 请您具体谈谈科技公关。

黄玲忆： 科技公关确实目前占据公关市场很大的份额，我们公司之所以能够做很多科技类的项目，有跨界人才很重要，必须说科技的门槛本身就很高。

要服务科技类的公关公司，就必须对产业有一定的了解，因此一般的公关科系毕业的学生，是没有办法服务的，如果你没有去了解这方面的知识，就很难发挥你的能力，因而它有基本的门槛。

像CES科技大展，每个公司都会提出一些科技创新项目，除了刚刚讲的公关公司协助推广之外，另外就是有一些公司开发出技术，却不知怎么把这些技术落地到市场实现应用。这也是公关公司可以起到作用的地方。

公关人要了解这些技术，但是并不需要了解很深，我们只需要知道产业现状和技术本身的特殊之处。至于如何帮企业进行推广，第一个门槛是什么？我们常讲的"说人话"。这些科技人才常常使用一些科技术语，一般消费者根本听不懂，因此公关人就是要帮助他们把这些技术术语变成普通话，让一般的老百姓听得懂。因此，在科技这个领域，公关人的作用是很重要的。

文字整理校对 | 殷家辉 李琦仙 杨青

图书在版编目（CIP）数据

扫描与透视：理解公共关系 / 刘晶编著. —— 北京：中国传媒大学出版社，2024.6
ISBN 978-7-5657-3493-9

Ⅰ.①扫… Ⅱ.①刘… Ⅲ.①公共关系－研究 Ⅳ.①C912.31

中国国家版本馆CIP数据核字(2023)第196450号

扫描与透视：理解公共关系
SAOMIAO YU TOUSHI:LIJIE GONGGONG GUANXI

编　　著	刘　晶
策划编辑	唐　颖
责任编辑	裴向敏
封面设计	刘　晶　拓　美
责任印制	李志鹏
出版发行	中国传媒大学出版社
社　　址	北京市朝阳区定福庄东街1号　　邮　编　100024
电　　话	86-10-65450532　65450528　　传　真　65779405
网　　址	http://cucp.cuc.edu.cn
经　　销	全国新华书店
印　　刷	唐山玺诚印务有限公司
开　　本	787mm×1092mm　1/16
印　　张	12.5
字　　数	281千字
版　　次	2024年6月第1版
印　　次	2024年6月第1次印刷
书　　号	ISBN 978-7-5657-3493-9 / C·3493　　定　价　59.00元

本社法律顾问：北京嘉润律师事务所　郭建平